Matthias John

Höhere Bildung in Leipzig

Karl Liebknecht als Nicolaitaner und Studiosus

Diese Publikation wurde gefördert durch:
Prof. Marion Marquardt, études germaniques an der Faculté des Lettres et des Langues,
Université de Poitiers;
Rosa-Luxemburg-Stiftung Leipzig;
Stadtvorstand Leipzig der PDS.

Matthias John

Höhere Bildung in Leipzig

Karl Liebknecht als Nicolaitaner und Studiosus

Universitätsverlag Leipzig 1998

Die Deutsche Bibliothek – CIP-Einheitsaufnahme

John, Matthias:
Höhere Bildung in Leipzig : Karl Liebknecht als Nicolaitaner und Studiosus / Matthias John. - Leipzig : Leipziger Univ.-Verl., 1998
ISBN 3-933240-20-4

An dieser Stelle möchte ich vor allem Herrn Manfred Neuhaus, Rosa-Luxemburg-Stiftung, für die Anregung zur vorliegenden Publikation und Frau Beate Berger, Stadtarchiv Leipzig, für die Unterstützung der Arbeiten am Manuskript danken.

Satz: Satzstudio Holzinger, Holzhausen
Druck: REPROCOM-GEK CONSULTING Leipzig GmbH

ISBN 3-933240-20-4

Zum Geleit

Karl Liebknechts Schul- und Universitätsbesuch in Leipzig wird in dieser Darstellung erstmalig auf der Grundlage umfangreichen Quellenstudiums geschildert, wie es von keinem der vorangegangenen Autoren bisher bewältigt worden ist, wie die vielen Dokumentennachweise zeigen. Nach dem Besuch der 5. Leipziger Bürgerschule trat der zweitälteste Sohn Wilhelm Liebknechts und seiner Ehefrau Natalie in die traditionsreiche, seit dem 16. Jahrhundert existierende Nikolaischule ein, die allerdings mit dem Schuljahr 1881/82 das neu errichtete Schulgebäude im Vorstadtbereich bezog und ihm eine solide neuhumanistische Bildung vermittelte, die er mit eigenen Aktivitäten bereicherte. Nach erfolgreichem Abitur 1890 studierte er nicht – wie ursprünglich gewollt – Medizin, sondern Rechts- und Kameralwissenschaften an der damals weltberühmten Universität Leipzig, die in den Jahrzehnten bis zum ersten Weltkrieg ihre Blütezeit erleben sollte. Unter den hervorragen Gelehrten dieser Zeit hörte der junge Studiosus noch im alten Juridicum in der Petersstraße Vorlesungen bei Bernhard Windscheid, Rudolph Sohm und Lujo Brentano, aber auch im alten Universitätsgebäude am Augustusplatz bei Wilhelm Wundt und Anton Springer.

Karl gehörte zwei Studentenvereinigungen an, mußte sich jedoch offensichtlich politisch zurückhalten, denn infolge staatlicher Verfügungen im Königreich Sachsen als Student hätte damals ein offenes Bekenntnis zur Sozialdemokratie die Exmatrikulation nach sich gezogen. Außerdem war er durch die politische Haltung und die Aktivitäten des Vaters gekennzeichnet.

Wenn auch die Schul- und Universitätsjahre in Leipzig nur relativ kurze Zeit währten, da die Familie Liebknecht 1890 nach Berlin verzog, so hatte doch der Sohn Karl in dieser weltberühmten Stadt Sachsens solideste Persönlichkeitsbildung und Grundkenntnisse für sein weiteres Leben erhalten, die ihn zum hervorragenden Anwalt der deutschen Sozialdemokratie werden ließen.

Leipzig, im Frühjahr 1998 — Prof. em. Karl Czok

Inhalt

Karl Liebknecht als Nicolaitaner

Obwohl sich Karl Liebknecht in späteren Jahren immer wieder über seine Kindheit resp. Jugendzeit äußern sollte[1] und sich aus diesen Äußerungen folgern läßt, daß sein Wesen wie auch sein Weltbild nicht zuletzt in diesem Lebensabschnitt geformt wurde, schenken all seine Biographen jener wichtigen Entwicklungsperiode, vornehmlich den Schul- und Studienjahren, nur wenig Aufmerksamkeit.

Die Schul- und Studienjahre im Spiegel seiner Biographen

Harry Schumann, der 1919 innerhalb weniger Monate die erste Lebensbeschreibung des am 15. Januar ermordeten KPD-Führers verfaßte und sie noch vor der Jahreswende veröffentlichte[2], war derjenige Biograph, der in seiner Darstellung dem jungen Karl Liebknecht vergleichsweise breiten Raum widmete. Dies muß positiv hervorgehoben werden, auch wenn sich der Verfasser vor allem auf Erinnerungen der Familienangehörigen stützte, die er (der Autor hatte Naturwissenschaften studiert, und seine Anschauungen waren eher religiös als sozialistisch geprägt[3]) im einzelnen nicht auf ihren Wahrheitsgehalt hin überprüfen konnte. Auch die literarische Form der Darstellung trug dazu bei, daß sie einer quellenkritischen Prüfung nicht standzuhalten vermag.
Zwölf Jahre später veröffentlichte Wilhelm Swienty, ein Neffe Karl Liebknechts[4], eine weitere Lebensbeschreibung. Seine biographische Skizze[5] war freilich nachhaltig vom seinerzeit vorherrschenden Geschichtsbild der KPD beeinflußt. Wenn in dieser Biographie die Zeit an der Nicolaitana und an der Alma mater Lipsiensis so gut wie unbeachtet blieb, dann offenbarte sich darin letzten Endes, daß der Wert der humanistischen Bildung von bestimmten Kräften in dieser Partei, zu denen augenscheinlich auch der Verfasser gehörte, geringgeschätzt wurde. Dieser mangelnden Wertschätzung klassischer Bildung verlieh Swienty Ausdruck, indem er sich zu folgender Behauptung verstieg, die zudem noch die einzige Aussage war, die sich auf den Bildungsgang seines Onkels bezog: Schon in der Schule wurde Karl Liebknecht „infolge der Dummheit und Ignoranz der Lehrer zu einem starken Selbstbewußtsein erzogen".[6]
Es dauerte nach 1945 geraume Zeit, bis ein Historiker erneut versuchte, den Lebensweg von Karl Liebknecht nachzuzeichnen. Erst im Jahre 1961 erschien

---

1 Selbst in seinen Parteitagsreden kam er immer wieder auf seine Kindheits- und Jugenderlebnisse zurück. Siehe dazu: Liebknecht, Karl: Gegen Rechtlosigkeit und Ausbeutung der Landarbeiter. Diskussionsrede auf dem Parteitag der Sozialdemokratischen Partei Preußens, Berlin 1904. In: Derselbe: Gesammelte Reden und Schriften, Bd. 1, Berlin 1958, S. 114 f. und derselbe: Für Einheit und Geschlossenheit der Partei. Diskussionsrede auf dem Parteitag der Sozialdemokratischen Partei Deutschlands, Magdeburg 1910. In: Ebenda, Bd. 3, Berlin 1960, S. 488 f.

2 Vgl.: Schumann, Harry: Karl Liebknecht. Ein unpolitisches Bild seiner Persönlichkeit, Dresden 1919, und neue bearb. Ausgabe, Dresden 1923.

3 Das trat vor allem in seinem 1918 unter dem Titel „Die Seele und das Leid" veröffentlichten Werk zutage. Eine Zusammenstellung aller von ihm verfaßten Bücher und auch einige wenige biographische Angaben über seine Person finden sich in: Kürschners Deutscher Literatur-Kalender auf das Jahr 1922, 40. Jg. Hrsg. v. G. Lüdtke u. E. Neuner, Berlin–Leipzig 1922, Sp. 798 f. Sein Lebensweg verliert sich im historischen Dunkel, nachdem er im Jahre 1937 letztmalig in „Kürschners Deutschen Literatur-Kalender" (1937/38, 48. Jg. Hrsg. v. G. Lüdtke. Redaktionelle Leitg.. Wolfgang Baumgart, Berlin-Leipzig 1937, Sp. 732) aufgenommen worden war.

4 Siehe die dementsprechende Angabe im Impressum zu Swienty, Wilhelm: Karl Liebknecht (= Rote Reihe, H. 5), Berlin 1932, S. 2. Trotz aller Bemühungen ließ sich der Lebensweg des Autors nicht erhellen.

5 Vgl. vorhergehende Anmerkung.

6 Ebenda, S. 9.

wieder eine Biographie über ihn.[7] Der Verfasser Walter Bartel gehörte seinerzeit zu den führenden DDR-Historiographen[8] und war schon zuvor mit einigen kleineren Arbeiten über diese historische Persönlichkeit hervorgetreten.[9] Wie man zugeben muß, widmete er den Schul- und Studienjahren seines Helden durchaus Aufmerksamkeit[10], doch übernahm er die biographischen Details unkritisch von Harry Schumann. Damit führte Bartel als eine in der damaligen marxistisch-leninistischen Geschichtsschreibung anerkannte wissenschaftliche Autorität nicht wenige Irrtümer und Legenden in die Liebknecht-Biographik der DDR ein.

Selbst Heinz Wohlgemuth, der bei allen Vorbehalten gegenüber seinem Geschichtsverständnis nach wie vor als bester Kenner des Lebenswegs von Karl Liebknecht gelten kann, ja gelten muß, machte sich einige dieser falschen Angaben zu eigen. Dennoch war er unter den Liebknecht-Biographen der erste, der auch dessen Jahre als Schüler und Student quellenmäßig fundiert darzustellen versuchte. Allerdings fällt in der 1973 veröffentlichten Lebensbeschreibung[11], das heißt in dem mit „Schule und Studium" überschriebenen Kapitel auf, daß der Verfasser weniger die vermittelten Kenntnisse resp. Bildungsinhalte und das schulische bzw. universitäre Leben als vielmehr die außerschulische Sphäre in den Mittelpunkt seiner Betrachtung stellte.[12] Hier wird die finale Sicht auf den Werdegang Karl Liebknechts, die Wohlgemuths Darstellung generell bestimmte, besonders deutlich. Wenngleich es unmöglich war, den zukünftigen Revolutionär von 1918/19, und sei es auch nur in ersten Ansätzen, schon im Nicolaitaner der Jahre 1881 bis 1890 oder im Abiturienten von 1890 aufzuzeigen, so war es für die damalige Geschichtsbetrachtung und das seinerzeitige Kontinuitätsverständnis nur folgerichtig, wenn der Gymnasiast, der bereits seine Schulferien bei führenden Vertretern der – so die damalige Diktion – revolutionären Arbeiterbewegung wie August Bebel und Paul Singer verbrachte[13], später zu den Gründern der KPD gehören sollte. Insofern kann der konzeptionellen Kritik, die Helmut Trotnow schon im Jahre 1980 an Heinz Wohlgemuth übte, wonach letzterer „von einer falschen Perspektive" ausgegangen sei[14], völlig zugestimmt werden.

Diese Einschätzung kam um so mehr von kompetenter Seite, als Trotnow nicht nur die einzige von einem westdeutschen und zudem sozialdemokratischen Historiker verfaßte, sondern auch die bisher gelungenste sowie theoretisch anspruchsvollste Liebknecht-Biographie vorlegte. Ungeachtet dessen blieb er, was die Darstellung der Schul- und Studienzeit bzw. was die Bewertung ihres Einflusses auf die geistige Entwicklung seines Helden anbelangte, leider weit hinter den von Wohlgemuth gewonnenen Erkenntnissen zurück: In der gesamten Lebensbeschreibung fand sich hierzu nur eine direkte Bemerkung.[15] Ganz offenbar hat Trotnow die von Heinz Wohlgemuth im Jahre 1977 veröffentlichte popu-

---

7 Siehe: Bartel, Walter: Karl Liebknecht. Sein Leben in Bildern. Bildteil von Karl Wiegel, Leipzig 1961.

8 Angaben zu seinem wissenschaftlichen Werdegang finden sich in: L. D.: Walter Bartel 85 Jahre. In: Zeitschrift für Geschichtswissenschaft (im folgenden: ZfG), 1989, H. 8, S. 750 f.

9 Hierbei handelte es sich um eine eigenständige Veröffentlichung (Karl Liebknecht gegen Krupp, Berlin 1951) und um einen Artikel (Karl Liebknecht – Der große Kämpfer gegen Krieg und Militarismus. In: Einheit, 1953, H. 1, S. 105 ff.).

10 Vgl.: Bartel, Walter: Karl Liebknecht. Sein Leben in Bildern, a.a.O., S. 6 f.

11 Siehe: Wohlgemuth, Heinz: Karl Liebknecht. Eine Biographie, 1. Aufl., Berlin 1973, und 2., durchges. Aufl., Berlin 1975.

12 Vgl.: Ebenda, S. 22 ff.

13 Siehe: Ebenda, S. 23 f.

14 Trotnow, Helmut: Karl Liebknecht. Eine politische Biographie, Köln 1980, S. 316.

15 Vgl.: Ebenda, S. 40.

lärwissenschaftliche Fassung seiner Liebknecht-Biographie[16], worin nicht zuletzt das Kapitel „Gymnasium und Universität" einige bis dahin unbekannte Details zu dessem Leben enthielt[17], offenbar nicht zur Kenntnis genommen, obwohl er sein (deutsches) Manuskript erst 1978 endgültig ausformulieren sollte.[18] Auch wenn Helmut Trotnow seine Arbeit ausdrücklich als eine politische Biographie verstanden wissen wollte[19], war seine einleitende Fragestellung, inwieweit der Politiker Karl Liebknecht vom „familiären Hintergrund" geprägt worden sei[20], zumindest einseitig. Er selbst sollte schließlich resümieren, daß dessen politisches Handeln von humanitären Idealen und bürgerlichem Rechtsverständnis bestimmt gewesen sei[21], also ideelen Werten, die ganz offensichtlich auch in der humanistischen Bildung sowie in der soliden juristischen Ausbildung des späteren Revolutionärs begründet lagen.

Der bisher letzte Versuch, den Werdegang von Karl Liebknecht in all seinen Etappen zu beschreiben, datiert von 1982.[22] Die Hauptautorin Annelies Laschitza hatte schon eine Biographie über Rosa Luxemburg vorgelegt[23] und sich vor allem durch die Herausgabe von deren Werken[24] sowie deren Briefen[25] einen Namen gemacht. Im Gegensatz zu Wohlgemuth versuchte sie, die geistige Entwicklung Liebknechts nicht ausschließlich in ihrer Kontinuität, sondern auch in ihrer Diskontinuität darzustellen, ohne den Boden der marxistisch-leninistischen Geschichtsschreibung zu verlassen. Somit war es nur folgerichtig, wenn Annelies Laschitza, die gemeinsam mit Elke Keller eine Fülle neuen Materials zusammengetragen hat, seine humanistische Bildung stärker als alle anderen Biographen beachtete, zumal sie erstmals einige inhaltliche Details über das von ihm am Leipziger Nicolaigymnasium abgelegte Abitur mitzuteilen vermochte.[26]

---

16 Vgl.: Wohlgemuth, Heinz: Karl Liebknecht. Stationen seines Lebens, Berlin 1977.

17 Siehe: Ebenda, S. 10 ff.

18 Vgl.: Trotnow, Helmut: Karl Liebknecht. Eine politische Biographie, a.a.O., S. 11

19 Siehe: Ebenda, S. 14.

20 Vgl.: Ebenda, S. 17.

21 Siehe: Ebenda, S. 290 f.

22 Siehe Laschitza, Annelies unter Mitwirkung von Elke Keller: Karl Liebknecht. Eine Biographie in Dokumenten, 1. Aufl., Berlin 1982, und 2. Aufl., Berlin 1987.

23 Vgl.: Laschitza, Annelies/Günther Radczun: Rosa Luxemburg. Ihr Wirken in der deutschen Arbeiterbewegung, 1. Aufl., Berlin 1971, und 2., korr. Aufl., Berlin 1980.

24 Siehe: Luxemburg, Rosa: Gesammelte Werke, Bd. 1, Halbbd. 1, Berlin 1970; Bd. 1, Halbbd. 2, Berlin 1970; Bd. 2, Berlin 1972; Bd. 3, Berlin 1973; Bd. 4, Berlin 1974, und Bd. 5, Berlin 1975 (von allen Bänden der Werkausgabe erschienen bisher vier resp. fünf Neuauflagen).

25 Dieselbe: Gesammelte Briefe, Bd. 1, 1. Aufl., Berlin 1980, und 2. Aufl., Berlin 1984; Bd. 2, 1. Aufl., Berlin 1980, und 2. Aufl., Berlin 1984; Bd. 3, 1. Aufl., Berlin 1980, und 2. Aufl., Berlin 1984; Bd. 4, 1. Aufl., Berlin 1984, und 2. Aufl., Berlin 1987; Bd. 5, 1. Aufl., Berlin 1985, und 2. Aufl., Berlin 1987, sowie Bd. 6, Berlin 1993.

26 Vgl. hierzu: Laschitza, Annelies unter Mitwirkung von Elke Keller: Karl Liebknecht. Eine Biographie in Dokumenten, a.a.O., S. 15 und S. 20.

Mittwoch, den 16. August. 1871.

Erscheint wöchentlich 2 mal in Leipzig.

Bestellungen nehmen alle Postanstalten und Buchhandlungen des In- und Auslandes an.

Für Leipzig nehmen Bestellungen an: A. Bebel, Petersstraße 18. F. Thiele, Emilienstraße 2

Der Volksstaat

Erscheint wöchentlich 2 mal in Leipzig.

Abonnementspreis: Für Preußen incl. Stempelsteuer 16 Ngr., für die übrigen deutschen Staaten 12 Ngr. per Quartal.

Filialexpedition für die Vereinigten Staaten: F. A. Sorge, Box 101 Hoboken N. J. via Newyork.

Organ der sozial-demokratischen Arbeiterpartei und der Internationalen Gewerksgenossenschaften.

Politische Uebersicht.

Der „Prozeß" der gefangenen Kommunemitglieder ist eine juristische Massakre, ebenso brutal-feig, mit ebenso zynischer Verachtung von Recht und Menschlichkeit begangen, wie die militärische Massakre, welche vor dritt-

wegene Mißachtung aller Rechte mit einander gemein; in sklavischer Nachahmung von 1793 hat man den Wohlfahrtsausschuß, das Gesetz gegen die Verdächtigen, das Revolutionstribunal, die Versetzung der im Felde unglücklichen Kommandanten in Anklagezustand und schließlich die Ermordung der Geißeln nach dem Muster der Septembermorde. In der Provinz waren hie und da, so in Lyon, Marseille, Limoges und Saint-Etienne Zuckungen zu verspüren, die aber ohne Tragweite blieben

Komplott gegen die Kommune und wird endlich von der rechtmäßigen Regierung wiederum verhaftet.

Paschal Grousset, Journalist, Mitarbeiter der „Marseillaise" und später Chefredakteur des „Affranchi," in welchem er zu den ärgsten Ausschreitungen aufreizt, Mitglied der Kommune und Delegirter für die auswärtigen Angelegenheiten, Mitglied der Exekutivkommission, nimmt an allen revolutionären Akten Theil, entwendet Aktenstücke aus dem Ministerium des Aeußern, erläßt Cirkulare an die Vertreter der

---

Preis à Stück 2 Sgr., in Partien $1\frac{1}{2}$ Sgr.

Für Köln.

Internationale Gewerkschaft der Holzarbeiter.

Sonntag, den 20. August Morgens 11 Uhr **öffentliche Versammlung** sämmtlicher Holzarbeiter Kölns und der Umgegend in der Bierbrauerei bei Wisdorf, Tieboldsgasse 102.

Tagesordnung: Der Zweck der Gewerkschaften und die Wirkung des Krieges auf unser Gewerk.

Der Zutritt ist Jedem frei. Der Bevollmächtigte.

Für Frankenberg.

Einladung zum Arbeiterverbrüderungsfest, Sonntag, den 20. August, Nachmittags 3 Uhr, im Saale des Herrn Benedix zu Frankenberg.

Das Fest besteht aus **Konzert, deklamatorischen Vorträgen** unter Mitwirkung tüchtiger Kräfte und einem darauf folgenden **Ball.** Für das Konzert **Entrée 2 Ngr., Ballabzeichen 5 Ngr.**

Alle Arbeitervereine und Gesinnungsgenossen der Nachbarstädte werden freundlichst um zahlreiche Theilnahme gebeten.

Das Festkomitee d. sozial-demokratischen Arbeitervereins z. Frankenberg.

(3)

Für Leipzig.

Sozial-demokratischer Arbeiter-Verein.

Freitag, den 14. August, Abends $\frac{1}{2}$9 Uhr: **Versammlung.**

Tagesordnung: Berichterstattung über den Kongreß.

Der Vorstand.

Das Lokal wird im „Tageblatt" bekannt gemacht.

Entbindungs-Anzeige.

Heute Morgen $8\frac{1}{4}$ Uhr ist meine Frau Natalie, geb. Reh, mit einem **gesunden Knaben** niedergekommen.

Leipzig, den 13. August 1871. **W. Liebknecht.**

Leipzig: Verantw. Redakteur A. Hepner (Redaktion: Peterssteinweg 13.)
Druck u. Verlag: F. Thiele. (Expedition: Petersstr. 18.)

Entbindungs-Anzeige.

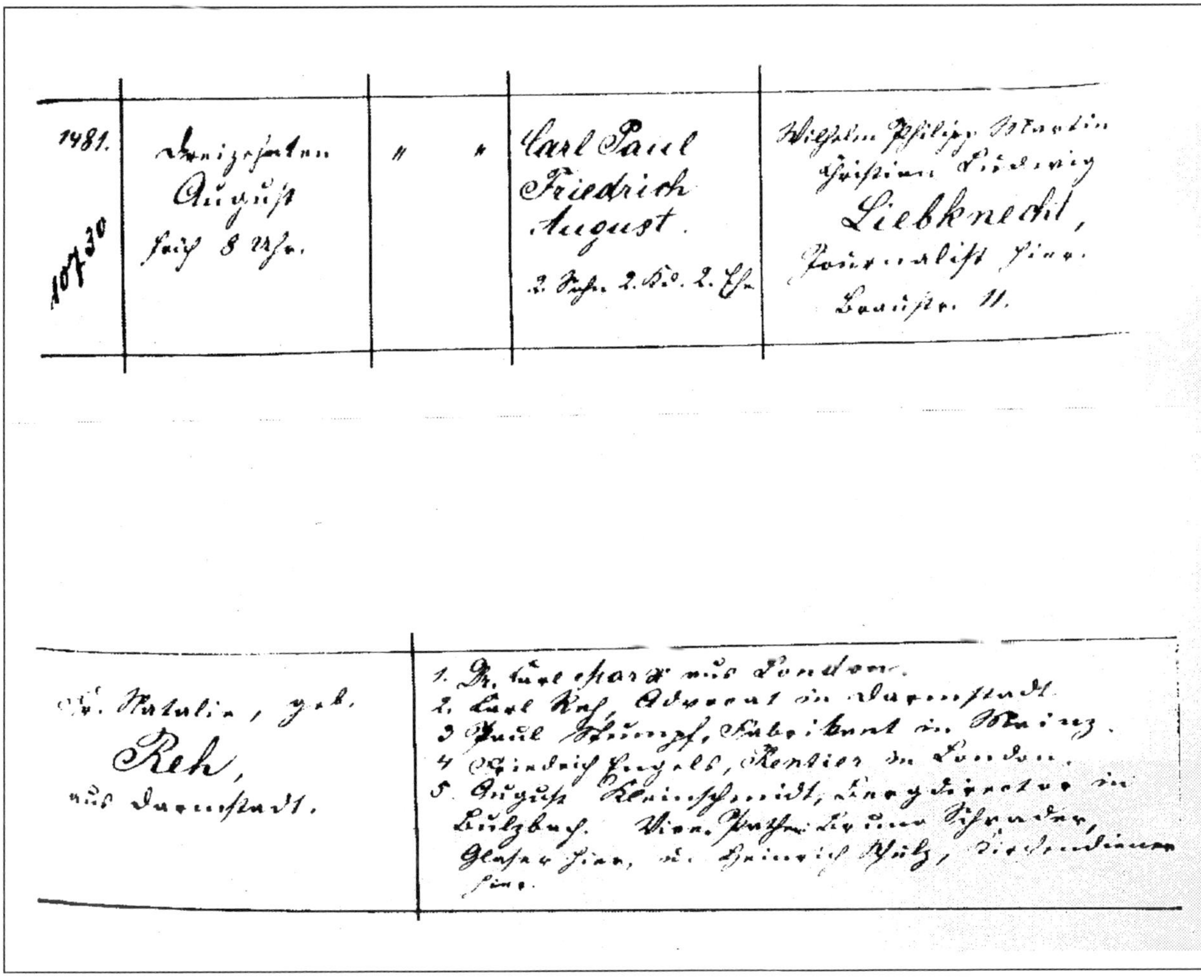

1481. 10 7/30	Neunzehnten August früh 8 Uhr.	" "	Carl Paul Friedrich August. [illegible]	Wilhelm Philipp Martin Christian Ludwig Liebknecht, Journalist hier. Braustr. 11.

Fr. Natalie, geb. Reh, aus Darmstadt.	1. Dr. Carl Marx aus London. 2. Carl Reh, Advocat in Darmstadt. 3. Paul Stumpf, Fabrikant in Mainz. 4. Friedrich Engels, Rentier in London. 5. August Kleinschmidt, [illegible] in [illegible]. [illegible]

Auszug aus dem Taufregister der Thomaskirche zu Leipzig.

Geburtshaus in der Braustraße.

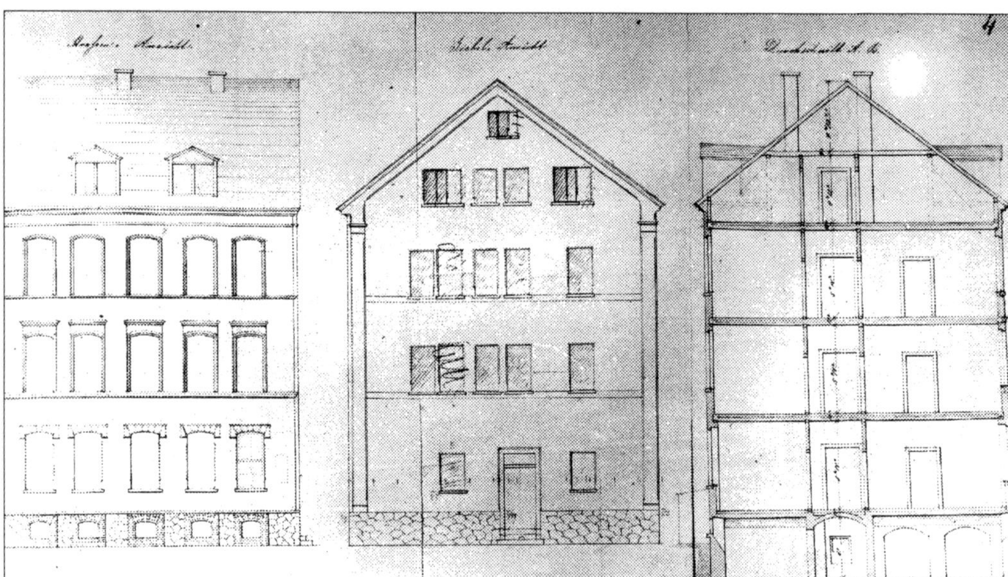

Geburtshaus Karl Liebknechts, Braustraße 15. Hausansichten von 1858.

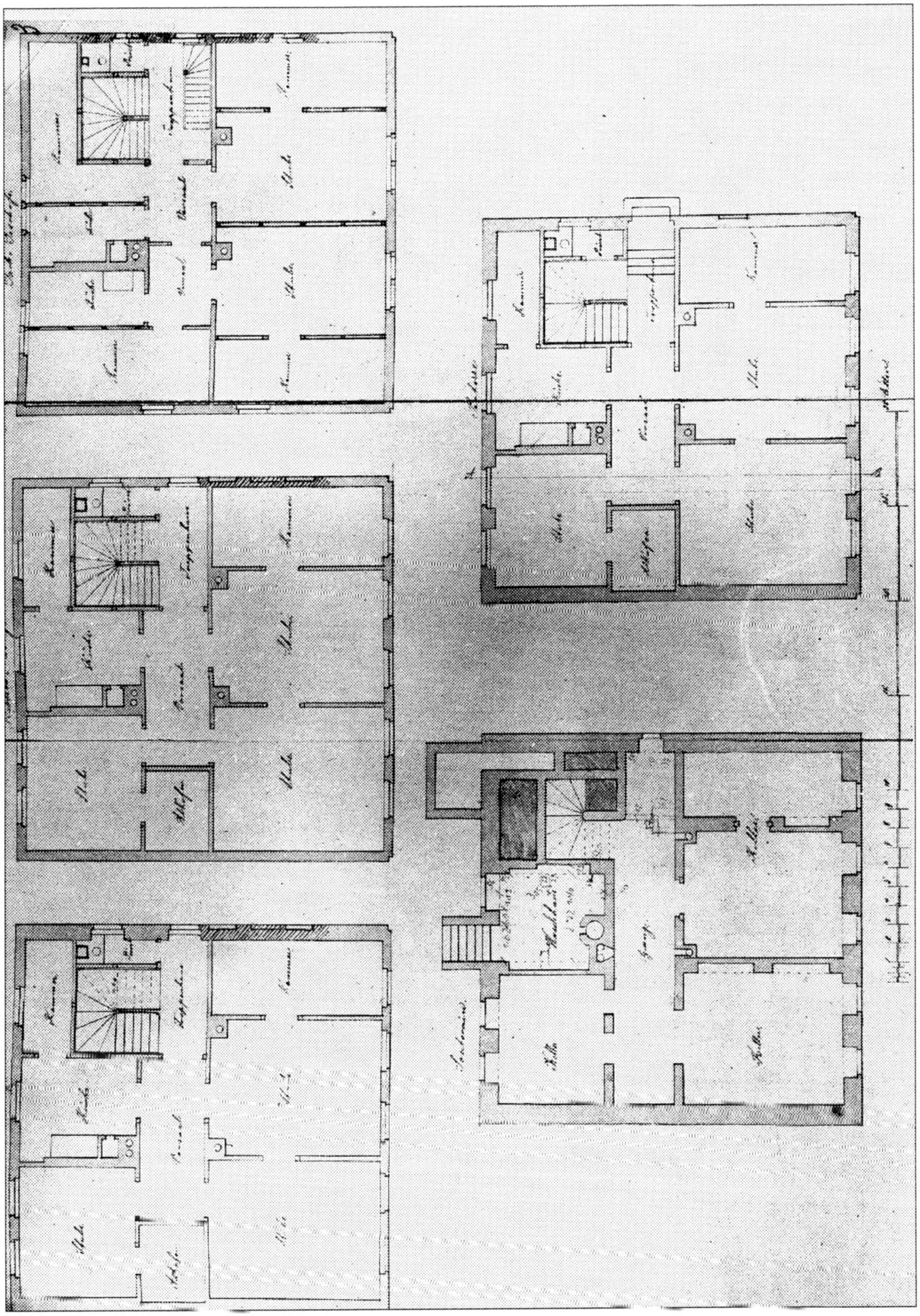

Geburtshaus Karl Liebknechts, Braustraße 15. Wohnungsgrundrisse von 1858.

Porträt des siebenjährigen Karl Liebknechts.

Karl Liebknecht (zweiter von links) mit seinen Brüdern.

Karl Liebknecht (rechts) mit seinen Brüdern.

Der Bürgerschüler

Karl Liebknecht war Ostern 1878 eingeschult worden, und zwar besuchte er zunächst die 5. Bürgerschule[27], in die vorwiegend Kinder aus der Leipziger Südvorstadt gingen und die in der Schletterstraße[28], also unweit der elterlichen Wohnung lag. Er hatte sowohl vor- als auch nachmittags Unterricht, nur am Mittwoch und am Sonnabend nicht, wo die Schule bereits mittags endete. Der Schulunterricht begann im Sommerhalbjahr um 7 Uhr und im Wintersemester eine Stunde später, mittags wurde er durch eine längere Pause unterbrochen (wie viele seiner Mitschüler nahm Karl Liebknecht währenddessen sein Mittagsmahl zu Hause ein), und am Nachmittag wurde er sommers wie winters um 14 Uhr wieder aufgenommen.[29]
Die wöchentliche Stundenzahl blieb in der 1. bis 3. Klasse konstant, das heißt, sie betrug stets 30,

Karl Liebknecht (2. Reihe, zweiter von rechts) als Schulkind. Klassenfoto aus der Bürgerschulzeit.

27 Wenn in der biographischen Literatur überhaupt darauf hingewiesen wurde, daß Karl Liebknecht auch einige Jahre die Bürgerschule besuchte, so war stets nur von „einer" bzw. „der" Schule die Rede, ohne sie genauer zu lokalisieren (erstmals findet sich dieser allgemeine Hinweis bei: Wohlgemuth, Heinz: Karl Liebknecht. Eine Biographie, a.a.O., S. 22. Siehe weiterhin: Derselbe: Karl Liebknecht. Stationen seines Lebens, a.a.O., S. 11; Laschitza, Annelies unter Mitwirkung von Elke Keller: Karl Liebknecht. Eine Biographie in Dokumenten, a.a.O., S. 15, und Trotnow, Helmut: Karl Liebknecht. Eine politische Biographie, a.a.O., S. 24).

28 Karl Liebknecht kann nur in diese Lehranstalt eingeschult worden sein, weil erst zu Michaelis 1878 eine weitere Bürgerschule für die Südvorstadt eröffnet wurde, und zwar in der Arndtstraße (vgl.: Helm, <Friedrich> E<hrengott>: Geschichte des städtischen Volksschulwesens in Leipzig. Festschrift zum 100jährigen Jubiläum der Ratsfreischule, Leipzig 1892, S. 143). Eine vollständige Übersicht über die Leipziger Volksschulen findet sich in: Helm, Reinhold. Das Schul- und Erziehungswesen in Leipzig (= Festschrift zur 30. Allgemeinen Deutschen Lehrerversammlung in Leipzig vom 22. – 25. Mai 1893), Leipzig 1893, S. 37.

29 Siehe: Ebenda, S. 23 f.

wobei sich diese auf die einzelnen Fächer wie folgt verteilte[30]:

Unterrichtsfach	Stundenzahl in Klassenstufe 1	2	3
Religion	4	4	4
Deutsch	6	5	6
Rechnen	3	3	4
Geometrie	2	2	3
Geschichte	2	2	–
Naturkunde	3	3	2
Schreiben	–	1	2
Zeichnen	4	4	4
Singen	2	2	2
Turnen	2	2	2

Außer am Deutsch-, Rechen-, Geometrie-, Geographie-, Geschichts-, Naturkunde-, Schreib-, Zeichen-, Gesangs- und Turnunterricht mußte Karl Liebknecht auch an den Religionsstunden einer anerkannten oder bestätigten Glaubensgemeinschaft teilnehmen[31], und das, obwohl er der Kirche zum Zeitpunkt der Einschulung nicht mehr angehörte.[32] Es kann mit großer Wahrscheinlichkeit angenommen werden, daß er wie die Kinder vieler Leipziger Sozialdemokraten den Unterricht der hier wirkenden deutschkatholischen Gemeinde besuchte[33], zumal das Gedankengut dieser Religionsgemeinschaft der atheistisch-materialistisch geprägten Weltanschauung seiner Eltern am nächsten kam.[34]

Der Unterricht wurde während der gesetzlich festgelegten Ferien unterbrochen, und zwar hatte Karl Liebknecht je eine Woche zu Ostern, zu Pfingsten, zu Michaelis sowie zu Weihnachten und einen Monat im Sommer schulfrei. Außerdem war an den Geburtstagen des deutschen Kaisers (22. März) und des sächsischen Königs (23. April), dem Tag der Bezirks(schul)konferenz, dem Johannistag (24. Juni) und dem Sedantag (2. September) keine Schule.[35]

Jeweils vor den Michaelis- und den Osterferien erhielt Karl Liebknecht wie jeder Bürgerschüler ein Zeugnis, worin sein sittliches Verhalten, sein Fleiß und seine Kenntnisse sowie seine Fertigkeiten in den einzelnen Gegenständen mit Noten bewertet wurden. Zu dieser Zeit gab es insgesamt fünf Zensurengrade, die, falls erforderlich, durch a und b abgestuft werden konnten. Entscheidend für die Bewertung seiner Leistungen war, wie er die gegen Ende eines jeden Schuljahres stattfindenden Prüfungen absolvierte.[36] Auch wenn kein Zeugnis aus seiner Bürgerschulzeit überliefert ist, läßt sich mit an Sicherheit grenzender Wahrscheinlichkeit sagen, daß Karl Liebknecht schon damals ein überdurchschnittlicher Schüler war, andernfalls hätte er nach der 3. Klasse nicht auf das Gymnasium wechseln können.

30 Vgl.: Ebenda, S. 36.

31 Der Paragraph 6, Absatz 4, des sächsischen Volksschulgesetzes vom 26. April 1873 hatte folgenden Wortlaut: „Kinder von solchen Dissidenten, welche keiner Religionsgemeinschaft angehören (§ 21 des Gesetzes vom 20. Juni 1870), haben an dem Religionsunterrichte einer anerkannten oder bestätigten Religionsgesellschaft teilzunehmen. Die Wahl der betreffenden Religionsgesellschaft steht dem Erziehungspflichtigen frei, und ist von diesen die bezügliche Erklärung hierüber bei Anmeldung des Kindes zur Schule abzugeben“ (abgedruckt in: Codex des im Königreich Sachsen geltenden Kirchen- und Schul-Rechts mit Einschluß des Eherechts und des Rechtes der frommen und milden Stiftungen. Supplementband zur zweiten Auflage. Im Auftrage des Königlichen Ministeriums des Cultus und öffentlichen Unterrichts bearb. v. Paul von Seydewitz, Leipzig 1879, S. 380).

32 Als Vormünder hatten Natalie und Wilhelm Liebknecht im Jahre 1878 auch seinen Kirchenaustritt erklärt. Siehe dazu: Rossijskij Centr Chranenija i Izučenija Dokumentov Novejšej Istorii, Moskva, Sign. f. 200, op. 3, d. 63.

33 Vgl. dazu vor allem die sehr materialreiche Dissertation von Kolbe, Günter: Demokratische Opposition in religiösem Gewande und antikirchliche Bewegung im Königreich Sachsen. Zur Geschichte der deutschkatholischen und freien Gemeinden sowie freireligiösen Vereinigungen von den 40er Jahren des 19. Jahrhunderts bis um 1900 unter besonderer Berücksichtigung ihres Verhältnisses zur kleinbürgerlich-demokratischen und Arbeiterbewegung. Inauguraldissertation, Bd. 1, Leipzig 1964, S. 206 f., Manuskript; allerdings findet sich darin kein ausdrücklicher Hinweis auf Karl Liebknecht bzw. auf seine Eltern, wenngleich in der Arbeit an mehreren Stellen bekannte und auch weniger bekannte Leipziger Sozialdemokraten genannt werden (siehe unter anderem S. 177 und 208). In einem Jahrzehnte zuvor erschienenen Buch (Verus,

Der Nicolaitaner

Anfang 1881, das heißt in den ersten Januarwochen[37], hatten ihn seine Eltern oder vielmehr seine Mutter bei Theodor Vogel, dem Rektor des Nicolaigymnasiums[38], zur Aufnahmeprüfung angemeldet; dafür mußte sie außer der Geburtsurkunde ihres Sohnes und dessen Impfschein auch ein Zeugnis beibringen, das detaillierte Angaben „über sein bisheriges Verhalten, den von ihm genossenen Unterricht und den Stand seiner Kenntnisse“ enthielt.[39]
Neben der Thomasschule war die Schola Nicolaitana die älteste Schule der Stadt, deren Geschichte bis in das Jahr 1512 zurückreichte.[40] Allerdings sollte Karl Liebknecht, der die Aufnahmeprüfung in das städtische Nicolaigymnasiums am 4. bzw. 5. März 1881 absolvierte[41], das alte Schulhaus auf dem Nicolaikirchhof nicht mehr kennenlernen. Nachdem er am 26. April der Eröffnungsfeierlichkeit des Schuljahres 1881/82 beigewohnt hatte, die zugleich eine pompöse „Nachfeier des Geburtstags Sr. Majestät des Königs“ war[42], führte ihn fortan sein täglicher Weg in die Nähe des Johannistales, und zwar in das an der Ecke Königstraße (heute: Goldschmidtstraße/Stephanstraße) gelegene einfache, schlichte Gebäude. Diesen Neubau hatte das Gymnasium erst neun Jahre zuvor bezogen, nämlich am 15. April 1872[43], doch überdauerte er im Unterschied zum alten Schulgebäude den Zweiten Weltkrieg nicht: Am 4. Dezember 1943 wurde das Bauwerk durch Brandbomben nahezu völlig zerstört.[44]

S. E. <das ist Voelkel, Titus>: Einführung in die Geschichte des freien Gedankens in hundert Lebensabrissen seiner Vorkämpfer, Frankfurt a. M. 1914, S. 184) war demgegenüber Wilhelm Liebknecht unter den Vorkämpfern des „freien Gedankens“ namentlich erwähnt worden.

34 Zum recht heterogenen Gedankengut der deutschkatholischen resp. freigemeindlichen Bewegung, in der seinerzeit der Atheismus einen immer wichtigeren Platz einnahm und in der zugleich der Materialismus an Einfluß gewann, vgl. in erster Linie: Kolbe, Günter: Demokratische Opposition in religiösem Gewande und antikirchliche Bewegung im Königreich Sachsen. Inauguraldissertation, Bd. 1, a.a.O., S. 185 ff. und 196 ff.

35 Siehe: Helm, Reinhold: Das Schul- und Erziehungswesen in Leipzig (= Festschrift zur 30. Allgemeinen Deutschen Lehrerversammlung in Leipzig vom 22. – 25. Mai 1893), a.a.O., S. 24.

36 Ebenda.

37 Vgl.: Paragraph 1 der Schulordnung des Nicolaigymnasiums zu Leipzig, genehmigt durch Verordnung des Königlichen Ministeriums des Cultus und öffentlichen Unterrichts vom 18. März 1878, o.O. o.J., S. 3. In: Stadtarchiv Leipzig, Bestand Nikolaischule, Nr. 303.

38 Theodor Vogel, der zuvor an verschiedenen Schulen (Nikolaischule in Leipzig, Kreuzschule in Dresden, Gymnasium in Zittau resp. in Zwikkau, Landesschule in Meißen und Staatsgymnasium in Chemnitz) vornehmlich Latein gelehrt hatte, war zu Michaelis 1877 in das Rektorenamt eingeführt worden und sollte es dann bis zum 25. Oktober 1885 innehaben. Siehe dazu: Bischoff, Ernst Friedr<ich>: Das Lehrerkollegium des Nicolaigymnasiums in Leipzig 1816 – 1896/97. Biographisch – bibliographische Beiträge zur Schulgeschichte (= Wissenschaftliche Beilage zum Jahresbericht des Nicolaigymnasiums in Leipzig), Leipzig 1897, S. 43 (im folgenden: Bischoff, Ernst Friedr<ich>: Das Lehrerkollegium des Nicolaigymnasiums in Leipzig 1816 – 1896/97), wo sich auch weitere biographische Angaben finden.

39 Paragraph 2 der Schulordnung des Nicolaigymnasiums zu Leipzig, genehmigt durch Verordnung des Königlichen Ministeriums des Cultus und öffentlichen Unterrichts vom 18. März 1878, o.O. o.J., S. 3 f. In: Stadtarchiv Leipzig, Bestand Nikolaischule, Nr. 303.

40 Siehe: Wustmann; Gustav: Urkundliche Beiträge zur frühesten Geschichte der Nicolaischule. In: Jahresbericht des Nicolaigymnasiums in Leipzig als Einladungsschrift zur feierlichen Entlassung der Abiturienten Freitag den 22. März sowie zu den öffentlichen Klassenprüfungen, Mittwoch den 3. April im Namen des Lehrerkollegiums hrsg. v. Otto Kaemmel, Leipzig 1895, S. I ff. (im folgenden: Jahresbericht 1895), und Tittel, K<arl>: Die Nikolaischule 1512 – 1912. Jubiläumsschrift zur Feier des 400jährigen Bestehens am 22., 23. und 24. Mai 1912, Leipzig 1912, S. 4 ff. Siehe zur Gründungsgeschichte auch nachfolgende Veröffentlichung jüngeren Datums. Hocquél-Schneider, Sabine: Geschichte der Schola Nicolaitana. In: Alte Nikolaischule Leipzig. Hrsg. v. d. Kulturstiftung Leipzig, Leipzig 1994, S. 14.

41 Vgl.: Stadtarchiv Leipzig, Bestand Nikolaischule, Nr. 265, Bl. 108 R.

42 Programm der Nikolaigymnasiums zu Leipzig durch welches zu den öffentlichen Klassenprüfungen am 23. und 24. März 1882 ergebenst einladet Theodor Vogel, Leipzig 1882, S. 11 (im folgenden: Programm 1882).

43 Siehe: Tittel, K<arl>: Die Nikolaischule 1512 – 1912. Jubiläumsschrift zur Feier des 400jährigen Bestehens am 22., 23. und 24. Mai 1912, a.a.O., S. 42.

44 Vgl. dazu: Lange, Paul: Leipzigs größtem Sohne. Karl Liebknecht als Mensch. In: Leipziger Volkszeitung, 13. 8. 1946. Siehe des weiteren: Griebsch, Gernot: Wo einst die Nikolaischule stand. Ein neues Gebäude in der Goldschmidtstraße. In: Leipziger Osten, H. 4, April 1995, S. 56.

Die Nikolaischule in Leipzig.

Auf seinem Schulweg dürfte Karl Liebknecht nur selten allein gewesen sein, zumal sein ältester Bruder Theodor die Nicolaischule schon seit Ostern 1880 besuchte.[45] Auch die jüngeren Söhne Wilhelm Liebknechts, das heißt Otto, Wilhelm jr. und Kurt, sollten fünf[46] resp. sieben Jahre später[47] in dieses städtische Gymnasium eintreten, so daß die Brüder zumindest zwischen Michaelis 1888, als Kurt in die Sexta aufgenommen wurde[48], und Ostern 1889, als Theodor mit dem Reifezeugnis abging[49], einen gemeinsamen Weg hatten.

Der Eintritt des zehnjährigen Karl in das Nicolaigymnasium hatte für die in recht ärmlichen Verhältnissen lebende Familie Liebknecht[50] neue und zudem überaus große finanzielle Belastungen mit sich gebracht, vor allem durch das jährliche Schulgeld in der für die damaligen Verhältnisse beträchtlichen Höhe von 120 Mark[51], wogegen für den Besuch der Bürgerschule seinerzeit „nur" 18 Mark zu zahlen waren.[52] Darüber hinaus mußten jedes Jahr noch weitere Gebühren entrichtet werden, zum Beispiel für die Benutzung der Schulbibliothek.[53] Trotz der materiellen Notlage sollten weder der Vater noch die Mutter für den zweitältesten Sohn (wie schon für den ältesten und später für die drei jüngeren Söhne) eine Freistelle

45 Vgl.: Programm des Nicolaigymnasiums in Leipzig durch welches zu den öffentlichen Klassenprüfungen am 31. März, 1. und 2. April 1881 ergebenst einladet Theodor Vogel, Leipzig 1881, S. XX (im folgenden: Programm 1881).

46 Siehe: Jahresbericht des Nicolaigymnasiums in Leipzig als Einladung zu den öffentlichen Klassenprüfungen am 30. und 31. März 1887 im Namen des Lehrerkollegiums hrsg. v. Karl Mayhoff, Leipzig 1887, S. XV (im folgenden: Jahresbericht 1887).

47 Vgl.: Jahresbericht des Nicolaigymnasiums in Leipzig als Einladung zu den öffentlichen Klassenprüfungen am 10. und 11. April 1889 im Namen des Lehrerkollegiums hrsg. v. Karl Mayhoff, Leipzig 1889, S. 23 f. (im folgenden: Jahresbericht 1889).

48 In der jüngst von Sabine Hoquél-Schneider vorgelegten Abhandlung über die „Geschichte der Schola Nicolaitana" (in: Dieselbe: Alte Nikolaischule Leipzig. Hrsg. v. d. Kulturstiftung Leipzig, a.a.O., S. 27) wurde zwar erwähnt, daß neben Karl Liebknecht auch Theodor, Otto und Wilhelm jr. das Nicolaigymnasium besucht hätten, doch fehlte in der Aufzählung sein jüngster Bruder. Wenn der Autorin diese Tatsache entging, so könnte sich das daraus erklären, daß Kurt nicht zu Beginn des Schuljahres 1888/89, das heißt, nicht zu Ostern, sondern erst zu Michaelis 1888 in die Nicolaitana eingetreten war (vgl.: Jahresbericht 1889, S. 24).

49 Siehe: Ebenda, S. 25.

50 Vgl. dazu vor allem: Adamy, Kurt: Sie hat sich um die große Sache des Proletariats verdient gemacht. Natalie Liebknecht. In: Beiträge zur Geschichte der Arbeiterbewegung (im folgenden: BZG), 1974, H. 4, S. 674 f.

51 Siehe: Programm 1881, S. VIII.

52 Vgl.: Helm, Reinhold: Das Schul- und Erziehungswesen in Leipzig (= Festschrift zur 30. Allgemeinen Deutschen Lehrerversammlung vom 22. – 25. Mai 1893), a.a.O., S. 33.

53 Dafür waren zu der Zeit, als Karl Liebknecht das Nicolaigymnasium besuchte, jährlich 2 Mark zu zahlen. Siehe: Jahresbericht 1889, S.27.

Familienbild mit den Eltern und Brüdern (um 1890, Karl Liebknecht in der 2. Reihe Mitte).

an der Nicolaitana beantragen[54], auch wenn vom Rat der Stadt Leipzig deren Anzahl erst im vorhergehenden Jahr von 12 auf 24 verdoppelt worden war.[55] Ohne Zweifel wurde dies als Gebot der politischen Selbstachtung angesehen.

Bis zum letzten Augenblick war völlig ungewiß, ob für Karl das außerordentlich hohe Schulgeld aufgebracht werden könnte oder nicht, zumal sein Vater zu jener Zeit, nämlich seit November 1880, eine sechsmonatige Gefängnisstrafe verbüßte.[56] Wie schwierig sich die materielle Lage der Familie dadurch gestaltete, geht aus einem Brief hervor, den Natalie Liebknecht am 11. Dezember des gleichen Jahres in tiefer seelischer Depression an Friedrich Engels schrieb. Darin heißt es unter anderem: „Mir graut vor der Zukunft, ich sehe sie nur ganz schwarz", so liege die künftige Erziehung bzw. Ausbildung der Jungen plötzlich im Dunkeln, und fragend fügte sie hinzu: „... Werden sie aber so früh schon, wie es unsere Verhältnisse verlangen, den Kampf ums Dasein aufnehmen können?"[57] Angesichts dieser kritischen Situation richtete August Bebel wenige Tage später ein Hilfeersuchen an denselben Adressaten: „Ich bitte Euch (Dich und M<arx>), daß Ihr nach Kräften L<iebknecht> unterstützt, namentlich während der Zeit, wo er im Gefängnis ist ..."[58]

54 Vgl. hierzu folgende Akte: Stadtarchiv Leipzig, Bestand Schulamt, Kap.III, Nr. 102, Bd. 1.

55 Siehe: Programm 1881, S. VIII.

56 Vgl: Berndt, Helga: Biographische Skizzen von Leipziger Arbeiterfunktionären. Eine Dokumentation zum 100. Jahrestag des Sozialistengesetzes (1878 – 1890), Berlin 1978, S. 181.

57 Brief Natalie Liebknechts an Friedrich Engels, 11. Dezember 1880. In: Liebknecht, Wilhelm: Briefwechsel mit Karl Marx und Friedrich Engels. Hrsg. und bearb. v. Georg Eckert (= Quellen und Untersuchungen zur Geschichte der deutschen und österreichischen Arbeiterbewegung, Bd. 5), The Hague 1963, S. 279.

58 Brief August Bebels an Friedrich Engels, 26. Dezember 1880. In: August Bebels Briefwechsel mit Friedrich Engels . Hrsg. v. Werner Blumenberg (= Quellen und Untersuchungen zur Geschichte der deutschen und österreichischen Arbeiterbewegung, Bd. 6), London – The Hague – Paris 1965, S. 100. Erstmals war dieser Brief von August Bebel selbst in seinen Erinnerungen publiziert worden, freilich mit einigen Auslassungen (siehe: Derselbe: Aus meinem Leben. Die wissenschaftliche Neuausgabe wurde vorbereitet v. Ursula Herrmann unter Mitarbeit v. Wilfried Heinze und Ruth Rüdiger, Berlin 1988, S. 613).

Wilhelm Liebknecht (um 1889). (links)

Natalie Liebknecht (um 1890).

Folglich kann mit einiger Sicherheit angenommen werden, daß es Karl Liebknecht nicht zuletzt seinen Taufpaten[59] zu verdanken hatte, wenn er trotz aller materiellen Schwierigkeiten den Besuch des Gymnasiums aufnehmen konnte. Es wäre auch denkbar, daß Ignatz Bahlmann, ein vermögender Sympathisant der Sozialdemokratie und zugleich ein guter Freund des Hauses Liebknecht[60], oder die Unterstützungskasse für die vom Bismarck-Regime verfolgten Familien[61] eine Beihilfe gewährt hatte, allerdings ließen sich dafür in den Quellen noch keine konkreten Anhaltspunkte ermitteln.

Überhaupt war Wilhelm Liebknecht immer darauf bedacht, seinen Kindern eine ihren Anlagen entsprechende Ausbildung zu ermöglichen[62], doch wuchs Mitte der 80er Jahre die Gefahr, diesen Anspruch angesichts des beständigen Geldmangels nicht aufrechterhalten zu können. Sie hatte sich schon An-

59 Siehe: Taufregister der evangelisch-lutherischen „St. Thomas"-Kirchgemeinde Leipzig, Jg. 1871, S. 243, Nr. 1481. Ein dementsprechender Auszug findet sich auch in: Stiftung „Archiv der Parteien und Massenorganisationen der DDR" im Bundesarchiv, Zentrales Parteiarchiv, NY 4001, Nr. 2, Bl. 1.

60 Vgl.: August Bebel. Eine Biographie. Autorenkollektiv unter Leitung v. Ursula Herrmann u. Volker Emmrich, Berlin 1989, S. 263. Diese Vermutung liegt um so näher, als Wilhelm Liebknecht am 3. Mai 1900 anläßlich der bevorstehenden Vermählung seines Sohnes Karl mit Julia Paradies folgendes an Ignatz Bahlmann schrieb: „Es tut uns allen sehr leid, daß sie nicht zu der Hochzeit ... kommen. Sie sind doch einer der treuesten und *wohlwollendsten* Freunde, die wir gehabt haben" (in: Rossijskij Centr Chranenija i Izučenija Dokumentov Novejšej Istorii, Moskva, Sign. f. 200, op. 1, d. 679).

61 Siehe dazu: Bebel, August: Unterstützt die verfolgten Parteimitglieder! Rundschreiben. In: Derselbe: Ausgewählte Reden und Schriften, Bd. 2, Halbbd. 1, Berlin 1978, S. 38. Vgl. weiterhin: Das Sozialistengesetz 1878 – 1890. Illustrierte Geschichte des Kampfes der Arbeiterklasse gegen das Ausnahmegesetz, Berlin 1980, S. 61 f., und Adamy, Kurt: Sie hat sich um die große Sache des Proletariats verdient gemacht. Natalie Liebknecht. In: BZG, 1974, H. 4. S. 674 f.

62 Vgl. hierzu die diesbezüglichen Ausführungen bei Trotnow, Helmut: Karl Liebknecht. Eine politische Biographie, a.a.O., S. 41 f.

fang 1884 offenbart, als Theodor wohl deswegen das Schuljahr 1884/85 aussetzen und das Pensum der Obertertia in privatimer Weise bewältigen mußte[63], und sie wurde zwei Jahre später noch drohender, als die Frage stand, ob auch für Otto ein Gymnasialbesuch zu finanzieren sei oder nicht. Es war niemand anders als August Bebel, der in dieser kritischen Situation entschlossen handelte: Bereits Ende Februar 1886 hatte er im Namen der sozialdemokratischen Reichstagsfraktion an vermögende und gut verdienende Parteifreunde ein Rundschreiben geschickt, worin nachdrücklich darauf hingewiesen wurde, daß es Wilhelm Liebknecht große Mühe bereite, die für die Erziehung seiner fünf Söhne erforderlichen Mittel aufzubringen. Aufgrund dessen solle die Gründung eines „Erziehungsfonds" angeregt werden, für den jeder Beitrag, „einerlei wie hoch oder niedrig er ist", willkommen sei.[64] Unter denen, die in diesen Fonds eine namhafte Summe einzahlten, befand sich auch Friedrich Engels, und zwar übersandte er August Bebel einen Scheck über zehn Pfund Sterling.[65] Alle für die Erziehung seiner Kinder gestifteten Gelder, deren Höhe sich nicht mehr feststellen ließ, wurden Wilhelm Liebknecht während eines Banketts überreicht, das die sozialdemokratische Reichstagsfraktion am 29. März anläßlich seines 60. Geburtstages in Berlin veranstaltete.[66]

Der Humanismus prägte den Unterricht an der Schola Nicolaitana schon seit dem Mittelalter, wobei sie im späteren Universalgelehrten Gottfried Wilhelm Leibniz (mit dem übrigens Johann Georg Liebknecht, ein Ururgroßvater von Karl Liebknecht[67] und „einer der ausgezeichnetsten Gelehrten seiner Zeit", im freundschaftlichen Briefwechsel stand[68]) und im nachmaligen Aufklärer Christian Thomasius ihre bedeutendsten Schüler hatte.[69] An der Wende des 19. Jahrhunderts gewann der Neuhumanismus, eine Bildungsbewegung, welche die geistigen Schätze des klassischen Altertums wiederzubeleben suchte, einen immer stärkeren Einfluß auf die Schule.[70] Auch noch zu der Zeit, als Karl Liebknecht die Nicolaitana besuchte, war der gesamte Unterricht von den Idealen dieser Bewegung durchdrungen. Mit anderen Worten: Die Nicolaischule hatte seinerzeits das Erziehungsziel, ihre Schüler durch allseitige humanistische, vor allem altklassische Bildung zum selbständigen Studium der Wissenschaften zu befähigen.[71]

Wie sehr Karl Liebknecht von den neuhumanistischen Bildungsidealen geformt wurde und wie stark er sie verinnerlichte, kann man unter anderem aus dem Jahrzehnte später mit seinem ältesten Sohn Wilhelm geführten Briefwechsel ersehen. Wenn er am 4. Oktober 1915 nur beiläufig schrieb, vielmehr fragte:

---

63 Siehe: Programm des Nicolaigymnasiums in Leipzig als Einladung zu den öffentlichen Schulfeierlichkeiten am 18., 19. 20. und 21. März 1885, im Namen des Lehrerkollegiums hrsg. v. Karl Mayhoff, Leipzig 1885, S. XLI (im folgenden: Programm 1885), und Programm des Nicolaigymnasiums in Leipzig als Einladung zu den öffentlichen Klassenprüfungen am 14. und 15. April 1886, im Namen des Lehrerkollegiums hrsg. v. Karl Mayhoff, Leipzig 1886, S. XVII (im folgenden: Programm 1886).

64 Rundschreiben von Ende Februar 1886. In: August Bebels Briefwechsel mit Friedrich Engels. Hrsg. v. Werner Blumenberg (= Quellen und Untersuchungen zur Geschichte der deutschen und österreichischen Arbeiterbewegung, Bd.6), a.a.O., S.265.

65 Vgl.: Brief Friedrich Engels an August Bebel, 18.März 1886. In: Ebenda.

66 Siehe: August Bebel. Eine Biographie. Autorenkollektiv unter Leitung v. Ursula Herrmann u. Volker Emmrich, a.a.O., S. 262.

67 Vgl. dazu: Euler, Friedrich Wilhelm: Karl Liebknecht. In: Genealogie, Bd. 9, H. 3, März 1969, S. 482 und 485 f.

68 Zit. in: Schumann, Harry: Karl Liebknecht. Ein Stück unpolitischer Weltanschauung. Neue bearb. Ausgabe, a.a.O., S. 18.

69 Siehe: Tittel, K<arl>: Die Nikolaischule 1512 – 1912. Jubiläumsschrift zur Feier des 400jährigen Bestehens am 22., 23. und 24. Mai 1912, a.a.O., S. 23 f.

70 Vgl.: Ebenda, S. 33 ff.

71 Siehe: Paragraph 36 des Gesetzes über die Gymnasien, Realschulen und Seminare vom 22. August 1876. In: Codex des im Königreich Sachsen geltenden Kirchen und Schul-Rechts mit Einschluß des Eherechts und Rechtes der frommen und milden Stiftungen. Supplementband zur zweiten Auflage. Im Auftrage des Königlichen Ministeriums des Cultus und öffentlichen Unterrichts bearb. v. Paul von Seydewitz, a.a.O., S. 469.

Karl Liebknecht (3. Reihe, erster von links) als Nikolaitaner. Klassenfoto von 1888.

„Lest ihr schon griechische Tragödien? Äschylus oder Sophokles?“ [72] So fand sich in seinem Brief vom 11. Februar 1917 eine längere Passage, die einem Hohelied dieser Bildung glich. Obwohl sein Besuch des Nicolaigymnasiums zu diesem Zeitpunkt über ein Vierteljahrhundert zurücklag, vermochte Karl Liebknecht noch nahezu vollständig[73] jene griechischen („Herodot, Xenophon, Thukydides, Demosthenes; u. der göttliche Plato! Homer, Hesiod, Äschylus, Sophokles, Sappho usw.“) und römischen Autoren („Und Cornelius Nepos, Caesar, Livius, Sallust, Tacitus; Ovid, Vergil, Catull, Horaz“) aufzuzählen, die er als Gymnasiast gelesen hatte. Es entsprach dem Erbeverständnis der Neuhumanisten, die im Altertum den Urquell aller Geisteskultur erblickten, wenn er nach der namentlichen Nennung der in den altsprachlichen Fächern behandelten Schriftsteller folgendes formulierte: „Nimm eine Geschichte der Kultur, der Wissenschaft, der Kunst, der Literatur zur Hand – diese Sterne leuchten darin. Seit Jahrtausenden leuchten sie. Und sie werden nach Jahrtausenden leuchten!“ Folglich bot der neuhumanistische Unterricht, wie Karl Liebknecht seinem Sohn mit eindringlichen Worten nahezubringen suchte, eine einmalige Chance: „Verpasse die Gelegenheit nicht. Sie kommt nicht wieder! Du verlierst Unendliches fürs ganze Leben.“[74]

72 Brief Karl Liebknechts an seinen Sohn Wilhelm, 4. Oktober 1915. In: Liebknecht, Karl: Briefe aus dem Felde, aus der Untersuchungshaft und aus dem Zuchthaus. Hrsg. v. Franz Pfemert, Berlin 1920, S. 27. Wiederabdruck in: Liebknecht, Karl: Lebt wohl, Ihr lieben Kerlchen! Briefe an seine Kinder. Hrsg. v. Annelies Laschitza und Elke Keller, Berlin 1992, S. 89.

73 Vgl.: Lehrverfassung und Unterricht. In: Jahresbericht des Nicolaigymnasiums in Leipzig als Einladung zu den öffentlichen Klassenprüfungen am 26. und 27. März 1890 im Namen des Lehrerkollegiums hrsg. v. Karl Mayhoff, Leipzig 1890, S. VIII ff. (im folgenden: Jahresbericht 1890).

74 Brief Karl Liebknechts an seinen Sohn Wilhelm, 11. Februar 1917. In: Liebknecht, Karl: Briefe aus dem Felde, aus der Untersuchungshaft und aus dem Zuchthaus. Hrsg. v. Franz Pfemert, a.a.O., S. 62. Erstmals vollständig abgedruckt in: Liebknecht, Karl: Lebt wohl, Ihr lieben Kerlchen! Briefe an seine Kinder. Hrsg. v. Annelies Laschitza und Elke Keller, a.a.O., S. 102.

Der Gymnasiast Karl Liebknecht (zweiter von links) mit einigen Schulkameraden.

Stark retuschierte Vergrößerung aus linkem Foto: Porträt des 13jährigen Karl Liebknecht. Dieses Bild wurde für die 1961 erschienene Biographie angefertigt.

Allerdings war Karl Liebknecht während seiner Gymnasialzeit zugleich damit konfrontiert, daß nationalistisches Gedankengut sowohl im Fach Geschichte als auch außerhalb des Unterrichts allmählich Verbreitung fand. Augenscheinlich wurde das vor allem an den „patriotischen Gedenk- und Freudentage(n)“[75], das heißt, während der in jedem Jahr am 22. März (Kaisergeburtstag), am 23. April (Geburtstag des sächsischen Königs Albert) und am 2. September (sogenannter Sedantag) stattfindenden Schulfeiern.

An diesen feierlichen Veranstaltungen nahm auch, wie sich noch Jahre danach ein Mitschüler erinnern sollte[76], Karl Liebknecht teil; außerdem beteiligte er sich wie alle Nicolaitaner an jenen Turnspielen und Wettkämpfen, die seit dem Jahre 1882[77] stets

75 Jahresbericht 1890, S. V.

76 Siehe: Erinnerungen von Walther Troitzsch an Karl Liebknecht. Original in: Kulturgeschichtliches Museum Wurzen. Vgl. hierzu: Schreiben der Museumsleiterin Frau Wilhelm an den Verfasser, 18. August 1994.

77 Wenn Karl Tittel behauptete, daß diese Turnspiele und Wettkämpfe erstmals 1883 stattfanden (siehe: Tittel, K<arl>: Die Nikolaischule 1512 – 1912. Jubiläumsschrift zur Feier des 400jährigen Bestehens am 22., 23. und 24. Mai 1912, a.a.O., S. 65 f.), so entsprach das nicht den Tatsachen. In Wirklichkeit war jene Tradition schon im Jahre 1882 begründet worden. Vgl.: Programm des Nicolaigymnasiums in Leipzig durch welches zu den öffentlichen Klassenprüfungen am 7., 8. und 9. März 1883 ergebenst einladet Theodor Vogel, Leipzig 1883, S. III (im folgenden: Programm 1883).

der Feier des Sedantages vorausgingen und mit Ausnahme von 1883, als der Schloßpark von Lützschena der Ort des Sportfestes war[78], immer in Taucha durchgeführt wurden.[79] Die Beteiligung daran brachte ihn zwar in Gewissensnöte, doch vermied er hierdurch einen offenen Konflikt mit der Schulleitung. Wahrscheinlich wäre es zu einer solchen Auseinandersetzung gekommen, wenn die sportlichen Vorfeiern des 2. September schon damals den unverhohlen militaristischen Charkter der späterhin am Nicolaigymnasium eingeführten „Kriegsspiele" getragen hätten.[80] Ebenso kann mit an Sicherheit grenzender Wahrscheinlichkeit angenommen werden, daß sich Karl Liebknecht in seinem Brief, den er am 11. Mai 1918 an seine Frau Sophie geschrieben hatte, nicht zuletzt auf die bewußten Veranstaltungen bezog, zumal der Anlaß für die nachfolgende Bemerkung der war, daß seine Kinder im Unterricht sowie während der Schulferien wieder und wieder Demütigungen resp. Widerwärtigkeiten ertragen mußten: Auch er habe in seiner Jugend dortselbst „eine Fülle politischer Anfechtungen erfahren" und, so fügte er noch hinzu, „ich habe sie mit Stolz, Verachtung und Mitleid ertragen, und sie haben mich gefestigt und erhoben."[81] Allerdings muß hervorgehoben werden, daß die seinerzeit für alle sächsischen Gymnasien verbindliche Lehrordnung[82] nur wenige direkte Ansatzpunkte bot, um im Unterricht nationalistisches Gedankengut zu verbreiten. Neben den altsprachlichen Fächern, für die genau die Hälfte aller Wochenstunden vorgese-

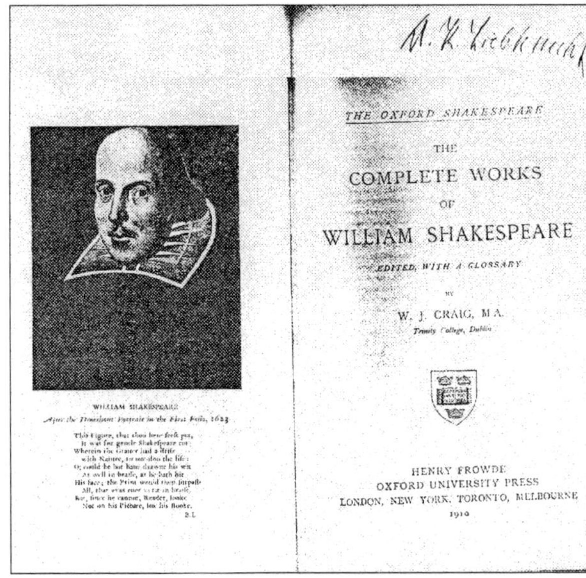

Titelblatt von „The complete works of William Shakespeare" aus dem Jahre 1910 mit dem Namenszug von Karl Liebknecht.

78 Siehe: Programm des Nicolaigymnasiums in Leipzig durch welches zu den öffentlichen Klassenprüfungen am 27., 28. und 29. März 1884 ergebenst einladet Theodor Vogel, Leipzig 1884, S. V (im folgenden: Programm 1884).

79 Vgl. dazu: Programm 1885, S. XXIV; Programm 1886, S. III; Jahresbericht 1887, S. II; Jahresbericht des Nicolaigymnasiums in Leipzig als Einladung zu den öffentlichen Klassenprüfungen am 20. und 21. März 1888 im Namen des Lehrerkollegiums hrsg. v. Karl Mayhoff, Leipzig 1888, S. III (im folgenden: Jahresbericht 1888); Jahresbericht 1889, S. 2, und Jahresbericht 1890, S. V.

80 Siehe: Tittel, K<arl>: Die Nikolaischule 1512–1912. Jubiläumsschrift zur Feier des 400jährigen Bestehens am 22., 23. und 24. Mai 1912, a.a.O., S. 66 f.

81 Brief Karl Liebknechts an seine Frau Sophie, 11. Mai 1918. In: Liebknecht, Karl: Briefe aus dem Felde, aus der Untersuchungshaft und aus dem Zuchthaus. Hrsg. v. Franz Pfemert, a.a.O., S. 107. Wiederabdruck in: Liebknecht, Karl: Gesammelte Reden und Schriften, Bd. IX, Berlin 1982, S. 516.

82 Vgl.: Bekanntmachung, die Lehr- und Prüfungsordnung für die Gymnasien betreffend, vom 8. Juli 1882. In: Lehr- und Prüfungsordnung für die Gymnasien, abgeändert u. mittels Bekanntmachung vom 8. Juli 1882 neu veröffentlicht, nebst Verordnung vom 8. Juli 1882, Änderungen und Nachträge zur Verordnung vom 29. Januar 1877 betr., und dem Regulativ für die Prüfungen der Candidaten des höheren Schulamts mit den dazu erlassenen Abänderungen und Nachträgen. Hrsg. u. mit einem Sachregister versehen v. R. Götz, Leipzig 1882, S. 3 ff.

hen war, standen mit Deutsch und Französisch auch zwei moderne Sprachen auf dem Stundenplan von Karl Liebknecht, zudem besuchte er sehr wahrscheinlich den fakultativen Englischunterricht.[83] Des weiteren wurden ihm am Nicolaigymnasium grundlegende naturwissenschaftliche Kenntnisse vermittelt, und zwar gehörten Geographie, Naturkunde, Arithmetik bzw. Mathematik sowie Physik zu den Lehrgegenständen. Schließlich waren auch die Geisteswissenschaften mit Religion und Geschichte unter den Obligatorien vertreten. Was den Religionsunterricht anbelangt, so läßt sich mit Sicherheit annehmen, daß Karl Liebknecht bis zu seinem 14. Lebensjahr weiterhin am Unterricht der deutschkatholischen Gemeinde teilnahm. Hiernach (also von der Untersekunda an) hatte ihn der Rektor Karl Mayhoff vom Besuch dieses Unterrichtsfaches gewiß gänzlich dispensiert, zumal das eine kultusministerielle Verordnung vom 29. Januar 1877 ausdrücklich gestattete.[84]

Karl Liebknecht wurde an der Nicolaitana nicht nur in „Sprachen und Wissenschaften" unterrichtet, sondern es standen während dieser Zeit auch „Künste und Fertigkeiten" auf seinem Stundenplan, wozu im einzelnen folgende Gegenstände zählten: Schreiben, Stenographie (die entsprechenden Kenntnisse wurden den Schülern der sogenannten Mittelklassen[85] fakultativ vermittelt), Zeichnen (dieses Fach war ab der Quarta wahlfrei), Gesang und Turnen.[86] Inwieweit oder ob er überhaupt am fakultativen Unterricht teilnahm, ließ sich aus den Quellen nicht mehr ersehen.

83 Zwar fand sich in den Schulakten kein Vermerk darüber, daß Karl Liebknecht am fakultativen Englischunterricht teilnahm, doch beherrschte er die englische Sprache später so gut (unter anderem las er die Werke von Shakespeare in dessen Muttersprache), daß hieran kaum zu zweifeln ist. Als Beweis für diese Aussage siehe im Bestand der Bibliothek des Museums für Geschichte der Stadt Leipzig: The complete works of William Shakespeare. Edited, with a glossary by W. J. Craig, M.A., London – New York – Toronto – Melbourne 1910. Dieses Exemplar stammt nachweislich aus dem Besitz von Karl Liebknecht.

84 Vgl.: Paragraph 7 der Verordnung zur Ausführung des Gesetzes vom 22. August 1876 über die Gymnasien, Realschulen und Seminare vom 29. Januar 1877. In: Codex des im Königreich Sachsen geltenden Kirchen- und Schul-Rechts mit Einschluß des Eherechts und des Rechtes der frommen und milden Stiftungen. Supplementband zur zweiten Auflage. Im Auftrage des Königlichen Ministeriums des Cultus und öffentlichen Unterrichts bearb. v. Paul von Seydewitz, a.a.O., S. 478.

85 Als die gymnasialen Mittelklassen galten die Unter- bzw. Obertertia und die Untersekunda (siehe: Paragraph 3 der Lehr- und Prüfungsordnung für die Gymnasien vom 8. Juli 1882. In: Lehr- und Prüfungsordnung für die Gymnasien, abgeändert und mittels Bekanntmachung vom 8. Juli 1882 neu veröffentlicht, nebst Verordnung vom 29. Januar 1877 betr., und dem Regulativ für die Prüfungen der Candidaten des höheren Schulamts mit den dazu erlassenen Abänderungen und Nachträgen. Hrsg. u. mit einem Sachregister versehen v. R. Götz, a.a.O., S. 5).

86 Vgl.: Paragraph 1 der Lehr- und Prüfungsordnung für die Gymnasien vom 8. Juli 1882. In: Ebenda.

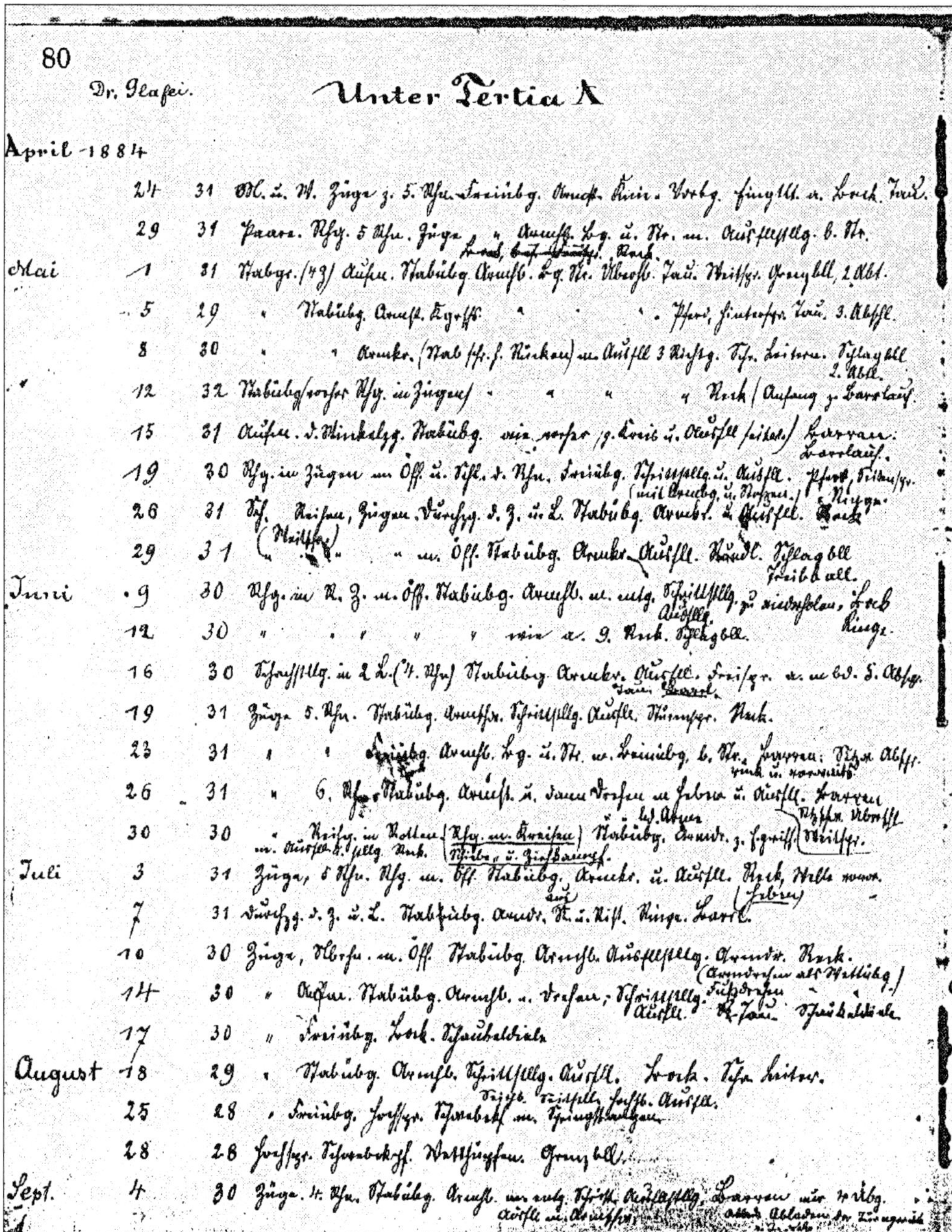

80

Dr. Glafey.

Unter Tertia A

April 1884	24	31	[illegible]
	29	31	[illegible]
Mai	1	31	[illegible]
	5	29	[illegible]
	8	30	[illegible]
	12	32	[illegible]
	15	31	[illegible]
	19	30	[illegible]
	26	31	[illegible]
	29	31	[illegible]
Juni	9	30	[illegible]
	12	30	[illegible]
	16	30	[illegible]
	19	31	[illegible]
	23	31	[illegible]
	26	31	[illegible]
	30	30	[illegible]
Juli	3	31	[illegible]
	7	31	[illegible]
	10	30	[illegible]
	14	30	[illegible]
	17	30	[illegible]
August	18	29	[illegible]
	25	28	[illegible]
	28	28	[illegible]
Sept.	4	30	[illegible]

Auszug aus dem Tagebuch von Woldemar Glafey, worin er unter anderem die 1884/85 in der Untertertia durchgeführte Turnübungen vermerkt hatte.

Seine Lehrer

Im Verlaufe seines neunjährigen Gymnasialbesuches sollte Karl Liebknecht von zahlreichen Lehrern unterwiesen werden. Jedenfalls ließen sich 35 Lehrkräfte namentlich ermitteln, die ihn manchmal nur wenige Monate, aber zuweilen auch einige Jahre unterrichteten, und das in einem oder in mehreren Fächern. Daß dieser Personenkreis entgegen der bereits eingangs erwähnten Behauptung seines Neffen Wilhelm Swienty hochgebildet war, offenbarte sich allein darin, daß 27, mithin über drei Viertel von ihnen die Doktorwürde schon erlangt hatte resp. noch erlangen sollte. Nahezu jeder seiner Lehrer vermittelte nicht nur Kenntnisse, sondern betrieb nebenbei mehr oder minder intensive Forschungen, deren Ergebnisse sich zumeist in einzelnen Veröffentlichungen und gelegentlich auch in eindrucksvollen Publikationslisten niederschlugen.[87]

Zwei von ihnen, nämlich Rudolf Kögel und Viktor Ryssel, hatten sich an der Alma mater Lipsiensis sogar habilitiert.[88] Bereits während des Schuljahres 1884/85, als der Erstgenannte unter anderem den Untertertianer Karl Liebknecht in die Anfangsgründe der griechischen Sprache einführte[89], erging an ihn ein Ruf als Professor an das neu gegründete Bryn Mawr College in Philadelphia, den er nicht zuletzt im Interesse seiner Schüler noch ablehnen sollte. Dagegen ließ sich Kögel im Juni 1888 auf den Lehrstuhl für deutsche Sprache und Literatur an der Universität Basel berufen.[90] Im darauffolgenden Jahr erhielt auch Ryssel, der den Abiturienten Karl Liebknecht gerade zu dieser Zeit in Deutsch unterrichtete, den Ruf einer eidgenössischen Alma mater, und zwar als Ordinarius für Theologie und orientalische Sprachen nach Zürich.[91]

Neben Kögel und Ryssel ragte unter den Lehrern des Gymnasiasten Karl Liebknecht noch Richard Meister hervor, der ihn in der Untersekunda in Lateinisch unterwies[92] und der in der Unterprima dessen Privatlektüre in Griechisch mit der ihm eigenen Strenge kontrollierte. Hierbei handelte es sich um längere Passagen aus dem Epos „Odyssee" des altgriechischen Dichters Homer[93], das jeder Abiturient, der ein Universitätsstudium aufnehmen wollte, vollständig gelesen haben mußte, wohlgemerkt in der Orginalsprache.[94] Es war sehr wahrscheinlich ein Mitschüler von Karl Liebknecht, der später in seinen Erinnerungen über diesen hervorragenden Pädagogen und Gelehrten schrieb: Richard Meister „imponierte uns durch sein sicheres Wissen, durch die klare und bestimmte Art seines Unterrichts, und während er im Anfang Anforderungen stellte, denen wir kaum gewachsen waren, wußte er uns bald so zu fördern, daß er mit uns zufrieden sein konnte. Jedenfalls haben wir damals wirklich Griechisch und Latein gelernt."[95] Wenn sich der nachmalige Revolutionär, wie vor allem aus den späten Briefen an seine Kin-

87 Dieser Passage liegt die Auswertung der dementsprechenden Angaben bei Bischoff, Ernst Friedr<ich> zugrunde: Das Lehrerkollegium des Nicolaigymnasiums in Leipzig 1816 – 1896/97.

88 Siehe: Ebenda, S. 33 und 45.

89 Vgl.: Programm 1885, S. XXXII.

90 Siehe: Jahresbericht 1889, S. 8 f., und Bischoff, Ernst Friedr<ich>: Das Lehrerkollegium des Nicolaigymnasiums in Leipzig 1816 – 1896/97, S. 45.

91 Ebenda, S. 33, und Jahresbericht 1890, S. IV f. sowie VIII.

92 Siehe: Jahresbericht 1887, S. VII.

93 Vgl.: Jahresbericht 1889, S. 13.

94 Siehe: Paragraph 17 der Lehr- und Prüfungsordnung für die Gymnasien vom 8. Juli 1882. In: Lehr- und Prüfungsordnung für die Gymnasien, abgeändert u. mittels Bekanntmachung vom 8. Juli 1882 neu veröffentlicht, nebst Verordnung vom 8. Juli 1882, Änderungen und Nachträge zur Verordnung vom 29. Januar 1877 betr., und dem Regulativ für die Prüfungen der Candidaten des höheren Schulamts mit den dazu erlassenen Abänderungen und Nachträgen. Hrsg. u. mit einem Sachregister versehen v. R. Götz, a.a.O., S.19.

95 Zit. in: Jahresbericht des städtischen Gymnasiums zu St. Nicolai – Nikolaischule – in Leipzig. Als Einladungsschrift zur feierlichen

der hervorging[96], zum klassischen Altertum und dessen Autoren stark hingezogen fühlte, so hatte dazu auch dieser Lehrer den Grundstein gelegt. Richard Meister galt seinerzeit auf dem Spezialgebiet der altgriechischen Dialektologie als Kapazität ersten Ranges.[97] Allerdings muß bezweifelt werden, daß Karl Liebknecht, ob als Gymnasiast oder reifer Mann, um die Bedeutung seines Lehrmeisters in der Wissenschaft wußte.

Schließlich genoß Karl Liebknecht am Nicolaigymnasium einen mathematischen Unterricht, der einer zeitgenössischen Aussage zufolge „zu den vorzüglichsten im Lande" Sachsen gehörte.[98] Diesen hervorragenden Ruf hatten vornehmlich zwei seiner Lehrer begründet, nämlich Richard Krieger und Adalbert Gebhardt, wobei ihn der eine in der Sexta und der andere in der Oberprima in Arithmetik resp. Mathematik unterwies.[99] Es war nicht zuletzt der anschaulichen und zugleich zielstrebigen Art ihres Unterrichts zuzuschreiben, daß in Karl Liebknecht schon damals oder auch später die Erkenntnis reifte: Unter den Lehrgegenständen sei neben Latein gerade dieses Fach „ungemein wichtig." [100] Ebenso kann mit Sicherheit angenommen werden, daß seine vortrefflichen Kenntnisse über Fauna und Flora[101] in nicht geringem Maße auf die naturkundlichen Unterweisungen eines Richard Krieger zurückzuführen waren, der übrigens nicht nur als Lehrer an der Nicolaitana wirkte, sondern sich darüber hinaus als Entomologe in der Welt der Wissenschaft einen Namen gemacht hatte.[102]

Daß viele Lehrer den Gymnasiasten Karl Liebknecht mieden oder ihm Schwierigkeiten zu bereiten suchten, wie Walter Bartel[103] und Heinz Wohlgemuth[104] behaupteten, läßt sich zumindest aus den Quellen nicht herauslesen. Auch sein erster Biograph, das heißt Harry Schumann, wußte darüber nichts zu berichten, obwohl er die Familienangehörigen unter anderem über dessen Schulzeit befragt hatte.[105] Ein derartiges Verhalten hätte überdies dem ausgeprägten Gerechtigkeitsgefühl widersprochen, das auch damals jedem guten Pädagogen innewohnte, darunter ganz besonders Adalbert Gebhardt[106] und Ernst Riedel. Der Letztgenannte, für den Gerechtigkeit nach Aussage eines Zeitgenossen „wie im Leben so auch in der Schule oberster Grundsatz" gewesen sei[107], unterrichtete Karl Liebknecht in der

---

Entlassung der Abiturienten Dienstag, den 4. März sowie zu den öffentlichen Klassenprüfungen Mittwoch den 12. März im Namen des Lehrerkollegiums hrsg. v. Oskar Dähnhardt, Leipzig 1913, S.7 (im folgenden: Jahresbericht 1913).

96 Siehe hierzu unter anderem die Briefe Karl Liebknechts an seinen Sohn Wilhelm, 4. Oktober 1915 und 11. Februar 1917. In: Liebknecht, Karl: Lebt wohl, Ihr lieben Kerlchen! Briefe an seine Kinder. Hrsg. v. Annelies Laschitza und Elke Keller, a. a. O., S. 89 und S. 102.

97 Vgl.: Jahresbericht 1913, S. 11 f.

98 Jahresbericht des Nicolaigymnasiums in Leipzig als Einladungsschrift zur feierlichen Entlassung der Abiturienten Donnerstag den 22. März sowie zu den öffentlichen Klassenprüfungen Mittwoch den 4. April im Namen des Lehrerkollegiums hrsg. v. Otto Kaemmel, Leipzig 1900, S. XIV (im folgenden: Jahresbericht 1900).

99 Vgl. dazu: Programm 1882, S.XVI, und Jahresbericht 1890, S. VIII.

100 Brief Karl Liebknechts an seinen Sohn Wilhelm, 18. März 1917. In: Liebknecht, Karl: Lebt wohl, Ihr lieben Kerlchen! Briefe an seine Kinder. Hrsg. v. Annelies Laschitza und Elke Keller, a. a. O., S.107.

101 Das trat vor allem in jenen Briefen zutage, die Karl Liebknecht in den Jahren 1907/08 von der schlesischen Festung Glatz an seine Kinder schrieb (siehe: Ebenda, S. 42 ff.).

102 Vgl.: Hoffmann, Max: Zahme Xenien zum 7. Juni 1883. In: Nikolaitaner-Blätter, 6. Jg., H. 1–2 (= 16.–17. Folge), Juni 1943, S. 12, Anmerkung 11.

103 Siehe: Bartel, Walter: Karl Liebknecht, Sein Leben in Bildern. Bildteil v. Karl Wiegel, a.a. O., S. 6 f.

104 Vgl.: Wohlgemuth, Heinz: Karl Liebknecht. Eine Biographie, a.a.O., S. 24, und derselbe: Karl Liebknecht. Stationen seines Lebens, a.a.O., S. 11.

105 Siehe: Schumann, Harry: Karl Liebknecht. Ein Stück unpolitischer Weltanschauung. Neue bearb. Ausgabe, a.a.O., S. 34.

106 Vgl.: Jahresbericht 1900, S. XIV.

107 Zit. in: Jahresbericht des städtischen Gymnasiums zu St. Nicolai – Nikolaischule – in Leipzig. Als Einladungsschrift zur feierlichen Entlassung der Abiturienten, Dienstag, den 12. März, sowie zu den öffentlichen Klassenprüfungen, Mittwoch, den 27. März, im Namen des Lehrerkollegiums hrsg. v. Oskar Dähnhardt, Leipzig 1912, S. XI (im folgenden: Jahresbericht 1912).

Quinta, nämlich in der Fächern Deutsch sowie Geographie, und in der Quarta, wo er sein Lehrer in Arithmetik war.[108]
In der wahrscheinlich einzigen überlieferten Beurteilung seiner Schulleistungen, die kein Geringerer als der damalige Rektor des Nicolaigymnasiums Karl Mayhoff[109] verfaßt hatte, offenbarte sich zudem ein hohes Maß an Objektivität. Dementsprechend hieß es darin, genauer gesagt, im Gutachten zu seinem lateinischen Abituraufsatz: Liebknecht „bringt viel mehr Eigenes als die anderen in ziemlich selbständiger Verarbeitung."[110]
Wenngleich der Nicolaitaner Karl Liebknecht stets darum bemüht war, sich nicht in politische Streitgespräche und Auseinandersetzungen verwickeln zu lassen und von sich aus niemals dementsprechende Themen anzuschneiden suchte, stieß er doch einmal mit einem Lehrer zusammen. Es handelte sich dabei um Oskar Brugmann[111], der ihn in der Unter- (in Turnen) und Obertertia (in Deutsch, Lateinisch, Geschichte und wiederum Turnen) sowie in der Obersekunda (in Griechisch) unterwies, außerdem war er im Schuljahr 1885/86 sein Ordinarius.[112] Auch wenn dieser Gymnasiallehrer bei den Schülern recht unbeliebt war und dem Vorgang weniger politische als vielmehr moralische Motive zugrunde lagen, mußte der Umstand, daß er gerade mit Karl Liebknecht in heftigen Streit geriet, schon etwas verwundern: Unter den damaligen Lehrern an der Nicolaischule stand wohl niemand anders der Sozialdemokratie so nahe

Ein Klassenzimmer der Nikolaischule.

wie Oskar Brugmann, und sei es auch nur durch verwandtschaftliche Bande. Er war nämlich der Schwiegersohn eines Dr. med. Freytag, das heißt, eines Bruders der mit der Sozialdemokratischen Partei Deutschlands sympathisierenden bzw. ihr angehörenden Rechtsanwälte Bernhard und Otto Freytag.[113] Diese wiederum hatten einige Jahre zuvor den Vater von Karl Liebknecht im Leipziger Hochverratsprozeß verteidigt, der sie seitdem außerordentlich schätzte.[114]

108 Siehe hierzu: Tabellarische Übersicht über die Lehrer und Klassen im Winterhalbjahr 1882/83. In: Programm 1883, nach S. XIV, und Programm 1884, S. XVII.

109 Karl Mayhoff hatte das Rektorenamt vom 20. September 1884 (vgl.: Programm 1885, S. XXV) bis zum 26. September 1890 inne. Siehe: Jahresbericht des Nicolaigymnasiums in Leipzig als Einladungsschrift zur feierlichen Entlassung der Abiturienten Sonnabend den 14. März und Donnerstag den 19. März im Namen des Lehrerkollegiums hrsg. v. Otto Kaemmel, Leipzig 1891, S. XVII (im folgenden: Jahresbericht 1891). Ein kurzer biographischer Abriß über ihn findet sich in vorliegender Arbeit nach der Übersicht jener Lehrer, die Karl Liebknecht an der Nicolaitana unterrichteten (= Tabelle 2.VI).

110 Stiftung „Archiv der Parteien und Massenorganisationen der DDR" im Bundesarchiv, Zentrales Parteiarchiv, NY 4001, Nr. 1, Bl. 14.

111 Vgl.: Erinnerungen von Walther Troitzsch an Karl Liebknecht. Original in: Kulturgeschichtliches Museum Wurzen.

112 Siehe: Programm 1885, S. XXXIII; Programm 1886, S. IX, und Jahresbericht 1888, S. IX.

113 Vgl.: Erinnerungen von Walther Troitzsch an Karl Liebknecht. Original in: Kulturgeschichtliches Museum Wurzen, und Brief Alfred Neus an Alfred Saupe, 26. Juni 1956. In: Sächsisches Staatsarchiv Leipzig, Nachlaß Alfred Neu, Nr. 24, Bl. 15 R.

114 Siehe: August Bebel. Eine Biographie. Autorenkollektiv unter Leitg. v. Ursula Herrmann und Volker Emmrich, a.a.O., S. 147.

Das Lehrerkollegium der Nikolaischule im Jahre 1886.
1. Reihe, unten v. l.: Glafey, Nitsche, Voigt, Gebhardt, Dohmke, Mayhoff, Hultgen, G. Steffen, Knauer, Döring, Kahnis
2. Reihe v. l.: Raab, Krieger, C. Steffen, Traumüller, Ryssel, Preuß, Brugmann, Baunack, Berlit, Schütz, Winzer,
3. Reihe v. l.: Scharf, Koch, Kögel, Tischer, Meister, Hildebrandt, Bischoff, Leidenroth, Heyden, Florian, Schmidt,

Karl Liebknecht (3. Reihe, erster von rechts) als Nikolaitaner. Klassenfoto von 1886.
1. Reihe, unten v. l.: Böhme, Westhaußer, Sterz, Uhlig, Dr. C. Steffen, Röhling, Wittmaack, Gebhardt, Klare
2. Reihe v. l.: Gebhardt, Dürr, Drechsel, Stumme, Hahn, Pusch, Sevin, Schuster
3. Reihe v. l.: Freimann, Enke, Laue, Quendenfeldt, Bach, Häßner, Liebknecht
4. Reihe v.l.: Crayen, Garten, Bechler, Schüffner, Runge, Schilling

Vergrößerung aus dem Foto von S. 24: Porträt des 17jährigen Karl Liebknecht.

Porträtfoto des 17jährigen Karl Liebknecht.

Der Abiturient

Es konnte ermittelt werden, daß Karl Liebknecht während seiner Gymnasialzeit alles in allem 44 Mitschüler hatte, wovon genau die Hälfte im Februar/März 1890 das Abitur ablegen sollte.
Die schriftliche Reifeprüfung fand in der Zeit vom 10. bis 15. Februar statt[115], in deren Verlauf er zwei Aufsätze anfertigte, den einen in Latein über das Thema: „Quantum studium Cicero contulerit ad excolendam dicendi artem“ und den anderen in Deutsch zur Frage: „Worauf beruht in Goethes Tasso die Versöhnung zwischen Dichter und Weltmann?“ Daneben verfaßte Karl Liebknecht je eine Arbeit in Französisch und Griechisch. Schließlich mußte er mathematische Aufgaben lösen und zudem noch in Latein die von nahezu allen Schülern besonders gefürchtete Extemporale schreiben.[116]
Allerdings hatte er nicht nur schriftliche, sondern auch mündliche Prüfungen zu absolvieren, was selbst Annelies Laschitza in ihrer fast lückenlosen dokumentarischen Biographie über Karl Liebknecht unerwähnt ließ.[117] Hierzu teilte die „Königliche Reifeprüfungskommission“ die zum Abitur zugelassenen Oberprimaner in drei Gruppen ein und legte die Prüfungstermine fest. Die Abteilung C, der Karl Liebknecht angehörte, wurde am 13. (nachmittags von 15.00 bis 18.30 Uhr) in Geschichte, Latein sowie

115 Vgl.: Stiftung „Archiv der Parteien und Massenorganisationen der DDR“ im Bundesarchiv, Zentrales Parteiarchiv, NY 4001, Nr. 1, Bl. 23 R.
116 Siehe: Ebenda, Bl. 28 ff.
117 Vgl.: Laschitza, Annelies unter Mitwirkung von Elke Keller: Karl Liebknecht. Eine Biographie in Dokumenten, a.a.O. S. 20.

Karl Liebknecht (zweiter von links) als Nikolaitaner. Klassenfoto von 1890 (?).

Griechisch und am 15. März (vormittags von 9.00 bis 12.00 Uhr) in Religion, Französisch sowie Mathematik resp. Physik geprüft.[118] Als Dissident hatte Karl Liebknecht freilich nicht an der Religionsprüfung teilgenommen.[119]

Auch wenn sich die Quellen darüber ausschweigen, zu welchen Gegenständen er im einzelnen befragt wurde, vermitteln doch die summarischen Prüfungsprotokolle ein eindrucksvolles Bild über das von dem Abiturienten geforderte Wissen. So hatte er in Geschichte historische Kenntnisse nachzuweisen, die sich auf einen Zeitraum von zweitausend Jahren erstreckten, und zwar vom klassischen Altertum („Besprechung der heiligen Kriege in Griechenland mit Ausführung der jeweiligen polit. Verhältnisse") über das Frühmittelalter („Geschichte der Westgoten bis zum Untergang ihres span. Reiches durch die Araber") bis hin zur Frühen Neuzeit („die Türkenkriege bis z. Z. des 17. Jahrhunderts im Zusammenhang mit der westeurop. Politik jener Zeit").[120] Nicht nur die Prüfungsgegenstände, sondern auch der dargebotene Lehrstoff, wie die Sagen des Altertums (Sexta), das Mittelalter in Geschichtsbildern (Quinta) oder neuere Geschichte vom Dreißigjährigen Kriege bis zum Hubertusburger Frieden (Oberprima)[121], widerlegen die Aussage von Heinz Wohlgemuth, daß dieses Fach seinerzeit – und das in Sachsen (!) – „ausschließlich von der preußisch-deutschen Geschichtsschreibung geprägt wurde."[122]

118 Siehe: Stiftung „Archiv der Parteien und Massenorganisationen der DDR" im Bundesarchiv, Zentrales Parteiarchiv, NY 4001, Nr. 1, Bl. 23 R ff. und 34 R ff.

119 Vgl.: Ebenda, Bl. 37.

120 Siehe: Ebenda, Bl. 34 R.

121 Vgl. hierzu: Programm 1882, S. XVI; Programm 1883, S. XVII, und Jahresbericht 1890, S. VIII.

122 Wohlgemuth, Heinz: Karl Liebknecht. Eine Biographie, a.a.O., S. 22.

Ob Karl Liebknecht den Geschichtsunterricht tatsächlich „nicht so besonders mochte“[123], läßt sich nicht belegen. Dagegen ist verbürgt, daß er eine ausgesprochene Vorliebe für Sprachen hatte. Einer seiner Mitschüler, der spätere Wurzener Bürgermeister Walther Troitzsch, sollte sich noch Jahrzehnte später darin erinnern, daß Karl Liebknecht altsprachlich besonders begabt gewesen sei.[124] Es verwunderte deshalb nicht, daß er seinen Kindern, als sie die Schule bzw. das Gymnasium besuchten, immer wieder die Sprachen, vornehmlich Griechisch und Latein, nahezubringen suchte. Sie seien, wie er seinem Sohn Wilhelm am 11. Februar 1917 schrieb, „die interessantesten menschlichen Geistesprodukte [sic!]“, um dann noch fragend hinzuzufügen: „Hast du keine Ahnung von der Wunderwelt, die die vergleichende Sprachwissenschaft auftut ?“[125] Außer in den Sprachen erzielte Karl Liebknecht auch in Deutsch überdurchschnittliche Leistungen, weswegen lebhaft bedauert werden muß, daß uns sein Prüfungsaufsatz nicht überliefert ist.[126] Der deutsche Unterricht habe ihm, wie er im Jahre 1917 rückblickend feststellte, „die fernsten Fernen unermeßlicher Horizonte“ geöffnet – die „eines Goethe, Schiller, Lessing, Herder, Klopstock usw. ...“[127]

Was die naturwissenschaftlichen Fächer anbelangte, so lagen seine Leistungen in Physik ebenfalls über dem Klassendurchschnitt. Dagegen mußte sich Karl Liebknecht in der mündlichen Mathematikprüfung sehr anstrengen, um die verhältnismäßig schlechte schriftliche Leistung (3[a]) auszugleichen und doch noch die angestrebte Zwei, nämlich die 2[b], als Endnote zu erreichen.[128] Er hatte sehr wohl erkannt, daß die Mathematik einen der bedeutsamsten „Gradmesser für die Reife des Verstandes, des Scharfsinns, des Gedächtnisses“ darstelle und „für die allgemeinwissenschaftliche Entfaltung des Geistes“ besonders wichtig sei.[129]

Ungeachtet seiner relativ schlechten Note im Fach Geschichte – die mit 3[a] bewertete Vorleistung vermochte er auch in der mündlichen Prüfung nicht mehr zu verbessern[130] – legte Karl Liebknecht ein Abitur ab, dessen Gesamtergebnis über dem recht guten Klassendurchschnitt lag: In den „Sprachen und Wis-

---

123 Siehe: Ebenda.

124 Vgl.: Erinnerungen von Walther Troitzsch an Karl Liebknecht. Orginal in: Kulturgeschichtliches Museum Wurzen. Troitzsch war von der Sexta bis zur Obertertia mit Liebknecht in ein und dieselbe Klasse gegangen. Seine Erinnerungen daran sollte er in späten Jahren, das heißt nach 1945 niederschreiben. Das Orginalmanuskript konnte erst nach längeren Recherchen im Sommer 1994 wiederaufgefunden werden, und zwar im Kulturgeschichtlichen Museum Wurzen. Hierfür ist der Verfasser vor allem Frau Wilhelm, der Museumsleiterin, zu Dank verpflichtet.

125 Brief Karl Liebknechts an Sohn Wilhelm, 11. Februar 1917. In: Karl Liebknecht: Briefe aus dem Felde, aus der Untersuchungshaft und aus dem Zuchthaus. Hrsg. v. Franz Pfemert, a.a.O., S. 61. Erstmals vollständig abgedruckt in: Liebknecht, Karl: Lebt wohl, Ihr lieben Kerlchen ! Briefe an seine Kinder. Hrsg. v. Annelies Laschitza und Elke Keller, a.a.O., S. 101.

126 Alle übrigen von Karl Liebknecht geschriebenen Arbeiten, die Bestandteil der schriftlichen Reifeprüfung waren, sind im Unterschied dazu überliefert (siehe: Stiftung „Archiv der Parteien und Massenorganisationen der DDR“ im Bundesarchiv, Zentrales Parteiarchiv, NY 4001, Nr. 1, Bl. 1 ff.). Der Verbleib seines deutschen Abituraufsatzes wäre möglicherweise dann noch zu ermitteln, wenn nachvollzogen werden könnte, wie die eben erwähnten Unterlagen in das einstige Archiv des Instituts für Marxismus-Leninismus beim Zentralkomitee der SED gelangten. Allerdings blieben dementsprechende Nachforschungen im Leipziger Stadtarchiv, wo die Akten des Nikolaigymnasiums seit geraumer Zeit verwahrt werden, und in der Berliner Stiftung „Archiv der Parteien und Massenorganisationen der DDR“ bisher erfolglos.

127 Brief Karl Liebknechts an seinen Sohn Wilhelm, 11. Februar 1917. In: Liebknecht, Karl: Briefe aus dem Felde, aus der Untersuchungshaft und aus dem Zuchthaus. Hrsg. v. Franz Pfemert, a.a.O., S. 61. Erstmals vollständig abgedruckt in: Karl Liebknecht: Lebt wohl, Ihr lieben Kerlchen ! Briefe an seine Kinder. Hrsg. v. Annelies Laschitza und Elke Keller, a.a.O., S. 101.

128 Vgl.: Stiftung „Archiv der Parteien und Massenorganisationen der DDR“ im Bundesarchiv, Zentrales Parteiarchiv, NY 4001, Nr. 1, Bl. 42.

129 Brief Karl Liebknechts an seinen Sohn Wilhelm, 18. März 1917. In: Karl Liebknecht: Lebt wohl, Ihr lieben Kerlchen ! Briefe an seine Kinder. Hrsg. v. Annelies Laschitza und Elke Keller, a.a.O., S.107.

130 Siehe: Stiftung „Archiv der Parteien und Massenorganisationen der DDR“ im Bundesarchiv, Zentrales Parteiarchiv, NY 4001, Nr. 1, Bl. 42.

senschaften“, das heißt in Deutsch, Lateinisch, Griechisch, Französisch, Geschichte, Mathematik und Physik erreichte er eine 2 (bzw. in den „Sitten“ eine 1^{b}).[131] Nur zwei Schüler seiner Klasse hatten darin ein noch besseres Ergebnis erzielt, wie die nachfolgenden Zensurenübersicht offenbart:[132]

Note	**I**	**I^{b}**	**II^{a}**	**II**	**II^{b}**	**III^{a}**	**III**
Zahl der Schüler	–	1	1	7	7	4	2

Demgegenüber läßt sich nicht das geringste über seine Leistungen in den „Künsten und Fertigkeiten“ bzw. darüber aussagen, ob diejenigen Gymnasiallehrer, die Zeichnen, Gesang und Turnen unterrichteten, in Karl Liebknecht dementsprechende Fähigkeiten zu entwickeln vermochten, zumal in diesen Fächern keine Zensuren erteilt wurden. Auch im Briefwechsel mit seinem Sohn Robert, der frühzeitig zeichnerisches Talent zeigen sollte, finden sich weder Erinnerungen an jenen Unterricht noch Anspielungen darauf, inwieweit er selbst künstlerisch begabt war.[133] Allerdings kann als verbürgt gelten, daß Karl Liebknecht während seiner Jahre am Nicolaigymnasium autodidaktisch das Klavierspiel erlernte, jedoch brachte er es darin zu keiner hohen Meisterschaft[134], auch wenn in biographischen Arbeiten über ihn immer wieder das Gegenteil anklang.[135]

Schon bald nach seinem Abitur mußte er die Erfahrung machen, daß nicht alle vortrefflichen Schulkenntnisse einer praktischen Bewährungsprobe standzuhalten vermochten: Im September 1891 übertrug er gemeinsam mit seinem Bruder Theodor einen Brief aus dem Französischen ins Deutsche[136], den Friedrich Engels an Paul Lafargue geschrieben hatte und der unter der Überschrift „Le congrès de Bruxelles“ in der Zeitung „Le Socialiste“ veröffentlicht worden war, wobei es sich um eine redaktionell bearbeitete Fassung handelte.[137] Die deutsche Übersetzung erschien dann im „Vorwärts“[138], dem Zentralorgan der Sozialdemokratischen Partei Deutschlands. Über die Qualität des übersetzten Textes äußerte niemand anders als Engels selbst, daß sie „schauerlich und stellenweise reiner Blödsinn“ sei.[139]

---

131 Vgl. dazu: Ebenda; Sächsisches Hauptstaatsarchiv Dresden, Ministerium für Volksbildung, Nr. 11 572, Bl. 261, und Jahresbericht 1890, S. XX.

132 Zusammengestellt nach: Ebenda.

133 Siehe hierzu vor allem die Briefe Karl Liebknechts an seinen Sohn Robert, 10. Juni 1917, 20. Mai 1918 und 16. Juni 1918. In: Liebknecht, Karl: Lebt wohl, Ihr lieben Kerlchen! Briefe an seine Kinder. Hrsg. v. Annelies Laschitza und Elke Keller, a.a.O., S. 121 ff.

134 Vgl.: Erinnerungen von Sophia Borissowna, der zweiten Frau Karl Liebknechts, an ihren Mann. In: Liebknecht, Karl: Gedanken über Kunst. Schriften-Reden-Briefe. Hrsg. u. mit einer Einführung u. Kommentaren versehen von Marlen Michailowitsch Korallow, Dresden 1988, S. 283

135 So behauptete Heinz Wohlgemuth noch im Jahre 1977, daß Karl Liebknecht im Klavierspiel eine erstaunliche Meisterschaft erreicht habe. Siehe: Wohlgemuth, Heinz: Karl Liebknecht. Stationen seines Lebens, a.a.O., S. 12.

136 Vgl.: Brief August Bebels an Friedrich Engels, 9. Oktober 1891. In: August Bebels Briefwechsel mit Friedrich Engels. Hrsg. v. Werner Blumenberg (= Quellen und Untersuchungen zur Geschichte der deutschen und österreichischen Arbeiterbewegung, Bd. 6), a.a.O., S. 449

137 Vgl. miteinander: Brief Friedrich Engels´ an Paul Lafargue, 2. September 1891. In: Marx, Karl/Friedrich Engels: Werke, Bd. 38, Berlin 1988, S. 151 ff., und Engels, Friedrich: Über den Brüsseler Kongreß und die Lage in Europa. Aus einem Brief an Paul Lafargue. In: Ebenda, Bd. 22, Berlin 1982, S. 241 ff.

138 Abgedruckt unter der Rubrik „Politische Übersicht“. In: Vorwärts, 16. 9. 1891.

139 Brief Friedrich Engels an August Bebel, 1. Oktober 1891. In: Marx, Karl/Friedrich Engels: Werke, Bd. 38, a.a.O., S. 163.

Der berühmteste Abiturient seiner Klasse

Wie in den Jahren zuvor befragte die Schulverwaltung auch 1890 alle Abiturienten, für welche Studienrichtung sie sich entschieden hätten. Hierauf antwortete Karl Liebknecht, Medizin studieren zu wollen[140], womit er zu jenen vier Schülern seiner Abiturklasse gehörte, die sich dann doch nicht für das angegebene Wunschfach immatrikulieren ließen.
Es konnte nicht verwundern, daß nahezu ein Drittel aller Abiturienten dieser Klasse – insgesamt waren es sieben Schüler – ein Jurastudium absolvieren sollten, da eine juristische wie kaum eine andere Ausbildung auch eine überdurchschnittliche Stellung und Karriere versprach. So brachte es Walter Klare immerhin zum Senatspräsidenten am Oberlandesgericht in Dresden[141], das heißt, zum Vorsitzenden des obersten sächsischen Gerichtshofes[142], und so erhielt Heinrich Wittmaack einen Ruf an das höchste Verwaltungsgericht des Landes Sachsen.[143] Ebenso wurde Max Drechsel, der Klassenbeste[144], nach einer langwierigen Ausbildung in den höheren Staatsdienst übernommen, nämlich als Regierungsrat.[145]
Dennoch war es Karl Liebknecht (auf dessen Motive, letztendlich Rechtswissenschaft statt Medizin zu studieren, wird an anderer Stelle eingegangen), der mit Abstand die größte Karriere machte. Als Rechtsanwalt vermochte er schon kurz nach der Jahrhundertwende – sein Ausbildungsgang hatte bis zum 5. April 1899 gedauert[146] – einen relativ hohen Bekanntheitsgrad zu erlangen, und das bei der Bevölkerung in ganz Deutschland; zugleich verschaffte er sich bei seinen Berufskollegen rasch Autorität, mehr noch, einige von ihnen sahen seinerzeit in Liebknecht „den neuen Stern am juristischen Himmel."[147]
Selbst wenn von jenen sechs Mitschülern, die entsprechend ihrer Mitteilung an die Schulverwaltung dann auch wirklich Medizin studierten, zumindest Siegfried Garten und Martin Müller vergleichsweise großen beruflichen Erfolg hatten, erreichten sie doch nicht eine solche Bekanntheit wie Karl Liebknecht. Der eine sollte einst einen Ruf als ordentlicher Professor nach Gießen (1908) bzw. an die Leipziger Universität (1916) erhalten, wo er jeweils den Lehrstuhl für

---

140 Siehe: Jahresbericht 1890, S. XX, und Sächsisches Hauptstaatsarchiv Dresden, Ministerium für Volksbildung, Nr. 11 572, Bl. 261.

141 Vgl.: Stadtarchiv Leipzig, Bestand Nikolaischule, Nr. 233, Bl. 36.

142 Die Geschichte des sächsischen Oberlandesgerichts ist noch immer ein Desiderat der Rechtshistoriographie, doch finden sich hierzu allgemeine Ausführungen unter dem gleichnamigen Stichwort in: Handwörterbuch zur deutschen Rechtsgeschichte (HRG). Hrsg. v. Adalbert Erler und Ekkehard Kaufmann unter philologischer Mitarbeit v. Ruth Schmidt-Wiegand. Mitbegründet v. Wolfgang Stammler , 21. Lieferung, Berlin 1982, S. 1150 f.

143 Siehe: Stadtarchiv Leipzig, Bestand Nikolaischule, Nr. 233, Bl. 36 R. Zur Stellung des sächsischen Oberverwaltungsgerichtes vgl.: Rüfner, Wolfgang: Die Entwicklung der Verwaltungsgerichtsbarkeit. In: Deutsche Verwaltungsgeschichte, Bd. 3: Das Deutsche Reich bis zum Ende der Monarchie, Stuttgart 1984, S. 921.

144 Vgl.: Jahresbericht 1890, S. XX, und Sächsisches Hauptstaatsarchiv Dresden, Ministerium für Volksbildung, Nr. 11 572, Bl. 261.

145 Siehe: Voigt, Hans/Oskar Scholze: Die Abiturienten der Nikolaischule zu Leipzig 1830 – 1911. Zur Feier des 400jährigen Bestehens der Schule zusammengestellt, Leipzig 1912, S. 67.

146 Vgl. dazu unter anderem jenen Brief, den Wilhelm Liebknecht am 5. April 1899 an Ignatz Bahlmann schrieb. Er hatte folgenden Wortlaut: „Lieber H<err> Bahlmann! Mein zweiter Sohn ist heute glücklich durch`s letzte Examen gekommen und kann sich nun in etwa 8 Wochen mit dem Ältesten assoziieren. Mit herzlichem Gruß von uns allen an Sie und die Ihren alle Ihr W. Liebknecht" (in: Rossijskij Centr Chranenija i Izučenija Dokumentov Novejšej Istorii, Moskva, sign. f. 200, op. 1, d. 661). Siehe auch: Wohlgemuth, Heinz: Karl Liebknecht. Eine Biographie, a.a.O., S. 33, und Laschitza, Annelies unter Mitwirkung von Elke Keller: Karl Liebknecht. Eine Biographie in Dokumenten, a.a.O., S. 26. Allerdings fehlt noch immer eine Studie, die seinen juristischen Ausbildungsgang nachvollzieht resp. seine Tätigkeit als Rechtsanwalt umfassend zu erhellen sucht. Dieser Umstand muß um so mehr verwundern, als hierzu reiches Quellenmaterial vorhanden ist, das seit langem einer Auswertung harrt.

147 Dittmann, Wilhelm: Erinnerungen. Bearb. und eingel. von Jürgen Rojahn (= Quellen und Studien zur Sozialgeschichte. Hrsg. vom Internationalen Institut für Sozialgeschichte, Amsterdam, Bd. 14/1), Frankfurt am Main/New York 1995, S. 92.

Physiologie innehatte[148], und der andere sollte einst der über Leipzig hinaus bekannten Orthopädischen Heilanstalt, vormals Dr. Schreber-Schildbach, vorstehen.[149] All seine übrigen Klassenkameraden erlangten, gemessen an ihrem hohen Bildungsniveau, durchschnittliche oder auch nur bescheidene Stellungen, so als subalterne Beamte, Lehrer und Pfarrer.

Der „Dux"

Ungeachtet seiner politischen Herkunft vermochte Karl Liebknecht in seiner Klasse eine geachtete, ja führende Stellung zu erlangen. Das zeigte sich unter anderem daran, daß ihm seine Mitschüler den Spitznamen „Dux" (Führer) gaben[150] und daß er aller Wahrscheinlichkeit nach in der Unterprima eine Art von Schülerbund ins Leben rief.[151] Auch wenn er an Franz Mehring brieflich die Bitte richtete, er möge ihm doch für „seinen" Bund ein Freiexemplar der Berliner „Volks-Zeitung" (die seinerzeit als „das radikalste Blatt der deutschen Presse" galt[152]) übersenden, dürfte doch dessen Zweck weniger auf politischem als vielmehr auf literarischem resp. dramatischem Gebiet gelegen haben. Ob bzw. inwieweit hierbei der „Verein Asgard", den die vorherigen Unterprimaner im Juli 1887 gegründet hatten[153], Vorbild war, ließ sich aus den überlieferten Quellen nicht mehr erschließen. Jedenfalls versuchten einzelne Mitglieder dieses Schülervereins ebenso wie später Karl Liebknecht, mit bedeutenden Zeitgenossen in Briefwechsel zu treten. Die eingehenden Antwortschreiben, die des öfteren auch kleine Spenden für den Verein enthielten, verlasen sie dann voller Stolz der Mitgliedschaft.

Was die Politik anbelangte, war der Gymnasiast Karl Liebknecht, wie sich sein Mitschüler Walter Troitzsch einst erinnern sollte, „sehr zurückhaltend und versuchte niemals von sich aus, politische Fragen anzuschneiden."[154] Hingegen darf angenommen werden, daß die „seinem" Bund angehörenden Unterprimaner mit jenen Schulkameraden identisch waren, die Goethes „Faust" einstudierten und in „Auerbachs Keller" aufführten.[155] Freilich beruht diese Information auf mündlichen Überlieferungen, wofür noch keine zeitgenössische Quelle ermittelt werden konnte.

Wie wichtig ein solches Zeugnis gewesen wäre, offenbart sich darin, daß Alfred Neu[156], der seit Ostern 1886 die Nicolaischule besuchte[157] und der seiner-

148 Vgl.: Thomas, Karl: Nachruf auf Siegfried Garten. Gesprochen in der öffentlichen Sitzung beider Klassen am 1. Juli 1924. In: Bericht über die Verhandlungen der Sächsischen Akademie der Wissenschaften zu Leipzig. Mathematisch-physische Klasse, 76. Bd., H. 2, Leipzig 1924, S. 162 f.

149 Siehe dazu: Brümmer, Franz: Daniel Gottlieb Moritz Schreber. In: Allgemeine Deutsche Biographie. Auf Veranlassung seiner Majestät des Königs von Bayern hrsg. durch die historische Commission bei der Königlichen Akademie der Wissenschaften, 32. Bd., Berlin 1891, S. 494, und Voigt, Hans/Oskar Scholze: Die Abiturienten der Nikolaischule zu Leipzig 1830 – 1911. Zur Feier des 400jährigen Bestehens der Schule zusammengestellt, a.a.O., S. 67.

150 Vgl.: Erinnerungen von Walther Troitzsch an Karl Liebknecht. Orginal in: Kulturgeschichtliches Museum Wurzen.

151 Es war am Nicolaigymnasium eine Tradition, daß gerade die Unterprimaner solche Bünde ins Leben riefen.

152 F.M. (das ist Mehring, Franz): Karl Liebknecht. In: Freie Jugend, Braunschweig, Nr. 1, 25. 8. 1916. Wiederabdruck in: Mehring, Franz: Gesammelte Schriften, Bd. 15, Berlin 1977, S. 698.

153 Siehe hierzu ausführlich: Berger, Victor: Aus den Erinnerungen eines alten Nikolaitaners. Asgard. In: Nikolaitaner-Blätter, 1. Jg., H. 1, Februar 1938, S. 16 ff.

154 Vgl.: Erinnerungen von Walther Troitzsch an Karl Liebknecht. Orginal in: Kulturgeschichtliches Museum Wurzen.

155 Siehe den Hinweis bei Schumann, Harry: Karl Liebknecht. Ein Stück unpolitischer Weltanschauung. Neue bearb. Ausgabe, a.a.O., S. 32.

156 Alfred Neu, geboren am 21. Dezember 1871 in Reichenbach/Vogtland und gestorben am 10. November 1969 in Leipzig, wurde 1922 zum Präsidenten des Amtsgerichts in Leipzig und im darauffolgenden Jahr sogar zum Sächsischen Justizminister ernannt, jedoch sollte er

zeit mit Karl Liebknecht recht eng befreundet war[158], Jahrzehnte später glaubte, sich an folgende Einzelheit erinnern zu können: Sein Schulfreund habe einmal die Hauptrolle im Stück „Die Karlsschüler“ von Heinrich Laube gespielt, und zwar am 27. Januar 1887, als das Drama während eines Schulfestes im „Krystallpalast“ (heute: Wintergartenstraße 17–19) aufgeführt worden sei.[159] Diese Aussage gab auch Heinz Wohlgemuth in seiner letzten biographischen Arbeit über Karl Liebknecht wieder[160], ohne daß er sie auf ihren Wahrheitsgehalt hin überprüfte.

Zwar fand eine solche Schüleraufführung tatsächlich statt, doch auf den Tag genau ein Jahr später[161] und nicht mit dem Obersekundaner Karl Liebknecht, sondern mit dem Unterprimaner Oskar Dähnhardt, dem späteren Rektor des Nicolaigymnasiums[162], als Schiller in der tragenden Rolle.[163] Auch die übrigen Hauptdarsteller besuchten zur Zeit der Aufführung ausnahmslos die Unterprima. Daß Karl Liebknecht weder das Stück noch diese Vorstellung jemals erwähnte oder auch nur darauf anspielte, obwohl er sich späterhin mit der Person Schillers und mit dessen Werk recht intensiv beschäftigte[164], bestätigt die Aussage der zeitgenössischen Quellen.[165]

Dagegen kam er in seinen Briefen bzw. Autographen einige Male auf Goethes „Faust“ zurück; so forderte Karl Liebknecht seinen ältesten Sohn Wilhelm am 18. März 1917 brieflich dazu auf, dieses

---

dieses Amt nur fünf Monate innehaben, Danach, nämlich von 1924 bis 1933, übte Neu die Funktion eines Landgerichtsdirektors aus und schließlich, das heißt von 1945 bis 1950, war er Präsident des Landgerichts Leipzig. Siehe: Haustein, Siegfried: Alfred Neu. Ein Leben für Recht und Gerechtigkeit. Eine biographische Skizze, o.O. o.J., Manuskript. In: Sächsisches Staatsarchiv Leipzig, ohne Signatur, und Nachruf auf Alfred Neu. In: Leipziger Volkszeitung, 18. 11. 1969.

157 Vgl.: Jahresbericht 1887, S. XV.

158 Siehe dazu: Haustein, Siegfried: Alfred Neu. Ein Leben für Recht und Gerechtigkeit. Eine biographische Skizze, o.O. o.J., S. 12, Manuskript. In: Sächsisches Staatsarchiv Leipzig, ohne Signatur.

159 Vgl. eine undatierte Notiz, die Karl Wiegel nach einem Gespräch mit Alfred Neu für einen Dritten anfertigte. Das maschinenschriftliche Fragment findet sich in: Privatarchiv Heinz Wohlgemuth, Kleinmachnow (Kopie im Besitz des Verfassers).

160 Siehe: Wohlgemuth, Heinz: Karl Liebknecht. Stationen seines Lebens, a.a.O., S. 11.

161 Vgl. hierzu: Jahresbericht 1888, S. V, und Dramatische Aufführung der Nicolaitaner im Krystall-Palast. In: Leipziger Tageblatt und Anzeiger, 29. 1. 1888.

162 Oskar Dähnhardt, geboren am 21. November 1870 in Kiel, besuchte das Nikolaigymnasium von Ostern 1880 bis Ostern 1889. Danach tat er seiner Militärdienstpflicht Genüge, um schließlich an den Universitäten Leipzig, Berlin sowie Göttingen deutsche und klassische Philologie zu studieren. Im Februar 1894 promovierte Dähnhardt zum Doktor der Philosophie, außerdem bestand er neun Monate später die Staatsprüfung für das höhere Schulamt. Nachdem er zwischenzeitlich an der Akademiebibliothek in Münster/Westfalen und an der Königlichen Bibliothek in Berlin als Volontär gearbeitet hatte, absolvierte er von Ostern 1896 bis Ostern 1897 sein Probejahr an der Thomasschule zu Leipzig. Hier wurde Oskar Dähnhardt am 16. April 1897 zunächst provisorisch und am 1. April 1900 schließlich dauerhaft als Lehrer angestellt. Bereits ein Jahr später erhielt er den Titel eines Oberlehrers. Anfang 1910 sollte Dähnhardt in das Rektorenamt des Nikolaigymnasiums berufen werden, in das ihn der Oberbürgermeister Dr. Dittrich am 4. April einführte <alle bisherigen Angaben beruhen auf: Jahresbericht des Städtischen Gymnasiums zu St. Nicolai – Nikolaischule – in Leipzig. Als Einladungsschrift zur feierlichen Entlassung der Abiturienten Mittwoch den 22.März sowie zu den öffentlichen Klassenprüfungen Mittwoch den 5. April im Namen des Lehrerkollegiums hrsg. v. Oskar Dähnhardt, Leipzig 1911, S. III (im folgenden: Jahresbericht 1911)>. Mitte August 1911 ereilte ihn die Einberufung zum Heer, wo er als Hauptmann die Führung einer Landsturmkompagnie übernahm <vgl.: Jahresbericht der Nikolaischule zu Leipzig. Seit Ostern 1914 städtisches Reformgymnasium. Im Namen des Lehrerkollegiums hrsg. v. Georg Berlit, Leipzig 1915, S. 7 (im folgenden: Jahresbericht 1915)>. In den schweren Kämpfen bei Ypern fiel Oskar Dähnhardt am 25. April 1915 (siehe: Zur Erinnerung an Dr. Oskar Dähnhardt. In: Nikolaitaner-Blätter, 2. Jg., H. 3, Dezember 1939, S. 15.

163 Vgl.: Dramatische Aufführung der Nicolaitaner im Krystall-Palast. In: Leipziger Tageblatt und Anzeiger, 29. 1. 1888.

164 Das widerspiegelte sich vor allem darin, daß Karl Liebknecht nahezu alle wichtigen Werke Schillers exzerpierte, wobei er seinen Auszügen das Thema „Kunst und Revolution“ zugrunde legte. Siehe: Liebknecht, Karl: Gedanken über Kunst. Schriften-Reden-Briefe. Hrsg. u. mit einer Einführung u. Kommentaren versehen von Marlen Michailowitsch Korallow, a.a.O., S. 254 ff.

165 Vgl. dazu die Angaben in Anmerkung 161.

Werk zu lesen[166], und so verraten seine während der Kriegsjahre verfaßten „Exzerpte" recht große Sachkenntnis, wenn er dort auch das von Lessing hinterlassene „Faust-Fragment" beurteilte. Er kommentiert es mit folgenden Worten: Indem darin der Dichter seiner Faustfigur unterstelle, sich nur aus Wißbegierde dem Teufel verschrieben zu haben, werde das Thema viel einseitiger, enger als von Goethe behandelt. Dieser habe dem Verhalten „seines" Fausts „alles Menschliche" zugrunde gelegt.[167]

Ob der erst im hohen Alter nach seinen Erinnerungen an Karl Liebknecht befragte Alfred Neu[168] sowohl der Schülervorstellung von Laubes „Die Karlsschüler" als auch der von Goethes „Faust" beiwohnte, kann verständlicherweise nicht mehr erhellt werden. Dagegen gehörte er ohne jeden Zweifel in den Jahren 1886 bis 1890 zu dessen gymnasialem Freundeskreis, der an Sonntagen des öfteren in Borsdorf zusammenkam.[169] Die übrigen Namen der mit Karl Liebknecht befreundeten Nicolaitaner ließen sich bislang nicht ermitteln.

Die Gestaltung der Schulferien

Als verbürgt kann auch die Angabe gelten, daß Karl Liebknecht einmal die Ferien in Reichenbach (Vogtland) bei der Familie Neu verbrachte[170], die hier seit langem ansässig war. Übrigens hatte der Vater seines Schulfreundes als Delegierter des hiesigen Arbeiterbildungsvereins am Eisenacher Gründungskongreß der Sozialdemokratischen Arbeiterpartei teilgenommen[171], zudem unterhielt er freundschaftliche Beziehungen zu Wilhelm Liebknecht.[172]

Es fällt überhaupt auf, daß sich der Gymnasiast Karl Liebknecht in den Schulferien, sobald er sie nicht in Borsdorf verbrachte[173], immer im väterlichen Freundeskreis, das heißt im sozialdemokratischen Milieu, aufhielt. So besuchte er in den Michaelisferien von 1886 gemeinsam mit seinem ältesten Bruder Theodor den damals in Dresden lebenden Ignatz Bahlmann[174] und dessen Familie und Paul Singer. Außerdem kann mit Recht angenommen werden, daß sie

166 Siehe: Brief Karl Liebknechts an seinen Sohn Wilhelm, 18. März 1917. In: Liebknecht, Karl: Lebt wohl, Ihr lieben Kerlchen! Briefe an seine Kinder. Hrsg. v. Annelies Laschitza und Elke Keller, a.a.O., S. 111.

167 Vgl. hierzu: Karl Liebknecht: Gedanken über Kunst. Schriften–Reden–Briefe. Hrsg. u. mit einer Einführung u. mit Kommentaren versehen v. Marlen Michailowitsch Korallow, a.a.O., S. 199.

168 Alfred Neu hatte auf jeden Fall das achte oder gar schon das neunte Lebensjahrzehnt überschritten, als er Karl Wiegel die besagte Mitteilung machte (siehe: Anmerkung 159).

169 Vgl.: Neu, Alfred: Erinnerungen an Karl Liebknecht. In: Azet. Abendzeitung, 15. 1. 1969, und Haustein, Siegfried: A l f r e d N e u . Ein Leben für Recht und Gerechtigkeit. Eine biographische Skizze, o.O. o.J., S. 12, Manuskript. In: Sächsisches Staatsarchiv Leipzig, ohne Signatur.

170 Siehe: Neu, Alfred: Erinnerungen an Karl Liebknecht. In: Azet. Abendzeitung, 15. 1. 1969.

171 Vgl.: Protokoll über die Verhandlungen des Allgemeinen Deutschen sozial-demokratischen Arbeiterkongresses zu Eisenach am 7., 8. und 9. August 1869. Stenographisch niedergeschrieben von H. Roller in Berlin, Leipzig 1869, S. 80. Siehe dazu auch: Haustein, Siegfried: A l f r e d N e u . Ein Leben für Recht und Gerechtigkeit. Eine biographische Skizze, o.O. o. J., S. 2, Manuskript. In: Sächsisches Staatsarchiv Leipzig, ohne Signatur.

172 Vgl.: Ebenda, S. 7 und 12.

173 Siehe: Erinnerungen von Walther Troitzsch an Karl Liebknecht. Orginal in: Kulturgeschichtliches Museum Wurzen.

174 Dieser wohnte mit seiner Frau Barbara seit 1881 in der sächsischen Haupt- und Residenzstadt. Im Jahre 1886 gehörten auch drei Kinder, nämlich Ottilie, Felix und August, zur Familie (vgl.: August Bebel. Eine Biographie. Autorenkollektiv unter Leitg. v. Ursula Herrmann und Volker Emmrich, a.a.O., S. 263), doch waren sie seinerzeit noch so klein, daß sie wohl kaum als Gesprächspartner oder als Freunde für die beiden Liebknecht-Jungen in Frage kamen. Siehe: Briefwechsel Barbara Bahlmanns mit Natalie Liebknecht. In: Stiftung „Archiv der Parteien und Massenorganisationen der DDR" im Bundesarchiv, Zentrales Parteiarchiv, NY 4034, Nr. 245, Bl. 1 ff., und Briefwechsel Ignatz Bahlmanns mit Natalie Liebknecht. In: Ebenda, Bl. 15 ff.

Das Wohnhaus Wilhelm Liebknechts in Borsdorf bei Leipzig (Postkarte).

auch August Bebel einen Besuch abstatteten.[175] Am Vormittag des 1. Oktober trafen die beiden Gymnasiasten „nach äußerst langweiliger Fahrt“ ein[176], und schon vier Tage später mußten sie in Leipzig wieder ihren schulischen Pflichten nachkommen: Am 5. Oktober begann am Nicolaigymnasium das Winterhalbjahr.[177] Übrigens wich die Regelung der unterrichtsfreien Zeit für das Gymnasium fast gar nicht von der für die Volksschule ab. Der einzige Unterschied bestand darin, daß sie nunmehr zu Weihnachten sowie zu Ostern nicht nur eine, sondern zwei Wochen lang Ferien hatten.[178]

Ungeachtet des kurzen Aufenthaltes absolvierten Karl und Theodor Liebknecht ein ebenso umfangreiches wie vielfältiges Programm. Sie besichtigten zunächst die berühmte Dresdener Gemäldegalerie, aber auch andere Museen der sächsischen Residenzstadt und flanierten sodann in deren schönsten Anlagen, im Großen Garten sowie im Zoo.[178] Darüber hinaus erschlossen sich die Brüder die reizvolle Umgebung Dresdens, und

175 Unmittelbar nach ihrer Ankunft schrieben Theodor und Karl Liebknecht an ihre Mutter: „Zu Bebels kommen wir heute nicht mehr, da sie mit Singers einen Ausflug unternommen haben.“ (Brief Theodor und Karl Liebknechts an ihre Mutter, 1. Oktober 1886. In: Stiftung „Archiv der Parteien und Massenorganisationen der DDR“ im Bundesarchiv, Zentrales Parteiarchiv, NY 4001, Nr. 31, Bl. 1).

176 Ebenda.

177 Vgl.: Jahresbericht 1887, S. III.

178 Siehe dazu: Helm, Reinhold: Das Schul- und Erziehungswesen in Leipzig (= Festschrift zur 30. Allgemeinen Deutschen Lehrerversammlung in Leipzig vom 22. – 25. Mai 1893), a.a.O., S. 79.

wanderten in Begleitung von Paul Singer über Pillnitz nach dem Borsberg.[179]

Im darauffolgenden Jahr fuhren Karl und Theodor Liebknecht während der Pfingstferien nach Breslau, wo sie von der Familie Geiser gastfreundlich aufgenommen wurden; und das um so mehr, als Bruno Geiser, ein seinerzeit bekannter Breslauer Sozialdemokrat und Schriftsteller[180], mit ihrer ältesten Schwester Alice verheiratet war.[181] Auch hier besichtigten sie zuerst die Sehenswürdigkeiten der Stadt. Daneben unternahmen sie unter ortskundiger Führung des Gastgebers eine ausgedehnte Riesengebirgstour, deren Ziel die Schneekoppe (der mit 1602 m höchste Punkt des Gebirges) war. Diese Tour, so schrieb Karl Liebknecht wenige Tage danach in einem überschwenglichen Brief, „hat mir viel Neues erschlossen, schöner hätte ich sie mir nicht denken können.“[182]

Sowohl 1889 als auch 1890 verbrachte Karl Liebknecht seine Sommerferien in München, wo ihn die Familie des führenden bayrischen Sozialdemokraten Ignatz Auer[183] jedesmal herzlich aufnahm. Während des ersten Münchener Aufenthaltes waren die hiesigen Pinakotheken wochenlang seine Heimat, doch unternahm er auch einen weiten Ausflug nach Oberbayern, und zwar über Starnberg (von hier aus sah er erstmals in seinem Leben die Alpen, die auf ihn einen unauslöschlichen Eindruck hinterlassen sollten[184]), Kochel, Benediktenwand, Walchensee, Herzogstand, Partenkirchen, Garmisch, Mittenwald nach Eibsee.[185]

Als Abiturient erwanderte sich Karl Liebknecht im Jahr darauf weitere Gegenden des bayrischen Oberlandes, so führten ihn seine Wanderungen diesmal auf die Zugspitze, erneut nach Eibsee, nach Hohenschwangau und schließlich zum Ammersee.[186] Nachdem er von seiner Hochgebirgstour in die bayrische Landeshauptstadt zurückgekehrt war, schrieb Ignatz Auer dessen Vater: „Karl war ganz voller Schwärmerei über die herrlichen Berge und seine Erlebnisse da droben.“[187] Tatsächlich muß ihn diese Wanderung sehr tief beeindruckt haben, jedenfalls vermochte er sich noch 28 Jahre spä-

179 Vgl.: Brief Ignatz Bahlmanns an Natalie Liebknecht, 3. Oktober 1886. In: Stiftung „Archiv der Parteien und Massenorganisationen der DDR“ im Bundesarchiv, Zentrales Parteiarchiv, NY 4034, Nr. 245, Bl. 26, und Brief Paul Singers an Wilhelm Liebknecht, 4. Oktober 1886. In: Ebenda, Nr. 55, Bl. 24 R.

180 Biographische Skizzen über Bruno Geiser finden sich in: Müller, Theodor: 45 Führer aus den Anfängen und dem Heldenzeitalter der Breslauer Sozialdemokratie, Breslau 1925, S. 40 ff., und Berndt, Helga: Biographische Skizzen von Leipziger Arbeiterfunktionären. Eine Dokumentation zum 100. Jahrestag des Sozialistengesetzes (1878 – 1890), a.a.O., S. 124 ff.

181 Bruno Geiser hatte Alice Liebknecht, geboren am 26. November 1857 in London (England), am 29. März 1877 in Leipzig geheiratet (vgl.: Ebenda, S. 125).

182 Brief Karl Liebknechts an Alice und Bruno Geiser, 9. Juni 1887. In: Stiftung „Archiv der Parteien und Massenorganisationen der DDR“ im Bundesarchiv, Zentrales Parteiarchiv, NY 4001, Nr. 35, Bl. 1.

183 Siehe: Von der Klassenbewegung zur Volkspartei. Wegmarken der bayrischen Sozialdemokratie 1892 – 1992. Im Auftrag der Georg-von-Vollmar-Akademie hrsg. v. Hartmut Mehringer(= Schriftenreihe der Georg-von-Vollmar-Akademie, Bd. 5), München – London – New York – Paris 1992, S. 57 und 79. Allerdings gehört ein Lebensbild über Ignatz Auer noch immer zu den Desideraten der Biographik, was wohl vornehmlich darin begründet liegt, daß er in erster Linie ein praktisch arbeitender Politiker war, also ein Politikertyp, dem die Historiker meistens nur geringe Aufmerksamkeit widmen. Das ist um so bedauerlicher, als sich die Quellenlage zu seiner Biographie als recht günstig erweist. Allein im Brandenburgischen Landeshauptarchiv Potsdam finden sich drei Akten zu seiner Person (vgl.: Rep. 30, Berlin C, Nr. 8602 – 8604).

184 Siehe dazu: Brief Karl Liebknechts an seinen Sohn Robert, 7. August 1918. In: Liebknecht, Karl: Lebt wohl, Ihr lieben Kerlchen ! Briefe an seine Kinder. Hrsg. v. Annelies Laschitza und Elke Keller, a.a.O., S. 162.

185 Vgl.: Brief Karl Liebknechts an seine Frau Sophie, 26. Mai 1917. In: Liebknecht, Karl: Briefe aus dem Felde, aus der Untersuchungshaft und aus dem Zuchthaus. Hrsg. v. Hans Pfemert, a.a.O., S. 80.

186 Siehe: Ebenda.

187 Brief Ignatz Auers an Wilhelm Liebknecht, 31. August 1890. In: Internationaal Instituut voor Sociale Geschiedenis, Amsterdam, Wilhelm Liebknecht-Nachlaß, Nr. 61/66. Zit. in: Wohlgemuth, Heinz: Karl Liebknecht. Eine Biographie, a.a.O., S. 24.

ter an die seinerzeit bestandenen Abenteuer detailliert zu erinnern.[188] Mehr noch, die geistige Atmosphäre und das kulturelle Erbe bzw. das Kulturleben der Stadt München wirkten auf Karl Liebknecht nachhaltig. Von hier aus, schrieb er seiner Frau Sophie im vorletzten Kriegsjahr, „bekam ich für mein Leben entscheidende Einflüsse ... erwachend, aufatmend, enthusiastisch, die ganze Welt in mich einsaugend und durchglühend, ein Regenbogen alles Sein."[189]

Wie aufmerksam die von ihm besuchten väterlichen Freunde seinen weiteren Bildungsgang verfolgten, zeigt sich nicht zuletzt daran, daß sie zu den ersten gehörten, die zum bestandenen Abitur gratulierten. August Bebel übersandte Natalie Liebknecht schon am 17. März 1890 seine Glückwünsche zum „gelungenen Examen Karls" [190], und vier Tage später schrieb ihr auch Ignatz Bahlmann: „Es unterlag ja wohl keinem Zweifel, daß ihr Sohn das Examen glücklich bestehen würde, dennoch begrüßen wir es mit Freuden, daß die einem solchen Ereignis vorhergehenden Aufregungen nunmehr vorüber sind."[191]

188 Vgl. hierzu: Brief Karl Liebknechts an seinen Sohn Robert, 16. Juni 1918. In: Liebknecht, Karl: Lebt wohl, Ihr lieben Kerlchen ! Briefe an seine Kinder. Hrsg. v. Annelies Laschitza und Elke Keller, a.a.O., S. 160.

189 Brief Karl Liebknechts an seine Frau Sophie, 26. Mai 1917. In: Liebknecht, Karl: Briefe aus dem Felde, aus der Untersuchungshaft und aus dem Zuchthaus. Hrsg. v. Hans Pfemert, a.a.O., S. 80.

190 Siehe: Brief August Bebels an Natalie Liebknecht, 17. März 1890. In: Stiftung „Archiv der Parteien und Massenorganisationen der DDR" im Bundesarchiv, Zentrales Parteiarchiv, NY 4034, Nr. 246, Bl. 67.

191 Brief Ignatz Bahlmanns an Natalie Liebknecht, 21. März 1890. In: Ebenda, Nr. 245, Bl. 77.

Karl Liebknecht an der Alma mater Lipsiensis

Am 16. April 1890 schritt Karl Liebknecht wohl zum ersten Mal durch das prächtige Portal des langgestreckten Universitätshauptgebäudes, dessen Schinkel-Fassade sich im Jahre 1890 noch im ursprünglichen Zustand präsentierte: dreigeschossig mit einem breit vorspringenden Mittelteil, das von einem reichgeschmückten Giebelfeld gekrönt wurde; kurze Zeit später wurde sie umgestaltet.[1]

Zeitgenössische Ansicht der Leipziger Universität.

Karl Liebknecht als „Stud. jur. et cam."

Obwohl Karl Liebknecht ursprünglich Medizin studieren wollte[2], schrieb er sich hier für das Studium der Rechts- und Kameralwissenschaften ein. Der Kameralismus war anfänglich, das heißt im 17. und 18. Jahrhundert, nichts anderes als die deutsche Spielart des Merkantilismus.[3] Zu der Zeit, als sich Karl Liebknecht immatrikulieren ließ, verbarg sich hinter der Bezeichnung „Stud. jur. et cam." nur noch eine Reminiszenz an jene Epoche. Hiermit sollte lediglich ausgedrückt werden, daß die Studenten dieser Studienrichtung später eine Laufbahn als Jurist oder auch als Verwaltungsangestellter einschlagen konnten.[4] Die in der wissenschaftlichen Literatur immer wieder zu findende Angabe, daß sich Karl Liebknecht

1 Einen Einblick in die Baugeschichte des „Augusteums", vor allem in dessen Umgestaltung, vermittelt E. Prasse: Die Um- und Neubauten der Universität Leipzig. In: Deutsche Bauzeitung. XXXII. Jg. (1898), Nr. 7, S. 37 f., und ebenda, Nr. 9, S. 53 f.

2 Siehe: Jahresbericht 1890, S. XX.

3 Eine instruktive Übersicht über den Kameralismus als besondere Ausprägung des deutschen Merkantilismus findet sich bei Brandt, Karl: Geschichte der deutschen Volkswirtschaftslehre, Bd. 1: Von der Scholastik bis zur klassischen Nationalökonomie, Freiburg i. Br. 1992, S. 65 ff.

4 Vgl. dazu: Just, Albrecht: Kameralwissenschaften. In: Allgemeine Encyklopädie der Wissenschaften und Künste in alphabetischer Folge v. genannten Schriftstellern bearb. u. hrsg. v. J. S. Ersch und J. G. Gruber. Zweite Section, H - N. Hrsg. v. August Leskien, 32. Teil, Leipzig 1882, S. 213.

in die Matrikel der Alma mater Lipsiensis für Rechts- und Kommunalwissenschaften habe eintragen lassen[5], beruht folglich auf einem Irrtum. Er hätte eine solche Studienrichtung auch nicht wählen können, weil es sie seinerzeit weder an dieser noch an irgendeiner anderen deutschen Universität gab.[6]
Bei der endgültigen Wahl des Fachgebiets war ganz gewiß der Einfluß des Vaters von maßgebender Bedeutung. In einem aus jener Zeit stammenden Brief schrieb Karl Liebknecht, daß er in ihm sein Vorbild, sein Ideal sehe, zu dem er aufblicke.[7] Sein Rat war ihm stets wichtig, so auch bei der definitiven Entscheidung über die Studienrichtung. Der Mangel an Rechtsanwälten, „die mit ihrem ganzen Herz" zur Sozialdemokratie hielten[8], machte sich damals immer stärker bemerkbar, weshalb Wilhelm Liebknecht seinen beiden ältesten Söhnen nahelegte, die juristische Laufbahn einzuschlagen. Auf Grund dessen hatte sich Theodor Liebknecht schon zu Ostern 1889 als „Stud. jura" in die Matrikel der Universität Leipzig eintragen lassen.[9] Außerdem belegte er im Wintersemester 1889/90 ein Nebenfach, nämlich Medizin.[10] Darüber, ob der Wunsch seines jüngeren Bruders, auch ein solches Studium aufzunehmen zu wollen, schon vorhanden war oder ob er gerade in dieser Zeit wachgerufen wurde, kann nichts gesagt werden. Jedenfalls sollte Theodor Liebknecht seine medizinischen Intentionen zu Beginn des Jahres 1890 aufgeben[11], was wohl nicht von ungefähr kam.
Mit der Immatrikulation war auch die Anlage einer Karte für die sogenannte Studentenkartei verbunden.[12] Neben dem Geburtsdatum und -ort, der Staatsangehörigkeit (übrigens ließ hier Karl Liebknecht „Sachsen" eintragen), dem erreichten Schulabschluß und der eingeschlagenen Studienrichtung waren hierfür noch folgende Angaben zu machen: Adresse, „Stand d(es) Vaters" sowie Konfession.
Unter der Rubrik „Wohnungen" gab Karl Liebknecht an, am Südplatz 11 (heute Karl-Liebknecht-Straße 69) zu wohnen, und zwar bei den Eltern. Allerdings wäre hinzuzufügen, daß sein Vater am 28. Juni 1881 aus Leipzig ausgewiesen wurde[13] und seitdem im nahegelegenen Borsdorf lebte.[14] Die übrigen Familienmitglieder waren kurze Zeit später von der Brau-

---

5 Siehe unter anderem: Wohlgemuth, Heinz: Karl Liebknecht. Eine Biographie, a.a. O., S. 26; Katsch, Günter/Gerhild Schwendler: Karl Liebknecht als Student der Leipziger Universität. In: UZ. Universitätszeitung der Karl-Marx-Universität, 1979, Nr. 2, S. 2, und Laschitza, Annelies unter Mitwirkung von Elke Keller: Karl Liebknecht. Eine Biographie in Dokumenten, a.a.O., S. 20.

6 Es sollte immerhin noch ein Vierteljahrhundert dauern, bis der erste Lehrstuhl für Kommunalwissenschaften eingerichtet wurde, und zwar im Jahre 1916 an der Technischen Hochschule zu Stuttgart. Der dementsprechende Ruf erging an Hugo Lindemann, den kommunalpolitischen Experten der Sozialdemokratie. Vgl. hierzu: Lindemann, Hugo: Über Begriff und Bedeutung der Kommunalwissenschaft. Antrittsvorlesung an der Technischen Hochschule zu Stuttgart. Nebst Führer durch die kommunalpolitische Literatur (= Sozialdemokratische Gemeindepolitik. Kommunalpolitische Abhandlungen. Hrsg. unter Leitg. v. Paul Hirsch, H. 18), Berlin 1916, S. 5.

7 Brief Karl Liebknechts an seine Schwester Alice, 27. September 1893. In: Stiftung „Archiv der Parteien und Massenorganisationen der DDR" im Bundesarchiv, Zentrales Parteiarchiv, NY 4001, Nr. 35.

8 Siehe: Volksstimme, Frankfurt/Main, 14. 8. 1900.

9 Vgl.: Personal-Verzeichnis der Universität Leipzig für das Sommer-Semester 1889, Nr. CXV, Leipzig o.J., S. 84, und Universitätsarchiv Leipzig, Quästurkartei, Karte Liebknecht, Theodor.

10 Siehe: Ebenda und Personal-Verzeichnis der Universität Leipzig für das Winter-Semester 1889/90, Nr. CXVI, Leipzig o.J., S. 85. Übrigens wurden seine Nachschriften der Anatomie-Vorlesung überliefert. Vgl.: Rossijskij Centr Chranenija i Izučenija Dokumentov Novejšej Istorii, Moskva, Sign. f. 200, op. 5, d. 65.

11 Nach dem Ende des Wintersemesters 1889/90 wechselte Theodor Liebknecht von der Alma mater Lipsiensis zur Universität Freiburg im Breisgau, um dort ausschließlich seine juristischen Studien fortzusetzen. Siehe hierzu: Universitätsarchiv Freiburg, Immatrikulations- (Signatur: A 66) und Exmatrikulationsakten (Signatur: B 44/20).

12 Vgl.: Universitätsarchiv Leipzig, Quästurkartei, Karte Liebknecht, Karl.

13 Siehe: Berndt, Helga: Biographische Skizzen von Leipziger Arbeiterfunktionären. Eine Dokumentation zum 100. Jahrestag des Sozialistengesetzes (1878 – 1890), a.a.O., S. 174.

14 Vgl.: Eisner, Kurt: Wilhelm Liebknecht. Sein Leben und Wirken. Unter Benutzung ungedruckter Briefe und Aufzeichnungen, Berlin 1900, S. 52 f.

straße 11 in die angegebene Wohnung umgezogen[15], so daß die fünf Söhne ihren Schulbesuch in Leipzig, das heißt vor allem den Besuch des Nikolaigymnasiums, aufnehmen resp. fortsetzen konnten und die beiden Ältesten, als sie sich 1889 bzw. 1890 an der hiesigen Universität immatrikulieren ließen, recht günstige Bedingungen für ihr Studium hatten.

Auf die Frage nach dem Beruf des Vaters antwortete Karl Liebknecht, daß dieser „Schriftsteller" sei, was mit anderen Worten hieß: Er bestritt damals den Familienunterhalt aus den Einkünften seiner publizistischen Tätigkeit. Freilich waren die für die Artikel oder Korrespondentenberichte gezahlten Honorare oftmals recht bescheiden, zudem handelte es sich hierbei um eine sehr unregelmäßige Einnahmequelle, die immer dann versiegte, wenn Wilhelm Liebknecht eine seiner zahlreichen Gefängnisstrafen abzusitzen hatte.[16] Schließlich fand sich in der Rubrik „Religion" der Eintrag „Dissident". Natalie und Wilhelm Liebknecht hatten nämlich im Jahre 1878 ihren Kirchenaustritt und als Vormünder Karls auch den seinen erklärt.[17]

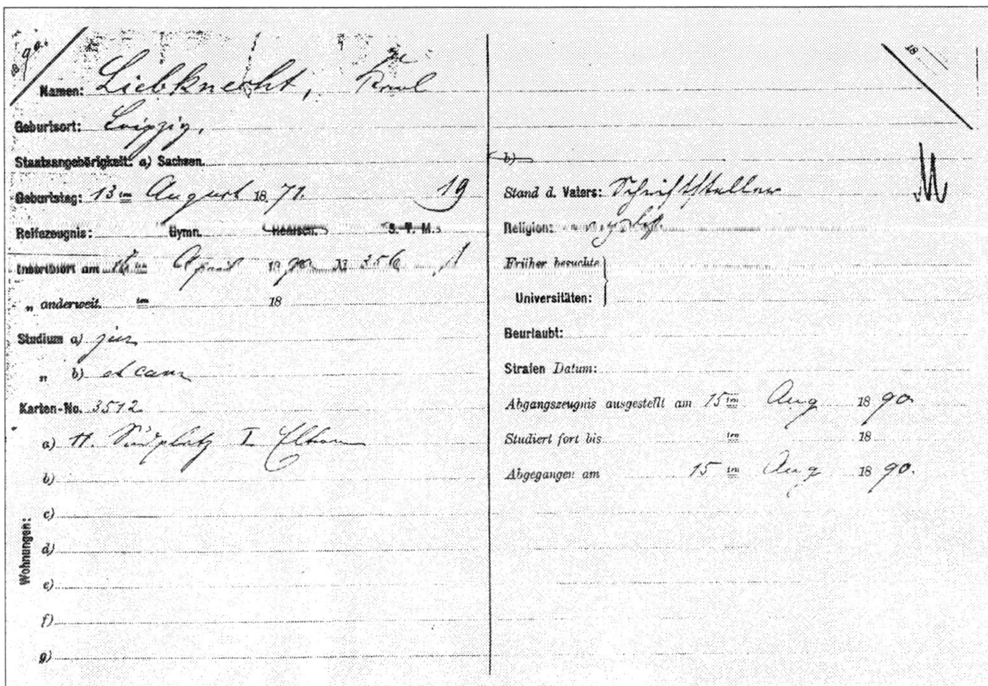
Namen: Liebknecht, Karl
Geburtsort: Leipzig,
Staatsangehörigkeit: a) Sachsen
Geburtstag: 13. August 1871. 19
Reifezeugnis: Gymn.
Inskribiert am 16. April 1890
„ anderweit. 18
Studium a) jur.
„ b) cam.
Karten-No. 3572
Wohnungen: a) 11. Südplatz I. Eltern
b)
c)
d)
e)
f)
g)
Stand d. Vaters: Schriftsteller
Religion: dissident
Früher besuchte Universitäten:
Beurlaubt:
Strafen Datum:
Abgangszeugnis ausgestellt am 15. Aug. 1890.
Studiert fort bis 18
Abgegangen am 15. Aug. 1890.

Die für Karl Liebknecht innerhalb der Studentenkartei angelegte Karte.

15 Siehe: Stadtarchiv Leipzig, Bestand Polizeiamt, Polizeimeldebücher, Nr. 187, Bl. 47 b, und Wiegel, Karl. Stätten des Kampfes und der Erinnerung. Zur Geschichte der Arbeiterbewegung und des antifaschistischen Widerstandskampfes im Bezirk Leipzig, Leipzig 1961, S. 20 und S. 23. Allerdings findet sich dort die falsche Angabe, daß Wilhelm Liebknecht erst am 2. Juli 1881 aus Leipzig ausgewiesen worden sei.

16 Vgl.: Adamy, Kurt: Sie hat sich um die große Sache des Proletariats verdient gemacht. Natalie Liebknecht. In: BZG, 1974, H. 4, S. 674 f. Eine Übersicht über seine Gefängnisstrafen findet sich in: Berndt, Helga: Biographische Skizzen von Leipziger Arbeiterfunktionären. Eine Dokumentation zum 100. Jahrestag des Sozialistengesetzes (1878 – 1890), a.a.O., S. 181.

17 Siehe: Rossijskij Centr Chranenija im Izučenija Dokumentov Novejšej Istorii, Moskva, Sign. f. 200, op. 3, d. 63.

Ein Schüler hervorragender Gelehrter

Seit der Immatrikulation führte ihn sein Weg mehrmals wöchentlich in das „Collegium Juridicum" in der Petersstraße. Das im Dezember 1943 zerstörte Gebäude („Juridicum")[18] war nach außen hin ein großes Wohn- und Geschäftshaus, während die Juristische Fakultät in dem von den Straßenfronten abgeschlossenen Mitteltrakt ihren Sitz hatte.[19] Hier sollte Karl Liebknecht eine ausgezeichnete rechtswissenschaftliche Spezialbibliothek vorfinden, und hier konnte er an Übungen teilnehmen.[20] Außerdem belegte er als Stud. jur. et cam. an der Juristenfakultät zwei Vorlesungsreihen. Dabei handelte es sich zunächst um das Kolleg von Bernhard Windscheid über die „Institutionen des römischen Rechts nebst äußerer Rechtsgeschichte", die dieser im Sommersemester 1890 täglich von 8 bis 9 Uhr hielt.[21]

Porträtaufnahme von Bernhard Windscheid, einem akademischen Lehrer Karl Liebknechts.

Windscheid – am 26. Juli 1817 in Düsseldorf geboren – gehörte zu den bedeutendsten Juristen seiner Zeit. Über die akademischen Stationen Berlin, Bonn, Basel, Greifswald, München und Heidelberg kam er 1874 nach Leipzig. Im gleichen Jahr zum ordentlichen Professor und im Januar 1880 zum Ordinarius der Juristenfakultät ernannt, war er an der Leipziger Universität bis zu seinem Tode am 26. Oktober 1892 wissenschaftlich tätig.[22]

Es war seinem hervorragenden Ruf als Jurist zuzuschreiben, daß Bernhard Windscheid im Jahre 1874 nicht nur an die Alma mater Lipsiensis, sondern auch in jene Kommission berufen wurde, die den Entwurf zum Bürgerlichen Gesetzbuch auszuarbeiten hatte[23], dem das von ihm verfaßte „Lehrbuch des Pandektenrechts" zugrundelag. Dieses Werk hatte im letzten Drittel des 19. Jahrhunderts alle Bereiche der deut-

18 Vgl. dazu die Übersicht über den Zerstörungsgrad der einzelnen Universitätsinstitute im Jahre 1945. In: Leipziger Universitätsbauten. Die Neubauten der Karl-Marx-Universität seit 1945 und die Geschichte der Universitätsgebäude. Hrsg. v. Heinz Füßler, Leipzig 1964, S. 24.

19 Siehe: Drucker, Renate: Die Universitätsbauten 1650 – 1945. In: Ebenda, S. 188.

20 Vgl.: Festschrift zur Feier des 500jährigen Bestehens der Universität Leipzig. Hrsg. v. Rektor und Senat, 2. Bd., Leipzig 1909, S. 110 f.

21 Siehe: Universitätsarchiv Leipzig, Studienzeugnis-Protokoll 1. 6. bis 31. 12. 1890, I/XVI/VII, C 51, Bd. 2, Nr. 346, und Verzeichnis der im Sommerhalbjahre 1890 auf der Universität Leipzig zu haltenden Vorlesungen, o.O. o.J., S. 6.

22 Vgl.: Landsberg, Ernst: Bernhard Windscheid. In: Allgemeine Deutsche Biographie, Auf Veranlassung Seiner Majestät des Königs von Bayern hrsg. durch die historische Commission bei der Königl. Akademie der Wissenschaften, 43. Bd., Berlin 1898, S. 424 f. (im folgenden: Allgemeine Deutsche Biographie).

23 Siehe dazu: Planck: Windscheid als Mitarbeiter am Bürgerlichen Gesetzbuch. In: Deutsche Juristen-Zeitung, XIV. Jg. (1909), Nr. 15/16 (= Festnummer zum 500jährigen Jubiläum der Universität Leipzig), Sp. 951 ff., und Schubert, Werner: Windscheids Briefe an Planck und seine für Planck bestimmten Stellungnahmen zum Schuldenrechtssystem und zum Besitzsystem in der 1. BGB-Kommission. In: Zeitschrift der Savignystiftung für Rechtsgeschichte. Romanische Abteilung, 25. Bd., Weimar 1978.

schen Rechtswissenschaft beeinflußt.[24] Zugleich bildete es „den Abschluß der ganzen bisherigen Wissenschaft von dem in Deutschland gültigen Römischen Recht“[25], das gemäß den Worten Windscheids „wie die griechische Kunst allen künftigen Völkern Muster und Lehrerin“ geworden sei.[26]
Dieses Kolleg vermittelte somit Karl Liebknecht ein hervorragendes Wissen über die wichtigste Quelle des Bürgerlichen Gesetzbuches, zumal der Vorlesende der seinerzeit beste Kenner derselben war. Es kam dem begabten und geistig regsamen Studenten[27] außerdem sehr entgegen, daß Bernhard Windscheid im Unterschied zu vielen seiner Kollegen gegen das ausschließliche Aneignen des Lehrstoffes durch Auswendiglernen auftrat und daß er es mit fesselnder Lebendigkeit verstand, „seinen Zuhörern die Schätze der Wissenschaft zu heben“ und „sie für die Ansprüche späterer praktischer Tätigkeit auszugestalten“.[28]
Neben der Vorlesung von Windscheid besuchte Liebknecht an der Juristischen Fakultät die von Rudolph Sohm, die dieser täglich in der Zeit von 10 bis 11 Uhr zur „Deutschen Rechtsgeschichte“ hielt.[29] Sohm, der am 29. Oktober 1841 in Rostock geboren wurde und über die Universitäten Rostock, München, Berlin, Heidelberg, Göttingen, Freiburg sowie Straßburg im Jahre 1887 an die Alma mater Lipsiensis gekommen war[30], zählte im ausgehenden 19. Jahrhundert zu den bekanntesten Kirchen- und Rechtshistorikern. Aus diesem Grunde wurde er auch im Jahre 1891 in die Kommission für die zweite Lesung des Bürgerlichen Gesetzbuches berufen.[31] Übrigens war er neben Windscheid der einzige Leipziger Jurist, der an diesem Gesetzbuch mitarbeitete.

Porträtaufnahme von Rudolph Sohm, einem akademischen Lehrer Karl Liebknechts.

Die Vorlesung von Sohm stellte für den Studenten Karl Liebknecht eine sehr gute Ergänzung zu der von Windscheid dar. Während Sohm in seiner Lehrveranstaltung die Quellen des bürgerlichen deutschen Rechts in ihrer Gesamtheit (also das germanische,

24 Vgl.: Landsberg, Ernst: Die juristische Fakultät Leipzig. 1409 bis 1909. In: Deutsche Juristen-Zeitung, XIV. Jg. (1909), Nr. 15/16 (= Festnummer zum 500jährigen Jubiläum der Universität Leipzig), Sp. 951 ff.

25 Siehe: Derselbe: Bernhard Windscheid. In: Allgemeine Deutsche Biographie, 43. Bd., a.a.O., S. 424 f.

26 Windscheid, Bernhard: Das römische Recht in Deutschland. In: Derselbe: Gesammelte Reden und Abhandlungen, Leipzig 1904, S. 27.

27 Vgl.: F. M. (das ist Mehring, Franz): Karl Liebknecht. In: Freie Jugend, Braunschweig, Nr. 1, 25. 8. 1916. Wiederabdruck in: Mehring, Franz: Gesammelte Schriften, Bd. 15, a.a.O., S. 698.

28 Windscheids Lebensgang. In: Windscheid, Bernhard: Gesammelte Reden und Abhandlungen, a.a.O., S. XV.

29 Siehe: Universitätsarchiv Leipzig, Studienzeugnis-Protokoll 1. 6. bis 31. 12. 1890, I/XVI/VII, C 51, Bd. 2, Nr. 346, und Verzeichnis der im Sommerhalbjahr 1890 auf der Universität Leipzig zu haltenden Vorlesungen, a.a.O., S. 7.

30 Vgl. dazu: Sohm, Rudolph. In: Deutsche Juristen-Zeitung, XIV. Jg. (1909), Nr. 15/16 (= Festnummer zum 500jährigen Jubiläum der Universität Leipzig), Sp. 1017 ff.; Dresdener Tageblatt, 7. 7. 1914, und Rudolph Sohm. In: Der Sonntag, Dresden, 4. Jg. (1949) Nr. 50, S. 198.

31 Siehe: Ebenda.

römische und fränkische Recht) und seine Entwicklung von der Entstehung des Stadtrechts über die verfassungsrechtlichen Anfänge eines einheitlichen Nationalstaates bis hin zum Jahre 1890 behandelte[32], konzentrierte sich Windscheid in seinem Kolleg auf das die gesamte deutsche Gesetzespraxis beherrschende römische Recht.

Ob bzw. inwieweit sich Karl Liebknecht während seiner Leipziger Studienzeit mit den politischen Auffassungen Rudolph Sohms auseinandersetzte , läßt sich nicht eruieren. Daß er die seinerzeit stark bildungselitär geprägten Ansichten seines Lehrers keinesfalls teilte, versteht sich von selbst, zumal dessen erklärtes Ziel darin bestand, die Sozialdemokratie zu überwinden.[33] Allerdings sollte sich Sohm, der bis dahin Wortführer des konservativen Flügels im Nationalsozialen Verein war[34], nach der Jahrhundertwende auf die Seite der Linksliberalen schlagen, womit er auch seine mehr oder minder erbitterte Gegnerschaft zu den Sozialdemokraten aufgab.[35]

Somit genoß Karl Liebknecht während seines Studiums an der Leipziger Universität eine ausgezeichnete juristische Ausbildung, und das verdient nicht zuletzt deshalb Beachtung, weil sie damals nur an wenigen deutschen Universitäten ein derart hohes Niveau wie in Leipzig hatte. Wenn er einst feststellen sollte, daß die Juristen an den Hohen Schulen sehr unzureichend ausgebildet würden[36], so handelte es sich dabei um eine Aussage, die keinesfalls seinen Leipziger Studienerfahrungen entsprang. Jedenfalls wurde an der hiesigen Juristenfakultät der Grundstein für seinen weiteren Ausbildungsweg und auch für seine spätere Anwaltskarriere gelegt. Ohne das hier angeeignete Wissen hätte Karl Liebknecht unter anderem seine Dissertation nicht anfertigen können, was sich darin offenbarte, daß ihr in weiten Teilen die in den Vorlesungen des Bernhard Windscheid vermittelten Kenntnisse bzw. die aus dessen wissenschaftlichen Arbeiten, vornehmlich aus dessen berühmtem „Lehrbuch des Pandektenrechts"[37], gewonnenen Erkenntnisse zugrunde lagen.[38]

Obwohl Karl Liebknecht an der Juristischen Fakultät der Leipziger Universität nur ein Semester studierte, ehrte sie ihn am 15. Juni 1949 in einer Feierstunde als einen ihrer namhaften Studenten. Während dieser Veranstaltung im damaligen Fakultätshörsaal wurde auch ein Ölporträt des Geehrten übergeben, das der Dresdener Maler Bernhard Kretzschmar, „einer der bedeutendsten künstlerischen Persönlichkeiten seiner Zeit"[39], geschaffen hatte.[40]

32 Vgl.: Sohm, Rudolph. Gedenkworte von Richard Schmidt, Leipzig 1917, S. 11 ff.

33 Siehe: Protokoll über die Verhandlungen des Nationalsozialen Vereins (2. Delegiertentag) zu Erfurt vom 26. – 29. September 1897, Berlin 1897, S. 52.

34 Vgl. dazu bei allen Vorbehalten, die gegen einzelne Einschätzungen angemeldet werden müssen, noch immer Fricke, Dieter: Nationalsozialer Verein. In: Lexikon zur Parteiengeschichte. Die bürgerlichen und kleinbürgerlichen Parteien und Verbände in Deutschland (1789 bis 1945) in vier Bänden. Hrsg. v. Dieter Fricke, Werner Fritsch, Herbert Gottwald, Siegfried Schmidt und Manfred Weißbecker, Bd. 3, Leipzig 1985, S. 446.

35 Vgl. die Darstellung von Fehr, Hans: Rudolph Sohm. In: Deutsches Biographisches Jahrbuch. Hrsg. v. Verbande der Deutschen Akademien, Überleitungsband II: 1917 – 1920, Berlin und Leipzig 1928, S. 154.

36 Siehe: Liebknecht, Karl: Gegen die preußische Klassenjustiz. In: Derselbe: Gesammelte Reden und Schriften, Bd. 3, Berlin 1960, S. 27.

37 Das dreibändige Werk war zwischen 1862 und 1870 erstmals erschienen, allerdings legte Karl Liebknecht seiner Dissertation dessen siebente Auflage aus dem Jahre 1891 zugrunde. Eine zeitgenössische Wertung des Lehrbuches findet sich bei: Landsberg, Ernst: Bernhard Windscheid. In: Allgemeine Deutsche Biographie, 43. Bd., a.a.O., S. 424 f.

38 Das heißt: Auf keine andere Quelle berief sich Karl Liebknecht in seinen wissenschaftlichen Arbeiten so oft wie auf das „Lehrbuch des Pandektenrechts". Siehe dazu neben seiner Doktor- auch seine gedruckte Referendararbeit (derselbe: Vorbehaltszahlung und Eventualaufrechnung nach heute geltendem und künftigem Reichsrecht, Berlin 1899, S. 22, 24, 28, 31, 33 ff., 41, 44, 46, 49 ff., 56, 63 f., 68, 70, 79, 134, 141, 156 und 182 f.

39 Löffler, Fritz: Bernhard Kretzschmar, Dresden 1985, S. 71. Allerdings fand sich darin kein Hinweis auf dieses Gemälde, obwohl der Autor dem Porträtschaffen des Künstlers breiten Raum gewährte.

40 Vgl.: Eigenbericht. In: Forum, 3. Jg. (1949), Nr. 7, S. 39, undG. K.: Die Universität Leipzig ehrt Karl Liebknecht. In: Leipziger Volkszeitung, 17.6. 1949.

Porträtaufnahme von Lujo Brentano, einem akademischen Lehrer Karl Liebknechts.

Es charakterisiert das fragwürdige Traditionsverständnis der DDR, daß das Bild aller Wahrscheinlichkeit nach schon seit den frühen fünfziger Jahren verschollen ist.[41] Dieses zweifelhafte Verständnis führte letzten Endes auch dazu, daß nicht ein einziger Rechtswissenschaftler oder -historiker der Leipziger Universität oder irgendeiner anderen DDR-Hochschule versuchen sollte, sich dem Thema „Der Jurist Karl Liebknecht" wissenschaftlich zu nähern.[42] Folglich wurde weder die grundlegende Frage beantwortet, wie seine juristischen Anschauungen zu werten sind, noch sein gesamtes juristisches Wirken in die deutsche Rechtsgeschichte eingeordnet.

Als drittes unmittelbar zu seiner Studienrichtung gehörendes Kolleg belegte Karl Liebknecht an der Philosophischen Fakultät die Einführungsvorlesung von Lujo Brentano in die „Allgemeine theoretische Nationalökonomik", die dieser täglich von 7 bis 8 Uhr hielt.[43] Der am 18. Dezember 1844 in Aschaffenburg geborene Brentano kam über die wissenschaftlichen Stationen Berlin, Breslau, Straßburg, Wien im Jahre 1888 an die Universität Leipzig, an der er bis zum 30. September 1891 seine akademische Lehrtätigkeit ausübte.[44] Zählte dieser einerseits zu den bedeutendsten Nationalökonomen seiner Zeit, so war er andererseits

41 Wie Herr Dr. Rainer Behrends, Kustos an der Universität Leipzig, dem Verfasser am 8. Mai 1995 telefonisch mitteilte, läßt sich dieses Bild schon im Jahre 1950 nicht mehr nachweisen, und zwar ist es im seinerzeitigen Inventarverzeichnis aller an der Alma mater Lipsiensis vorhandenen Kunstwerke nicht enthalten. Ebenso haben Befragungen von Personen, die damals an der Juristenfakultät studierten bzw. tätig waren, zu keinem Ergebnis geführt.

42 Zwar können an dieser Stelle mehrere aus DDR-Zeiten stammende Arbeiten über den Juristen Karl Liebknecht angeführt werden (so wurden in den Jahren 1971/72 über diese Thematik drei bzw. vier Artikel veröffentlicht: Benjamin, Hilde: Karl Liebknecht, Sozialist und Anwalt der kämpfenden Arbeiterklasse. In: Forum der Kriminalistik, 3. Jg. (1971), H. 7, S. 297 ff., und ebenda, H. 8, S. 349 ff.; Benjamin, Hilde/Rita Pempe: Karl Liebknecht, Sozialist, Jurist und Rechtsanwalt. In: Der Schöffe, 18. Jg., (1971), H. 10, S. 280 ff., sowie Wegener, Arthur: Karl Liebknecht, Gedanken zum Strafrecht. In: Wissenschaftliche Zeitschrift der Martin-Luther-Universität Halle-Wittenberg, 21. Jg. (1972), H. 2, S. 65 ff.), doch findet sich darin weniger eine wissenschaftliche als vielmehr eine ideologisierte Darstellung seines juristischen Wirkens. Dieser fragwürdigen Herangehensweise lag die Absicht zugrunde, das Folgende nachzuweisen: Die Systematik, die Liebknecht „zur Erfassung der Klassenjustiz des imperialistischen kaiserlichen Deutschlands entwickelt hat, erweist sich auch heute noch als nützlich und fruchtbar. Er ist damit tief in das Wesen der Klassenjustiz eingedrungen, und seine Erkenntnisse führen zu dem noch heute, gerade heute, wirkenden Zusammenhang zwischen Imperialismus und Militarismus..." (Benjamin, Hilde: Karl Liebknecht zum Wesen und zu Erscheinungen der Klassenjustiz (= Aktuelle Beiträge der Staats- und Rechtswissenschaft, H. 145, Potsdam-Babelsberg 1976, S. 5)).

43 Siehe: Universitätsarchiv Leipzig, Studienzeugnis-Protokoll 1. 6. bis 31. 12. 1890, I/XVI/VII, C 51, Bd. 2, Nr. 346, und Verzeichnis der im Sommerhalbjahre 1890 auf der Universität Leipzig zu haltenden Vorlesungen, a.a.O., S. 26.

44 Vgl. dazu: Sächsisches Hauptstaatsarchiv Dresden, Ministerium für Volksbildung, Nr. 10 281/109, Bl. 1 f., 32 f. und 38 ff. (hier vor allem Bl. 47).

eine ihrer damals umstrittensten Persönlichkeiten: Den einen galt er als „umfassendster geistreichster Vertreter des oppositionellen Wirtschaftsliberalismus, als führender Ökonom um die Jahrhundertwende, als großer Theoretiker und Historiker der Gewerkschaftsbewegung“[45], und die anderen verteufelten ihn. Es war W. I. Lenin, der wiederholt die besondere Gefährlichkeit des „Brentanoismus“ nachzuweisen suchte. In dessen nachdrücklichem Eintreten für das Streik- und Koalitionsrecht sah er den verwerflichen Versuch, Einfluß auf die Arbeiterbewegung zu gewinnen, um diese „vorwiegend auf die Gewerkschaftsbewegung zu beschränken, sie von einer selbständigen (das heißt revolutionären und auf die demokratische Diktatur gerichteten) Politik fernzuhalten“.[45]

Unbestritten war allerdings sein Ruf als hervorragender akademischer Lehrer, der seine Studenten mit strengster Logik und transparenter Darstellungsweise in den Vorlesungen zu beeindrucken wußte.[47] So dürften sie auch auf Karl Liebknecht ihre Wirkung nicht verfehlt haben. Ob und, wenn ja, in welcher Weise er sich während seines Studiums an der Leipziger Universität mit den Anschauungen Brentanos auseinandersetzte, läßt sich jedoch wie schon im Falle Sohms nicht mehr nachweisen. Ebenso liegt im historischen Dunkel, ob der Student Liebknecht auch an jenen Seminarübungen teilnahm, die Lujo Brentano seit dem Wintersemester 1889/90 in Ergänzung zu seinen Kollegs durchführte, und ob er sogar zu den Teilnehmern gehörte, die eine Arbeit anfertigten, von denen einige wiederum – daran wußte sich sein Lehrer noch Jahrzehnte später zu erinnern – ein recht hohes wissenschaftliches Niveau hatten.[47]

Einige Jahre, nachdem Karl Liebknecht dessen Vorlesung über die „Allgemeine theoretische Nationalökonomik“ gehört hatte, sollte er noch einmal mit ihm zusammentreffen, und zwar im Beirat des 1913 ins Leben gerufenen „Deutschen Hilfsvereins für die politischen Gefangenen und Verbannten Rußlands“.[48] Beide vereinte hier das Streben, die durch den Zarismus politisch Verfolgten sowohl moralisch als auch materiell zu unterstützen.[49]

Die Vorlesungszeiten weisen aus, daß Karl Liebknecht für den Besuch der Fachkollegs, die allesamt in Gebäuden auf dem Areal des alten Paulinerklosters abgehalten wurden, ausschließlich den Vormittag nutzte. Hingegen hielt er sich den Nachmittag für sein Selbststudium völlig frei. An zwei Abenden in der Woche hörte er solche Vorlesungen, die keinen unmittelbaren Bezug zu seiner Studienrichtung hatten. Zunächst belegte Karl Liebknecht bei Wilhelm Wundt dessen Kolleg zur „Geschichte der neueren Philosophie vom Anfang des 17. Jahrhunderts bis auf die Gegenwart“, und zwar fand dieses im Sommersemester 1890 außer mittwochs an allen Wochentagen von 17 bis 18 Uhr statt.[50]

Wilhelm Wundt, geboren am 16. August 1832 in Neckerau bei Mannheim, wurde am 1. Oktober 1875 als ordentlicher Professor für Philosophie an die Leip-

45 Zit. in: Krause, Werner: Brentano, Lujo. In: Ökonomenlexikon. Hrsg. v. Werner Krause, Karl-Heinz Graupner und Rolf Sieber, Berlin 1989, S. 71. Allerdings wurde hier ohne genaue Quellenangabe zitiert. Auch wenn nicht ermittelt werden konnte, aus welchen wissenschaftlichem Werk diese Textstelle stammt, so läßt sich doch zumindest feststellen, daß sie ihrem Sinne nach auf einem Glückwunschschreiben von Gustav Schmoller an Lujo Brentano zu dessem 70. Geburtstag beruhte. Abgedruckt in: Lujo Brentano. Kundgebungen zu seinem 70. Geburtstag (18. Dezember 1914). Überreicht von der Münchener Volkswirtschaftlichen Gesellschaft, Leipzig 1915, S. 36.

46 Lenin, W.I.: Zwei Taktiken der Sozialdemokratie in der demokratischen Revolution. In: Derselbe: Werke, Bd. 9, Berlin 1966, S. 111.

47 Siehe: Brentano, Lujo: Mein Leben im Kampf um die soziale Entwicklung Deutschlands, Jena 1931, S. 157.

48 Vgl. hierzu: Trotnow, Helmut: Karl Liebknecht und der „Deutsche Hilfsverein für die politischen Gefangenen und Verbannten Rußlands“. In: Internationale Wissenschaftliche Korrespondenz zur Geschichte der deutschen Arbeiterbewegung, 12. (1976), H. 3, S. 362.

49 Siehe: Gründungsaufruf des „Deutschen Hilfsvereins für die politischen Gefangenen und Verbannten Rußlands“. Abgedruckt in: Ebenda, S. 367 f.

50 Vgl.: Universitätsarchiv Leipzig, Studienzeugnis-Protokoll 1. 6. bis 31. 12. 1890, I/XVI/VII, C 51, Bd. 2, Nr. 346, und Verzeichnis der im Sommerhalbjahre 1890 auf der Universität Leipzig zu haltenden Vorlesungen, a.a.O., S. 16.

Porträtaufnahme von Wilhelm Wundt, einem akademischen Lehrer Karl Liebknechts.

ziger Universität berufen, nachdem er bereits in Heidelberg und Zürich wissenschaftlich tätig gewesen war.[51] In Leipzig begann er im Jahre 1879 das erste Institut für experimentelle Psychologie aufzubauen. Wundt gilt als Begründer der Experimentalpsychologie[52], zugleich war er einer der bedeutendsten Philosophen seiner Zeit.

Unter allen Leipziger Professoren, bei denen Karl Liebknecht eine Vorlesung hörte, war wohl Wilhelm Wundt derjenige, der sein späteres Denken am nachhaltigsten beeinflußte. Das offenbarte sich vor allem in jenen Lebensphasen, in denen er sich selbst intensiv mit philosophischen Problemen beschäftigte oder vielmehr beschäftigen konnte, so während seiner 18monatigen Festungshaft in Glatz. In einem Brief, den Karl Liebknecht am 4. Februar 1908 von hier aus an Eugen Dietzgen schrieb, hob er ausdrücklich hervor, daß Wundt einst sein Lehrer gewesen sei und daß er von ihm mehrere Abhandlungen kenne.[53] Nachdem ihm im Jahre 1916 eine vierjährige Zuchthausstrafe zudiktiert worden war, nahm er die 1909 unterbrochenen philosophischen Studien wieder auf. In dieser Zeit, das heißt am 21. Januar 1917, schrieb Karl Liebknecht an seine Frau, sie möge ihm doch die „Grundzüge der physiologischen Psychologie" schikken[54], also jenes Werk von Wundt, das wesentlich zur Herausbildung der Psychologie als selbständiger Wissenschaft beitrug.[55] Allerdings bedarf es noch weiterer Forschungen, um die aus alldem resultierenden Einflüsse auf das Denken seines ehemaligen Schülers speziell nachzuweisen. Folglich harrt auch noch die geistesgeschichtlich interessante Frage, inwieweit die im wissenschaftlichen Lebenswerk des Karl Liebknecht, nämlich in seinen „Studien über die Bewegungsgesetze der gesellschaftlichen Entwick-

51 Siehe: Personalbogen für Wilhelm Wundt. In: Sächsisches Hauptstaatsarchiv Dresden, Ministerium für Volksbildung, Nr. 10 281/322, Bl. 88.

52 Vgl.: Leipziger Volkszeitung, 3. 9. 1960.

53 Brief Karl Liebknechts an Eugen Dietzgen, 4. Februar 1908. In: Stiftung „Archiv der Parteien und Massenorganisationen der DDR" im Bundesarchiv, Zentrales Parteiarchiv, NY 4001, Nr. 32. Auch abgedruckt in: Laschitza, Annelies unter Mitwirkung von Elke Keller: Karl Liebknecht. Eine Biographie in Dokumenten, a.a.O., S. 97. Allerdings wurde hier der Brief nicht vollständig publiziert.

54 Brief Karl Liebknechts an seine Frau Sophie, 21. Januar 1917. Abgedruckt in: Liebknecht, Karl: Briefe aus dem Felde, aus der Untersuchungshaft und aus dem Zuchthaus. Hrsg. v. Hans Pfemert, a.a.O., S. 57. Es muß freilich in diesem Zusammenhang bedauert werden, daß der Editor zahlreiche Briefstellen einfach ausließ.

55 Dieses Buch war 1874 erstmals im Leipziger Verlag von Wilhelm Engelmann herausgekommen, jedoch sollte es Wilhelm Wundt in den folgenden Jahren ständig erweitern, so daß das Werk schließlich auf drei Bände anwuchs, die zwischen 1908 und 1911 als dessen sechste Auflage erschienen. Es kann nun mit einiger Wahrscheinlichkeit angenommen werden, daß Karl Liebknecht die dreibändige Ausgabe der „Grundzüge" im Sinn hatte, als er den bewußten Wunsch äußerte. Übrigens findet sich eine zusammenfassende zeitgenössische Bewertung des Werkes bei Wundt, Eleonore: Wilhelm Wundt. In: Deutsches Biographisches Jahrbuch. Hrsg. v. Verbande der Deutschen Akademien, Überleitungsband II: 1917 – 1920, a.a.O., S. 630 f.

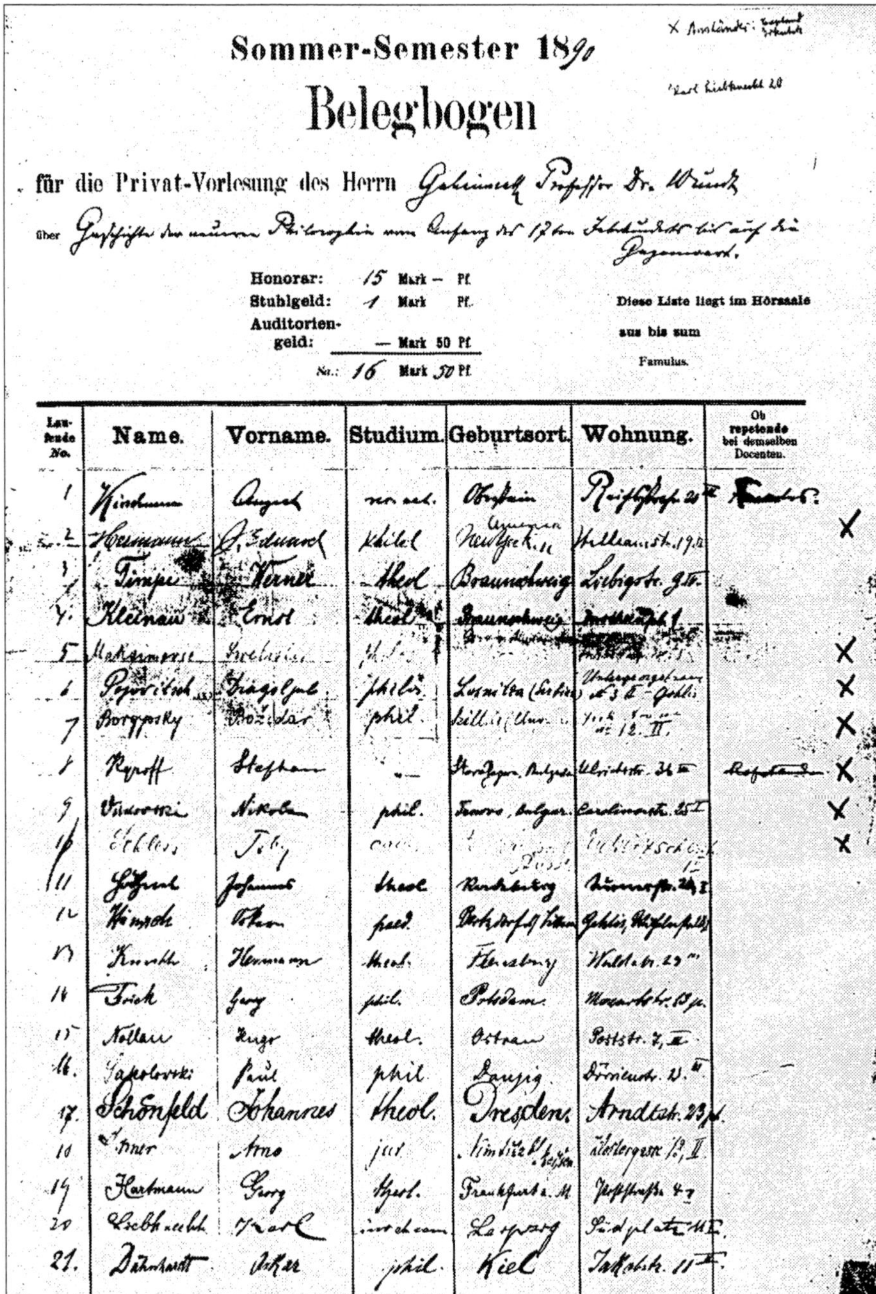

X Ausländer

Karl Liebknecht 20

Sommer-Semester 1890

Belegbogen

für die Privat-Vorlesung des Herrn Geheimrath Professor Dr. Wundt

über Geschichte der neueren Philosophie vom Anfang des 17ten Jahrhunderts bis auf die Gegenwart.

Honorar: 15 Mark – Pf.
Stuhlgeld: 1 Mark Pf.
Auditoriengeld: — Mark 50 Pf.
Sa.: 16 Mark 50 Pf.

Diese Liste liegt im Hörsaale aus bis zum

Famulus.

Laufende No.	Name.	Vorname.	Studium.	Geburtsort.	Wohnung.	Ob repetende bei demselben Docenten.	
1	[illegible]	August	[illegible]	[illegible]	[illegible]	[illegible]	
2	[illegible]	J. Eduard	philol	New York	[illegible]		X
3	Timpe	Werner	theol	Braunschweig	Liebigstr.		
4	Kleinau	Ernst	theol.	Braunschweig	[illegible]		
5	[illegible]	[illegible]	[illegible]	[illegible]	[illegible]		X
6	[illegible]	Dragoljub	phil.	[illegible]	[illegible]		X
7	[illegible]	Božidar	phil.	[illegible]	[illegible]		X
8	[illegible]	Stefan	—	[illegible]	[illegible]	[illegible]	X
9	[illegible]	Nikola	phil.	[illegible], Bulgar.	Carolinenstr. 25		X
10	[illegible]	[illegible]	[illegible]	[illegible]	[illegible]		X
11	[illegible]	Johannes	theol	[illegible]	[illegible]		
12	[illegible]	[illegible]	paed.	[illegible]	[illegible]		
13	[illegible]	Hermann	theol.	Flensburg	Waldstr.		
14	Frick	Georg	phil.	Potsdam	Mozartstr.		
15	Nollau	Hugo	theol.	Ostrau	Poststr. 7		
16	[illegible]	Paul	phil	Danzig	[illegible]		
17	Schönfeld	Johannes	theol.	Dresden	Arndtstr. 23		
18	[illegible]	Arno	jur.	[illegible]	[illegible]		
19	Hartmann	Georg	theol.	Frankfurt a. M.	[illegible]		
20	Liebknecht	Karl	[illegible]	Leipzig	Südplatz		
21	[illegible]	[illegible]	phil.	Kiel	[illegible]		

Belegbogen für die Privat-Vorlesung des Herrn Geheimrats Professor Dr. Wundt über „Geschichte der neueren Philosophie vom Anfang des 17ten Jahrhunderts bis auf die Gegenwart", in die sich unter anderem Karl Liebknecht als Hörer eingeschrieben hatte.

Porträtaufnahme von Anton Springer, einem akademischen Lehrer Karl Liebknechts.

lung“[56], zutage tretende philosophische Denkweise auf die Wundtsche Philosophie zurückgeführt werden kann, der Beantwortung.

Übrigens fand sich auch ein Brief, worin Wilhelm Wundt seinen früheren Schüler namentlich erwähnte: Ende Januar 1919 berichtete er einem Dritten darüber, wie sich die Situation in Leipzig nach der Ermordung von Rosa Luxemburg und Karl Liebknecht zugespitzt habe[57]. Allerdings dürfte es ihm beim Schreiben dieser Zeilen wohl kaum gewärtig gewesen sein, daß der ermordete Revolutionär einmal zu seinen Studenten gehört hatte.

Schließlich belegte Karl Liebknecht an der Philosophischen Fakultät noch das kulturgeschichtliche Kolleg von Anton Springer über die Renaissance- und Reformationszeit, das dieser im Sommersemester 1890 mittwochs von 19 bis 20 Uhr hielt.[58] Springer – geboren am 13. Juli 1825 in Prag – kam über die Universitäten Tübingen, Prag, Bonn und Straßburg im Jahre 1873 als erster Professor für Kunstgeschichte[59] nach Leipzig. Hier entwickelte er sich endgültig zu einem der bedeutendsten Kunstwissenschaftler der 19. Jahrhunderts.[60] Seine besonderen Verdienste um die Wissenschaft bestanden darin, daß er die Ikonographie „... zu einer Hilfsdisziplin der mittelalterlichen Kunstgeschichte“ machte[61] und daß er seinem Fachgebiet, nämlich der Kulturgeschichte der Renaissance, durch grundlegende Arbeiten über Raffael, Michelangelo sowie Dürer neue wissenschaftliche Impulse verlieh.[62]

Wenn Karl Liebknecht dessen Vorlesung besuchte, so folgte er seinen künstlerischen Neigungen. Schon das Elternhaus hatte in ihm die Liebe zur Kunst wach-

56 Eine umfassende wissenschaftstheoretische Analyse dieses Werkes fehlt noch immer, zumal die Liebknecht-Biographen in der DDR aus naheliegenden Gründen bis zuletzt nicht bereit waren, diesbezügliche Vorleistungen zu erbringen. So schrieb Annelies Laschitza im Jahre 1982, daß „die fragmentarischen Ergebnisse dieser Selbstverständigungsversuche ... erst dann analysiert und eingeschätzt werden können, wenn sämtliche erhalten gebliebenen dazugehörigen Aufzeichnungen exakt entziffert, quellenkritisch geordnet und mit schon Gedrucktem verglichen sind“ (in: Dieselbe unter Mitwirkung von Elke Keller: Karl Liebknecht. Eine Biographie in Dokumenten, a.a.O., S. 358). Dagegen finden sich bei Trotnow, Helmut (Karl Liebknecht. Eine politische Biographie, a.a.O., S. 293 ff.) bedenkenswerte Ansätze einer solchen Untersuchung.

57 Siehe: Universitätsarchiv Leipzig, Wundt-Nachlaß. Zit. in: Katsch, Günter/Gerhild Schwendler: Karl Liebknecht als Student der Leipziger Universität. In: UZ. Universitätszeitung der Karl-Marx-Universität, 1979, Nr. 2, S. 2.

58 Vgl.: Universitätsarchiv Leipzig, Studienzeugnis-Protokoll 1. 6. bis 31. 12. 1890, I/XVI/VII, C 51, Bd. 2, Nr. 346, und Verzeichnis der im Sommerhalbjahre 1890 auf der Universität Leipzig zu haltenden Vorlesungen, a.a.O., S. 25.

59 Erst im Verlaufe des 19. Jahrhunderts löste sich die Kunstgeschichte allmählich aus der Verbindung mit anderen Geisteswissenschaften heraus und entwickelte sich zu einer selbständigen Disziplin, die an Universitäten eigene Lehrstühle sowie Institute erhielt.

60 Siehe: Jahn, Johannes: Er wirkte an unserer Universität. Professor Dr. Anton Springer. Der erste Vertreter der Kunstgeschichte an der Universität Leipzig. In: Universitätszeitung, 1959, Nr. 43/44, S. 6.

61 Janitschek, Hubert, Anton Springer als Kunsthistoriker. In: Springer, Anton: Aus meinem Leben, Berlin 1892, S. 370.

62 Vgl.: Ebenda, S. 372 f. und 377 ff.

gerufen und gefördert.[63] Voll entflammt war sie freilich erst im Sommer 1889 während eines Ferienaufenthaltes in München, wo ihn die Sammlung hervorragender Werke der niederländischen, deutschen und italienischen, aber auch spanischen und französischen Malerei in der Pinakothek so sehr begeisterte, daß sie für Wochen zu seiner zweiten Heimat wurde.[64] In den Kollegs von Anton Springer, dem seinerzeit besten Kenner der Renaissancekunst[65], suchte nun Karl Liebknecht seine Kenntnisse über diese Kulturepoche zu vertiefen. Er sollte dann zeit seines Lebens ein großer Verehrer dieser Epoche bleiben, was überaus deutlich zutage trat, als er genau zwanzig Jahre später die Renaissance in einer kulturpolitischen Rede thematisierte und sie darin als das „Zeitalter der größten überschäumenden künstlerischen Kraft" würdigte.[66]

Sicherlich war Liebknecht nicht nur vom Wissenschaftler, sondern auch vom Lehrer Springer beeindruckt, dessen Vorlesungen sich durch Klarheit, Logik und durch eine innige Vortragsweise auszeichneten. Während dieser im Sommersemester 1890 noch sämtliche Kollegs zu halten vermochte, waren das im Wintersemester 1890/91 nur noch wenige: Am 31. Mai 1891 starb Anton Springer an Lungentuberkulose.[67]

Ob Karl Liebknecht außer den angeführten Vorlesungsreihen noch die eine oder andere gelegentlich besuchte, konnte nicht mehr ermittelt werden. Jedenfalls wurde ihm auf seinem am 15. August 1890 ausgestellten Sittenzeugnis bestätigt, die genannten Kollegs gehört zu haben. Es war übrigens sein Bruder Theodor, der sich das Zeugnis am 19. September aushändigen ließ.[68] Die Familie sollte nämlich zwei Tage später Leipzig verlassen und in Berlin-Charlottenburg eine neue Wohnung beziehen[69], weil der Vater kurze Zeit danach, das heißt am 1. Januar 1891, die Chefredaktion des nunmehrigen sozialdemokratischen Zentralorgans „Vorwärts. Berliner Volksblatt" übernahm. Infolgedessen mußte Karl Liebknecht seine juristischen Studien an der damaligen Königlichen Friedrich-Wilhelm-Universität (der heutigen Humboldt-Universität) fortsetzen, wo er sich am 17. Oktober 1890 immatrikulieren ließ.[70]

Die Auswahl der einzelnen Vorlesungen wie auch die Einteilung des studentischen Tagesablaufs verraten die lenkende Hand vom Vater und vom älteren Bruder. Sie war vor allem wegen der schon erwähnten materiellen Umstände vonnöten. Da die allermeisten Kollegreihen „privatim" waren, genauer gesagt, nur gegen die Entrichtung einer Gebühr gehört werden konnten[71], galt es, den Besuch einer jeden Vorlesung sehr sorgsam abzuwägen. So nimmt es nicht wunder, daß Karl Liebknecht ausschließlich Kollegs bei solchen Gelehrten belegte, die auf ihrem jeweiligen Fachgebiet am Ausgang des 19. Jahrhunderts einen glänzenden Ruf genossen.

---

63 Siehe: Schumann, Harry: Karl Liebknecht. Ein Stück unpolitischer Weltanschauung. Neue bearb. Ausgabe, a.a.O., S. 32.

64 Vgl. hierzu: Brief Karl Liebknechts an seine Frau Sophie, 26. Mai 1917. In: Liebknecht, Karl: Briefe aus dem Felde, aus der Untersuchungshaft und aus dem Zuchthaus. Hrsg. v. Hans Pfemert, a.a.O., S. 80.

65 Siehe: Jahn, Johannes: Er wirkte an unserer Universität. Professor Dr. Anton Springer. Der erste Vertreter der Kunstgeschichte an der Universität Leipzig. In: Universitätszeitung, 1959, Nr. 43/44, S. 6.

66 Liebknecht, Karl: Kunst und Wissenschaft für das Volk. In: Derselbe: Gesammelte Reden und Schriften, Bd. 3, a.a.O., S.251.

67 Vgl.: Springer, Jaro: Schluß. In: Springer, Anton: Aus meinem Leben, a.a.O., S. 384 ff.

68 Siehe: Universitätsarchiv Leipzig, Studienzeugnis-Protokoll 1. 6. bis 31.12. 1890, I/XVI/VII, C 51, Bd. 2, Nr. 346.

69 Vgl.: Stadtarchiv Leipzig, Bestand Polizeiamt, Polizeimeldebücher, Nr. 187, Bl. 47 b f.

70 Siehe: Stiftung „Archiv der Parteien und Massenorganisationen der DDR" im Bundesarchiv, Zentrales Parteiarchiv, NY 4001, Nr. 2, Bl. 33.

71 So hatte Karl Liebknecht für die Privatvorlesung von Wilhelm Wundt 16,50 Mark zu entrichten, wobei sich diese Summe folgendermaßen zusammensetzte: Honorar (15 Mark), Stuhlgeld (1 Mark), und Auditoriengeld (50 Pfennig). Vgl. dazu: Sommer-Semester 1890. Belegbogen für die Privat-Vorlesung des Herrn Geheimrat Professor Dr. Wundt über „Geschichte der neueren Philosophie vom Anfang des 17ten Jahrhunderts bis auf die Gegenwart". Kopie in: Stadtgeschichtliches Museum im Leipziger Alten Rathaus.

Mitglied in zwei Studentenvereinen

Karl Liebknecht hatte als Student an mancher feuchtfröhlichen Zechrunde seiner Kommilitonen teilgenommen. Allerdings war das Ende dieser Runden bisweilen weniger fröhlich, was ein Brief belegt, den er Jahre später an seine Frau Sophie schrieb: „Über der Jungen ‚Keilerei‘ reg Dich nicht auf – wir haben diesem Brauch nach Tisch noch als Studenten regelmäßig oblegen u. wurden geduldet“.[72]

Ebensowenig hatte sich Karl Liebknecht vom ernsten, das heißt vom geistigen resp. öffentlichen Studentenleben an der Alma mater Lipsiensis ferngehalten. Jedenfalls sollte er während der wenigen Monate, die er an der Universität verbrachte, unter anderem zwei hier bestehenden Studentenvereinigungen beitreten, nämlich dem „Akademisch-philosophischen Verein“ und der „Leipziger freien wissenschaftlichen Vereinigung“. Dagegen ließ sich seine Mitgliedschaft in der „Sozialwissenschaftlichen Studentenvereinigung“ nicht nachweisen. Daß ihr Karl Liebknecht angehört haben soll, war erstmals von Harry Schumann behauptet worden[73], und das wohl auf Grundlage einer mündlichen Information. Sowohl Walter Bartel[74] als auch Heinz Wohlgemuth[75] übernahmen diese Aussage, ohne sie auf den Wahrheitsgehalt hin zu prüfen.

Der „Akademisch-philosophische Verein“ war nicht irgendeine, sondern eine der ersten wissenschaftlichen Hochschulvereinigungen in Deutschland überhaupt, die auch Studenten eine Mitgliedschaft gewährte.[76] Den Verein hatte Richard Avenarius im Wintersemester 1866/67 ins Leben gerufen. Derselbe Avenarius sollte späterhin den Empiriokritizismus als philosophische Strömung begründen. Hierbei handelte es sich um eine Variante des Positivismus, wonach „alle Philosophie nur auf Grund der Erfahrung möglich sei“.[77] Mit dieser Denkart wiederum setzte sich kein Geringerer als W. I. Lenin in seiner philosophischen Streitschrift auseinander, die im Jahre 1909 unter dem Titel „Materialismus und Empiriokritizismus“ erschien.[78] Etwa zur gleichen Zeit beschäftigte sich wahrscheinlich auch Karl Liebknecht mit dem Denken Avenarius’ [79], der übrigens gleich ihm die Reifeprüfung an der Nicolaitana abgelegt[80] und gleich ihm zeitweise an der Alma mater Lipsiensis studiert hatte.[81]

---

72 Brief Karl Liebknechts an seine Frau Sophie, 2. September 1917. In: Derselbe: Gesammelte Reden und Schriften, Bd. 9, Berlin 1971, S. 349.

73 Vgl.: Schumann, Harry: Karl Liebknecht. Ein Stück unpolitischer Weltanschauung. Neue bearb. Ausgabe, a.a.O., S. 34.

74 Siehe: Bartel, Walter: Karl Liebknecht. Sein Leben in Bildern. Bildteil v. Karl Wiegel, a.a.O., S. 7.

75 Vgl.: Wohlgemuth, Heinz: Karl Liebknecht. Eine Biographie, a.a.O., S. 27.

76 Siehe: Döring, Detlef: „Protokollbücher“ geben Aufschluß über die Leipziger Studentenzeit Karl Liebknechts. In: UZ. Universitätszeitung der Karl-Marx-Universität, 1985, Nr. 3, S. 5.

77 Heinze, M<ax>: Richard Avenarius. In: Allgemeine Deutsche Biographie, 46. Bd., Berlin 1902, S. 148.

78 Vgl. hierzu: Lenin, W. I.: Materialismus und Empiriokritizismus. In: Derselbe: Werke, Bd. 14, Berlin 1975, S. 39 ff., 77 ff., 142 ff. und 202 ff.

79 Dieser Annahme liegt die Empfehlung zugrunde, die sich in einem Brief von Eugen Dietzgen an Karl Liebknecht fand. Sie lautete: Er müsse neben den „einschlägigen Schriften“ von Marx, Engels, Kautsky und Plechanow unter anderem auch etwas von Avenarius lesen (Brief Eugen Dietzgens an Karl Liebknecht, 31. Januar 1908. In: Stiftung „Archiv der Parteien und Massenorganisationen der DDR“ im Bundesarchiv, Zentrales Parteiarchiv, NY 4001, Nr. 32. Auch abgedruckt in: Laschitza, Annelies unter Mitwirkung von Elke Keller: Karl Liebknecht. Eine Biographie in Dokumenten, a.a.O., S. 96).

80 Siehe: Heinze, M<ax>: Richard Avenarius. In: Allgemeine Deutsche Biographie, 46. Bd., a.a.O., S. 147. Trotz aller Bemühungen konnte in den Quellen kein dementsprechender Beleg ermittelt werden, was sich daraus erklärt, daß Avenarius sein Abitur extern ablegte. Wenn allerdings Fr. Carstanjen (Richard Heinrich Ludwig Avenarius. In: Biographisches Jahrbuch und Deutscher Nekrolog. Hrsg. v. Anton Bettelheim, 1. Bd., Berlin 1896, S. 6) behauptete, dieser habe seine Reifeprüfung am „St. Nicolaigymnasium in Berlin“ bestanden, so konnte das schon deswegen nicht den Tatsachen entsprechen, weil dort eine Schule mit diesem Namen überhaupt nicht existierte.

81 Richard Avenarius studierte zwischen 1864 und 1868 insgesamt sechs Semester an der Leipziger Universität, das heißt, in den Jahren 1864/65 zunächst Kameralwissenschaften (siehe: Personal-Verzeichnis der Universität Leipzig für das Sommer-Semester 1864, Nr. LXV, Leipzig o.J., S. 23, und ebenda für das Winter-Semester 1864/65, Nr. LXVI, Leipzig o.J., S. 23) und dann nach einer einjährigen Unterbre-

Der Zweck dieses Vereins war die „Förderung und Anregung philosophischer Studien und Bestrebungen“[82], infolgedessen organisierte der Vorstand seit jeher während eines jeden Semesters mehrere Vorträge, die fast ausnahmslos von Vereinsmitgliedern gehalten wurden. Hieran schlossen sich zumeist mehr oder minder leidenschaftliche Diskussionen an. Neben den Vortragsabenden fanden auch immer wieder Leseabende statt, wo Neuerscheinungen aller geisteswissenschaftlichen, vornehmlich aller philosophischen Richtungen vorgestellt wurden. Es gehörte nämlich zur Tradition, daß sich die Vereinsmitglieder nicht nur mit den Moderichtungen in der Philosophie und ihren Vertretern wie Kant oder Schopenhauer[83], sondern auch mit sozialkritisch orientierten Strömungen und ihren Denkern, darunter nicht zuletzt Eugen Dühring und Karl Marx[84], eingehend beschäftigten.

Karl Liebknecht nahm am 3. Juni 1890 erstmals als Gast an einer Vereinsversammlung teil[85] und wurde genau drei Wochen später als vollwertiges Mitglied in diese Studentenvereinigung aufgenommen.[86] Wenngleich er nur ein Vierteljahr am geistigen Leben des „Akademisch-philosophischen Vereins“ teilhaben konnte, fanden sich in den überlieferten Protokollbüchern doch einige von ihm hinterlassene Spuren: Mehrfach griff Karl Liebknecht in die sich einem Vortrag anschließende Diskussion ein, wobei die unterschiedlichen Themen, zu denen er sich äußerte, seine vielseitigen Interessen widerspiegelten. Er beteiligte sich unter anderem am 3. Juni, nachdem ein Referat „Über den Begriff des Wertes in der Nationalökonomie“ gehalten worden war[86], und am 8. Juli, als zuvor ein Vortragender über „Die moderne deutsche Philosophie in russischer Betrachtung“ gesprochen hatte[87], an der darauffolgenden Debatte. Schließlich sollte er vierzehn Tage später zu denjenigen Vereinsmitgliedern gehören, die über den Versuch eines Referenten diskutierten, „Rodbertus gegen Marx“ zu verteidigen.[88]

Übrigens kann die zuletzt erwähnte Wortmeldung nunmehr als frühster Beleg für seine Beschäftigung mit sozialistischen Theorien gelten.[89] Aus diesem Grunde muß sehr bedauert werden, daß die Protokollbücher, was die Vortragsinhalte bzw. die Debattenverläufe anbelangt, keinerlei Informationen enthalten. Überdies hätten solche Auskünfte das Dunkel um die Vorgeschichte der „Studien über die Bewegungsgesetze der gesellschaftlichen Entwicklung“, das philosophischen Lebenswerk Karl Liebknechts, etwas aufhellen können[90], zumal einiges dafür spricht,

chung schließlich Philosophie (vgl. hierzu: Ebenda für das Winter-Semester 1866/67, Nr. LXX, Leipzig o.J., S. 26; ebenda für das Sommer-Semester 1867, Nr. LXXI, Leipzig o.J., S. 26; ebenda für das Winter-Semester 1867/68, Nr. LXXII, Leipzig o.J., S. 26, und ebenda für das Sommer-Semester 1868, Nr. LXXIII, Leipzig o.J., S. 27).

82 Siehe: Universitätsarchiv Leipzig, Rep. II, Kap. XVI, III P, Nr. 5, Bl. 3.

83 Vgl.: Handschriftenabteilung der Universitätsbibliothek Leipzig, Protokolle des Akademisch-philosophischen Vereins, Nr. 01304. Siehe auch die dementsprechenden Hinweise bei: Döring, Detlef: „Protokollbücher“ geben Aufschluß über die Leipziger Studentenzeit Karl Liebknechts. In: UZ. Universitätszeitung der Karl-Marx-Universität, 1985, Nr. 3, S. 5.

84 Vgl. hierzu allgemein: Gaukel, Karen: Die Haltung der Studenten der Universität Leipzig zur Arbeiterbewegung in der Zeit des Sozialistengesetzes 1878 – 1890. Diplomarbeit an der Humboldt-Universität zu Berlin, Berlin 1985, S. 52, Manuskript. Siehe des weiteren: Handschriftenabteilung der Universitätsbibliothek Leipzig, Protokolle des Akademisch-philosophischen Vereins, Nr. 01304, Bl. 26 und 62.

85 Siehe: Ebenda, Bl. 43.

86 Vgl.: Ebenda, Bl. 42 R.

87 Siehe: Ebenda, Bl. 45.

88 Vgl.: Ebenda, Bl 46.

89 Siehe: Trotnow, Helmut: Karl Liebknecht. Eine politische Biographie, a.a.O., S. 40. Zwar gab der Autor an dieser Stelle an, daß Karl Liebknecht schon im Jahre 1890 mit dem Studium sozialistischer Schriften begonnen habe, doch war das ganz offensichtlich ein Druckfehler, denn er berief sich auf folgende Quelle: Liebknecht, Karl: Studien über die Bewegungsgesetze der gesellschaftlichen Entwicklung, München 1922, S. 249. In Wirklichkeit hatte hier Liebknecht das Jahr 1891 genannt.

90 Außer der schon in Anmerkung 89 erwähnten Bemerkung, wo sich Karl Liebknecht auf Ausführungen aus dem Jahre 1891 bezog, fanden sich darin keine weiteren Hinweise.

daß ihn die im „Akademisch-philosophischen Verein“ geführten Diskussionen zur Kritik an der von Karl Marx entwickelten Werttheorie angeregt hatten.[91] Auch war hier während eines Leseabends die von allen Biographen gepriesene Belesenheit Liebknechts offenkundig geworden, als er sich am 15. Juli 1890 an der Debatte über das von Henry Spencer, damals führender Vertreter des englischen Positivismus,[92] verfaßte Buch „Die Erziehung“ aktiv beteiligte[93].

Wie schon erwähnt, gehörte Karl Liebknecht auch der „Leipziger freien wissenschaftlichen Vereinigung“ an, die ursprünglich am 28. Februar 1882 gegründet worden war, nämlich als ein Verein, der „die Förderung des allgemeinen wissenschaftlichen und geselligen Verkehrs der Studenten an der Universität Leipzig, ohne Unterschied der Nationalität und Konfession“ bezweckte.[94] Nur acht Monate danach löste das Leipziger Universitätsgericht diese Studentenvereinigung erstmals auf. Nachdem sie bereits im Juni 1883 wieder ins Leben gerufen worden war, verfügte der Universitätsrichter am Ende des Wintersemesters 1885/86 ihre erneute Auflösung. Vier Jahre später, das heißt am 7. Juli 1890, sollte die „Leipziger freie wissenschaftliche Vereinigung“ abermals gegründet werden, woran nicht zuletzt Karl Liebknecht einen tätigen Anteil hatte.[95]

Um nicht sogleich wieder die Aufmerksamkeit des Universitätsgerichts auf sich zu ziehen, wo die Statuten einzureichen waren und von dem sie genehmigt werden mußten, wurde diesmal der Vereinszweck unverfänglicher formuliert, und zwar bestünde er darin, allgemeinwissenschaftliche Studien anzuregen und

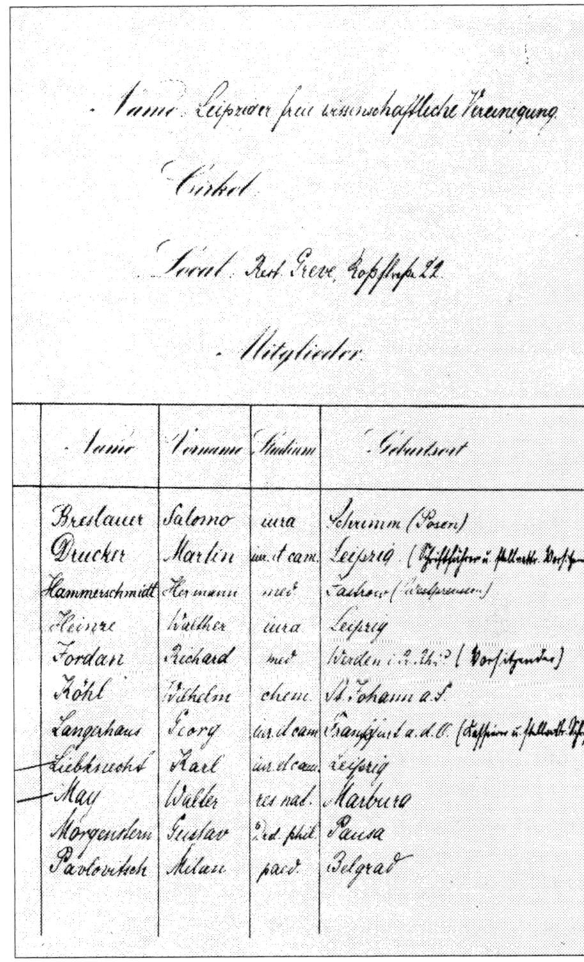

Name: Leipziger freie wissenschaftliche Vereinigung.

Cirkel.

Local: Rest. Greve, Roßstraße 22.

Mitglieder.

Name	Vorname	Studium	Geburtsort
Breslauer	Salomo	iura	Schrimm (Posen)
Drucker	Martin	iur. et cam.	Leipzig (Schriftführer u. stellvertr. Vorsitzender)
Hammerschmidt	Hermann	med.	[illegible] ([illegible])
Heinze	Walther	iura	Leipzig
Jordan	Richard	med.	Werden a. d. R.? (Vorsitzender)
Kohl	Wilhelm	chem.	St. Johann a. S.
Langerhans	Georg	iur. et cam.	Frankfurt a. d. O. (Kassirer u. stellvertr. Schriftf.)
Liebknecht	Karl	iur. et cam.	Leipzig
May	Walter	rer. nat.	Marburg
Morgenstern	Gustav	Dr. phil.	Pausa
Pavlovitsch	Milan	paed.	Belgrad

Mitgliederverzeichnis der „Leipziger freien wissenschaftlichen Vereinigung“ im Sommersemester 1890.

91 Dieser Annahme liegen folgende Quellen zugrunde: Handschriftenabteilung der Universitätsbibliothek Leipzig, Protokolle des Akademisch-philosophischen Vereins, Nr. 01304, Bl. 42 R f. sowie 46, und Liebknecht, Karl: Studien über die Bewegungsgesetze der gesellschaftlichen Entwicklung, a.a.O., S. 247 ff.

92 Siehe dazu: Philosophielexikon. Personen und Begriffe der abendländischen Philosophie von der Antike bis zur Gegenwart. Hrsg. v. Anton Hügli und Paul Lübcke, Reinbek bei Hamburg 1991, S. 536 f.

93 Vgl.: Handschriftenabteilung der Universitätsbibliothek Leipzig, Protokolle des Akademisch-philosophischen Vereins, Nr. 01304, Bl. 45 R.

94 Vgl.: Universitätsarchiv Leipzig, Rep. II, Kap. XVI, Sect. III F, Nr. 5, Bd. 1, unfoliiert.

95 Siehe: Ebenda.

geselligen Verkehr unter den Studierenden aller Fakultäten zu pflegen.[96] Selbst wenn der Passus weggelassen worden war, daß dabei nationale und religiöse Unterschiede keine Rolle spielen dürften, gingen die Vereinsmitglieder auch im Jahre 1890 von einer derartigen inneren Einstellung aus. Das offenbarte sich schon darin, daß sich unter den vierzehn Mitgliedern neben Deutschen zugleich Serben und Rumänen befanden. Außerdem bekannten sich einige von ihnen offen zum Judentum oder waren zumindest jüdischer Abstammung.[97] Wenn sich die „Leipziger freie wissenschaftliche Vereinigung" in einer solchen Weise zusammensetzte, so widersprach das dem seinerzeit auch unter Teilen der hiesigen Studentenschaft immer stärker hervortretenden nationalistischen Tendenzen und der damals auch in gewissen studentischen Kreisen latent vorhandenen Neigung zum Antisemitismus.[98]

Daß ganz besonders Karl Liebknecht mit seinem Beitritt zu dieser Studentenvereinigung ein Wagnis einging, zeigte der folgende Umstand: Im Mitgliederverzeichnis, das zu Beginn des Sommersemesters 1890 beim Universitätsgericht eingereicht wurde, kennzeichnete ein Beamter nachträglich dessen Namen und zugleich den eines gewissen Walther May[99]. Der letztgenannte Student, ein gebürtiger Marburger, hatte sich zwar für das Studium der Naturwissenschaften immatrikulieren lassen, doch besuchte er seinerzeit vor allem philosophische und nationalökonomische Vorlesungen.[100] Seit geraumer Zeit stand gerade May im Blickfeld des besagten Gerichts: Zunächst hatte es ihm am 17. Dezember 1889 untersagt, dem Leipziger „Freidenkerverein Humboldt" weiterhin anzugehören, so daß er auch gezwungen war, den bis dahin innegehabten Vereinsvorsitz niederzulegen. Dieser gerichtlichen Entscheidung lag die Begründung zugrunde, daß die Mitgliedschaft in einer Vereinigung, die von der Sozialdemokratie mehr oder minder nachhaltig beeinflußt wurde, „unvereinbar mit der akademischen Ordnung" sei.[101] Es sollten nur wenige Wochen vergehen, bis sich das Universitätsgericht erneut mit Walther May beschäftigte, und das, nachdem er am 27. Januar 1890 im Leipziger Fachverein der Maler und Lackierer einen Vortrag gehalten hatte. Daraufhin wurde ihm am 8. Februar verboten, nochmals vor Arbeitern zu sprechen oder auch nur an deren Versammlungen teilzunehmen[102], weil diese Art von Vereinen eine bedenkliche „Hinneigung zu sozialistischen Bestrebungen" offenbaren würden.[103]

Auf Grund seiner „gefährlichen" Nähe zur Sozialdemokratie wurde Walther May überwacht, und zwar auf Ersuchen des Universitätsrichters durch die Leipziger Polizeibehörde.[104] Es konnte dabei nicht ausbleiben, daß Karl Liebknecht schon allein wegen des Familiennamens mit dessen politischer Betätigung in

---

96 Vgl.: Ebenda.

97 Diesen Angaben liegen die Eintragungen auf den Studentenkarten von Salomo Breslauer, Martin Drucker, Hermann Hammerschmidt, Walther Heinze, Richard Jordan, Wilhelm Köhl, Georg Langerhans, Karl Liebknecht, Walther May, Gustav Morgenstern und Milan Pavlovitsch zugrunde (in: Universitätsarchiv Leipzig, Quästurkartei), also jenen Studenten, die im Sommersemester 1890 der „Leipziger freien wissenschaftlichen Vereinigung" angehörten.

98 Siehe: Gaukel, Karen: Die Haltung der Studenten der Universität Leipzig zur Arbeiterbewegung in der Zeit des Sozialistengesetzes 1878 – 1890. Diplomarbeit an der Humboldt-Universität zu Berlin, a.a.O., S. 8 und 50. Allgemeine Darlegungen zu diesem Problem finden sich in: Magister und Scholaren. Professoren und Studenten. Geschichte deutscher Universitäten und Hochschulen im Überblick. Gesamtredaktion: Günter Steiger und Werner Fläschendräger, Leipzig-Jena-Berlin 1981, S. 136 f.

99 Vgl.: Universitätsarchiv Leipzig, Rep. II, Kap. XVI, Sect. II, Nr. 3, Bd. 10, Bl. 72.

100 Siehe dazu: Gaukel, Karen: Der Student Walther May (1868 – 1926). Eine biographische Skizze. In: Leipziger Beiträge zur Universitätsgeschichte, H. 1, Leipzig 1987, S. 67 f.

101 Vgl.: Universitätsarchiv Leipzig, Rep. II, Kap. XVI, Sect. III H, Nr. 10, Bl. 4 R.

102 Siehe: Ebenda, Rep. G.A., Sect. XV, Nr. 105, Bl. 5.

103 Vgl.: Ebenda, Bl. 3.

104 Siehe: Ebenda, Bl. 5.

Verbindung gebracht wurde. Wie eng die Verbindungen zwischen ihnen tatsächlich waren bzw. welchen Charakter sie trugen, ließ sich bislang nicht ermitteln. Gleichwohl fällt auf, daß Liebknecht (und außer ihm noch fünf weitere Kommilitonen) denselben Studentenvereinen angehörte wie May, nämlich dem „Akademisch-philosophischen Verein" und der „Leipziger freien wissenschaftlichen Vereinigung".[105]

In einem Bericht des Universitätsrichters über Walther May wurde ausdrücklich hervorgehoben, daß er als „bekannter Sozialist" in der letztgenannten Studentenvereinigung eine maßgebliche, das heißt „eine tonangebende Rolle" spiele.[106] Somit dürfte es auch seinem Einfluß zuzuschreiben sein, wenn die Mitglieder der „Leipziger freien wissenschaftlichen Vereinigung" einige marxistische Schriften studierten. Es soll sich dabei um „Das Kapital", „Das Elend der Philosophie" und andere Werke von Karl Marx gehandelt haben.[107] Leider ließ sich bisher nicht ermitteln, welche Quelle dieser Angabe zugrunde lag, doch sprechen einige Indizien dafür, daß Karl Liebknecht und die übrigen Mitglieder der nämlichen Vereinigung tatsächlich marxistische Literatur lasen; zumal den meisten von ihnen die wichtigste unter den erwähnten Abhandlungen leicht zugänglich war, und zwar hatten diejenigen, die zugleich dem „Akademisch-philosophischen Verein" angehörten, die Möglichkeit, den ersten (und möglicherweise auch den zweiten) Band des „Kapitals" aus dessen Bibliothek auszuleihen.[108] Da Walther May aus ebendiesem Studentenverein ausschied bzw. ausscheiden mußte, noch bevor ihm Karl Liebknecht, Martin Drucker und Hermann Hammerschmidt beigetreten waren[109], kann freilich über die genannten Werke nur in den Versammlungen der „Leipziger freien wissenschaftlichen Vereinigung" debattiert worden sein.

Einige der meist aus gutbürgerlichem Hause stammenden Mitglieder beider Vereine, so aller Wahrscheinlichkeit nach Samuel Breslauer, Hermann Hammerschmidt, Wilhelm Köhl und Milan Pavlovitsch unterhielten kameradschaftliche, zum Teil auch freundschaftliche Beziehungen zu Karl Liebknecht. Verbürgt ist , daß ihn mit Martin Drucker – seinerzeit Schriftführer und zugleich stellvertretender Vorsitzender der „Leipziger freien wissenschaftlichen Vereinigung"[110] – eine ebenso enge wie aufrichtige Freundschaft verband.[111] Auch wenn im historischen Dunkel liegt, inwieweit sie sich gegenseitig beeinflußten, weist doch ihr beruflicher Werdegang verblüffende Parallelen auf: Nach der juristischen Ausbildung (das heißt nach dem Studium der Rechts- und Kameralwissenschaften, der Promotion und dem Referendariat) und nach der Zulassung zur Anwaltschaft vermochten beide binnen kurzem, sich einen Namen als Strafverteidiger zu machen, wobei zu ihren Klienten vornehmlich sozial Schwache und Entrechtete gehörten.[112]

Freilich gingen die meisten Mitglieder des „Akademisch-philosophischen Vereins" und der „Leipziger freien wissenschaftlichen Vereinigung" nicht über linksliberale Positionen hinaus, um so mehr, als jedes offene Bekenntnis eines Studenten zur Sozialdemokratie, gemäß einer Verfügung des Sächsischen

---

105 Vgl. miteinander: Ebenda, Rep. II, Kap. XVI, Sect. II, Nr. 3, Bd. 10, Bl. 72, und Handschriftenabteilung der Universitätsbibliothek Leipzig, Protokolle des Akademisch-philosophischen Vereins, Nr. 01304, Bl. 41 ff.

106 Siehe: Universitätsarchiv Leipzig, Rep. II, Kap. XVI, Sect. III F, Nr. 5, Bd. 3, Bl. 9.

107 Vgl.: Geschichte der Philosophie, Bd. 5, Berlin 1963, S. 491.

108 Siehe: Handschriftenabteilung der Universitätsbibliothek Leipzig, Protokolle des Akademisch-philosophischen Vereins, Nr. 01304, Bl. 27.

109 Vgl. miteinander: Ebenda, Bl. 41 R und 44.

110 Siehe: Universitätsarchiv Leipzig, Rep. II, Kap. XVI, Sect. II, Nr. 3, Bl. 72.

111 Diese Information stammt von seiner Tochter, Frau Prof. Renate Drucker, die sie mir Ende der siebziger Jahre gab.

112 Vgl. hierzu: Wohlgemuth, Heinz: Karl Liebknecht. Eine Biographie, a.a.O., S. 73 ff., sowie Festschrift Martin Drucker zum 65. Geburtstage – 6. Oktober 1934 – In Freundschaft und kollegialer Verehrung überreicht. Hrsg. v. Julius Magnus. Faksimiledruck des Privatdrucks von 1934 mit Vorwort von Fred Grubel, Aalen 1983, S. VII ff. Siehe auch: Unger, Manfred: Leipziger Anwalt in der ersten Hälfte des 20. Jahrhunderts und Präsident des deutschen Anwaltsvereins. Martin Drucker. In: Sächsische Heimatblätter, 1996, H. 3, S. 175 f.

Kultusministeriums aus dem Jahre 1887, seine sofortige Verweisung von der Universität nach sich zog.[113] Aus diesem Grunde war es damals auch und gerade Karl Liebknecht unmöglich, öffentlich für jene politische Parteienrichtung einzutreten, wenn er nicht wie Walther May sein Studium aufs Spiel setzen wollte.[114] Das wiederum nutzte die bürgerliche Presse aus, um die Zwecklüge zu verbreiten, daß er zu konservativen Anschauungen gelangt sei und deshalb mit seinem Vater gebrochen habe, zumal er beabsichtigen würde, später als Richter in preußische Staatsdienste zu treten. Das gleiche Lügengespinst wurde auch um seinen Bruder Theodor gelegt.

Infolge dieser Pressekampagne richteten nun Sozialdemokraten aus allen Teilen Deutschlands unablässig Anfragen an Wilhelm Liebknecht, ob denn die über seine Söhne verbreiteten Nachrichten wahr seien oder nicht. Somit hatte die bürgerliche Presse erreicht, daß Mißtrauen unter den Parteimitgliedern wach wurde. Auf diese Weise wollte sie eine Erklärung provozieren, worin Wilhelm Liebknecht die zweifelsohne schon vorhandene sozialdemokratische Gesinnung seiner beiden Ältesten offenlegte[115] (oder worin sie sich selbst zur Sozialdemokratie bekannten). Der damit verbundenen Konsequenzen wegen sollte er weder diese Nachrichten dementieren noch eine einzige dieser Anfragen beantworten, zumindest, solange seine Söhne ihre Ausbildung nicht abgeschlossen hatten.[116]

Selbst wenn das Studium an der Alma mater Lipsiensis nur eine Episode im Leben des Karl Liebknecht darstellte, war es doch Teil seines langen Ausbildungsweges; zudem sollte es in seinem späteren Profil durchaus erkennbar bleiben[117]: hochgebildet, mit überdurchschnittlichen Fähigkeiten zur wissenschaftlichen Arbeit[118], durch hervorragende Leipziger Wissenschaftler, vornehmlich durch Bernhard Windscheid und Wilhelm Wundt, ebenso wie durch die hier geführten Diskussionen über nationalökomomische Fragen lebenslang beeinflußt.

113 Siehe: Universitätsarchiv Leipzig, Rep. G.A., Sect. XV, Nr. 103, Bl. 1.

114 Walther May wurde am 11. März 1891 von der Leipziger Universität relegiert, und zwar wegen seines offenen Bekenntnisses zur Sozialdemokratie. Vgl.: Ebenda, Nr. 105, Bl. 34 ff.

115 Helmut Trotnow schrieb hierzu treffend: „Zwar durfte sich Karl Liebknecht weder als Student noch als königlich-preußischer Referendar offen zur SPD bekennen, doch gehörte er ‚geistig' zweifelsohne zur politischen Arbeiterbewegung" (in: Karl Liebknecht. Eine politische Biographie, a.a.O., S. 40).

116 Vgl. hierzu: Volksstimme, Frankfurt/Main, 14. 8. 1900.

117 Siehe ungeachtet zahlreicher Bedenken gegen das sich darin widerspiegelnde Geschichtsverständnis: Laschitza, Annelies: Zur Biographie als Genre in der Geschichtswissenschaft der DDR über die Geschichte der Partei und der Arbeiterbewegung. In: BZG, 1979, H. 4, S. 503.

118 Das trat sowohl in seiner Dissertation zum Thema „Compensationsvollzug und Compensationsvorbringen nach gemeinem Rechte" als auch in seiner gedruckten Referendararbeit über „Vorbehaltszahlung und Eventualaufrechnung nach heute geltendem und künftigem Reichsrecht" zutage.

Karl Liebknecht am Nikolaigymnasium. Übersichten und Dokumente

I. Die Klassenkameraden

Lfd. Nr.	Name und Vorname	Geburtsdatum und -ort	Beruf des Vaters	Schuljahr 1881/82[1]	1882/83[2]	1883/84[3]
01	Agricola, Walther	02.07.1870 in Eisenach	Reichsgerichtsrat	x	x[10]	–
02	Bach, Ernst	18.12.1869 in Possenhain	Privatmann in Neureudnitz	–	x[11]	x
03	Bechler, Wilhelm	01.07.1869 in Lengefeld/ Vogtland	Agent	–	–	–
04	Beulwitz, Heinrich	16.04.1871 in Leipzig	Lehrer	x	x[14]	–
05	Binkau, Friedrich	02.06.1871 in Leipzig	Diakonus	x[15]	–	–
06	Birch-Hirschfeld, Arthur	11.10.1871 in Dresden	Medizinalrat	–	–	–
07	Böhme, Rudolf	25.08.1870 in Leipzig	Kassierer	x	x	x
08	Crackau, Oskar	14.12.1867 in Neuschönefeld	Amtsgerichtsaktuar	–	x	x[18]
09	Crayen, Wilhelm	31.12.1870 in Leipzig	Kaufmann	x	x	x

1 Siehe: Schüler-Verzeichnis des Nicolaigymnasiums in Leipzig, Mai 1881, S. 7 f. In: Stadtarchiv Leipzig, Bestand Nikolaischule, Nr. 136 resp. 137.

2 Siehe: Schüler-Verzeichnis des Nicolai-Gymnasiums in Leipzig, Mai 1882, S. 6 f. In: Stadtarchiv Leipzig, Bestand Nikolaischule, Nr. 137.

3 Siehe: Schüler-Verzeichnis des Nicolai-Gymnasiums in Leipzig, Ende April 1883, S. 4. In: Stadtarchiv Leipzig, Bestand Nikolaischule, Nr. 136 resp. 137.

4 Siehe: Schülerverzeichnis des Nicolai-Gymnasiums in Leipzig, Mai 1884, S. 5 f. In: Stadtarchiv Leipzig, Bestand Nikolaischule, Nr. 136 resp. 137.

5 Siehe: Schülerverzeichnis des Nicolai-Gymnasiums in Leipzig, Mai 1885, S. 3 f. In: Stadtarchiv Leipzig, Bestand Nikolaischule, Nr. 136 bzw. 137.

6 Siehe: Schülerverzeichnis des Nicolai-Gymnasiums in Leipzig, Mai 1886, S. 2 f. In: Stadtarchiv Leipzig, Bestand Nikolaischule, Nr. 136 resp. 137.

7 Siehe: Schülerverzeichnis des Nicolai-Gymnasiums in Leipzig, April 1887, S. 2. In: Stadtarchiv Leipzig, Bestand Nikolaischule, Nr. 136 bzw. 137.

8 Siehe: Schülerverzeichnis des Nicolai-Gymnasiums in Leipzig, April 1888, S. 1 f. In: Stadtarchiv Leipzig, Bestand Nikolaischule, Nr. 136 resp. 137.

9 Siehe: Schülerverzeichnis des Nicolai-Gymnasiums in Leipzig, Mai 1889, S. 1. In: Stadtarchiv Leipzig, Bestand Nikolaischule, Nr. 136 bzw. 137.

10 Walther Agricola, der viel gefehlt hatte, wurde zu Ostern 1883 nicht in die Quarta versetzt und ging daraufhin vom Nikolaigymnasium ab. Siehe: Stadtarchiv Leipzig, Bestand Nikolaischule, Nr. 265, Bl. 124 R und 125 R, sowie Programm 1884, S. XXVII.

11 Ernst Bach war zu Ostern 1881 in die Quinta aufgenommen worden (siehe: Programm 1882, S. XXI). Demnach mußte er diese Klasse wiederholen (vgl.: Stadtarchiv Leipzig, Bestand Nikolaischule, Nr. 265, Bl. 117), ein Umstand, der nicht nur auf Anpassungsschwierigkeiten zurückzuführen war, vielmehr sollte Bach auch in den folgenden Schuljahren immer wieder Probleme haben, den Ansprüchen an einen Gymnasiasten gerecht zu werden (siehe dazu: Ebenda, Bl. 161, 169 und 177).

12 Siehe: Programm 1882, S. XXI, und Jahresbericht 1890, S. XX.

Lfd. Nr.	1884/85[4]	1885/86[5]	1886/87[6]	1887/88[7]	1888/89[8]	1889/90[9]
01	–	–	–	–	–	–
02	x	x	x	x	x	x[12]
03	–	x[13]	x	x	x	x
04	–	–	–	–	–	–
05	–	–	–	–	–	–
06	–	x[16]	–	–	–	–
07	x	x	x	x	x	x[17]
08	–	–	–	–	–	–
09	x	x	x	x[19]	–	–

13 Wilhelm Bechler war im Verlaufe des Schuljahres 1882/83 in die Quarta aufgenommen worden (siehe: Programm 1883, S. XXII) und mußte drei Jahre später (infolge mangelnder Leistungen?) von der Untersekunda in die Obertertia zurückversetzt werden, so daß er ein Klassenkamerad von Karl Liebknecht wurde. Siehe Stadtarchiv Leipzig, Bestand Nikolaischule, Nr. 136 und 137.

14 Heinrich Beulwitz konnte Ostern 1883 wegen ungenügender Leistungen nicht versetzt werden (siehe: Ebenda, Bl. 114, 124 R und 125 R). Zwar durfte er die Quinta wiederholen, doch reichte sein Leistungsvermögen nicht dafür aus, das Ziel höherer Schulbildung zu erreichen: Im März 1890 ging Beulwitz ohne Abitur vom Nikolaigymnasium ab (vgl.: Programm 1891, S. XXXII).

15 Auf Grund seiner schlechten Leistungen wurde Friedrich Binkau nach der Sexta zunächst nicht (vgl.: Stadtarchiv Leipzig, Bestand Nikolaischule, Nr. 265, Bl. 114 und 117) und dann nur unter Vorbehalt versetzt (siehe: Ebenda, Bl. 19), gleichwohl verließ er das Gymnasium (vgl.: Programm 1883, S. XXIV).

16 Arthur Birch-Hirschfeld wurde zu Ostern 1885 in die Obertertia aufgenommen (vgl.: Programm 1886, S. XVII). Offensichtlich hatte er zunächst einige Anpassungsschwierigkeiten (siehe dazu den Vermerk vom 10. Dezember 1885 in den Protokollen der Lehrerkonferenzen. In: Stadtarchiv Leipzig, Bestand Nikolaischule, Nr. 265, Bl. 161). Es ist anzunehmen, daß Birch-Hirschfeld aus diesem Grunde ein Jahr aussetzte und währenddessen Privatunterricht nahm, jedenfalls bestand er im Februar/März 1891 das Abitur (vgl.: Jahresbericht 1891, S. XXXIII).

17 Siehe: Programm 1882, S. XXI, und Jahresbericht 1890, S. XX.

18 Ganz offensichtlich war Oskar Crackau, der Anfang 1880 die Aufnahmeprüfung für das Nikolaigymnasium bestanden hatte (vgl.: Programm 1881, S. XX), ein sehr leistungsschwacher Schüler, zumal er schon nach dem Schuljahr 1881/82 zurückversetzt werden mußte und zwei Jahre später erneut sitzenblieb (siehe dazu: Stadtarchiv Leipzig, Bestand Nikolaischule, Nr. 265, Bl. 117, 133 und 134 R).

19 Wilhelm Crayen hatte immer wieder Schwierigkeiten, den gymnasialen Anforderungen gerecht zu werden (siehe dazu: Ebenda, Bl. 141 R sowie 177), weshalb es nur folgerichtig war, wenn er die Nikolaischule nach der Obersekunda verließ (vgl.: Jahresbericht 1889, S. 23).

Lfd. Nr.	Name und Vorname	Geburtsdatum und -ort	Beruf des Vaters	Schuljahr 1881/82	1882/83	1883/84
10	Drechsel, Max	22.04.1870 in Grimma	Restaurateur	x	x	x
11	Dürr, Georg	20.05.1870 in Leipzig-Connewitz	Buchhändler	–	–	–
12	Eisselt, Karl	22.11.1867 in Braunsdorf	Fabrikbesitzer in Braunsdorf	–	–	–
13	Enke, Otto	03.03.1870 in Leipzig	Privatmann	–	–	–
14	Espenhayn, Heinrich	02.07.1869 in Leipzig	Hauptkassierer	–	–	x[24]
15	Freimann, Josef	14.07.1870 in Leipzig	Kaufmann	x	x	x
16	Gangloff, Arthur	21.06.1869 in Leipzig	Kaufmann	x	x	x[26]
17	Garten, Siegfried	29.06.1871 in Kieritzsch	Pastor in Kieritzsch	–	x[27]	x
18	Gebhardt, Johannes	27.07.1870 in Leipzig	Oberlehrer	x	x	x
19	Gebhardt, Moritz	18.08.1870 in Chemnitz	Kaufmann	–	–	–
20	Germann, Eugen	01.09.1870 in Großsalza bei Magdeburg	Agent	x	x	x[30]
21	Geyer, Max	12.12.1870 in Leipzig	Kaufmann	x	x	x

20 Siehe: Programm 1882, S. XXI, und Jahresbericht 1890, S. XX.

21 Georg Dürr war schon zu Ostern 1880 in das Nikolaigymnasium aufgenommen worden (siehe Programm 1885, S. XX). Allerdings unterbrach er vier Jahre später den Schulbesuch, und das aus nicht mehr nachvollziehbaren Gründen (vgl.: Programm 1885, S. XLI). Im März 1885 sollte Dürr an die Nicolaitana zurückkehren und nunmehr mit Karl Liebknecht in eine Klasse gehen (siehe hierzu: Programm 1886, S. XVII).

22 Es muß freilich bezweifelt werden, daß Karl Eisselt und Karl Liebknecht jemals eine Unterrichtsstunde gemeinsam hatten, zumal der erstere schon zu Michaelis 1889 vom Nikolaigymnasium abging, und zwar nach bestandener Reifeprüfung. Siehe: Jahresbericht 1890, S. XIX f.

23 Otto Enke trat zu Ostern 1886 in das Gymnasium ein (siehe: Jahresbericht 1887, S. XV), allerdings war er ein leistungsschwacher Schüler (vgl: Stadtarchiv leipzig, Bestand Nikolaischule, Nr. 265, Bl. 169), so daß er nach dem Schuljahr 1886/87 nicht versetzt werden konnte. Ende 1887/Anfang 1888 ging dann Enke von der Nikolaischule ab (siehe: Jahresbericht 1889, S. 23).

24 Heinrich Espenhayn, der bereits Ende Februar 1880 in die Nikolaischule aufgenommen (vgl.: Programm 1881, S. XIX) und nach dem Schuljahr 1882/83 nicht versetzt worden war (siehe: Stadtarchiv Leipzig, Bestand Nikolaischule, Nr. 265, Bl. 125 R), ging mit Karl Liebknecht nur wenige Wochen resp. Monate in eine Klasse. Bereits Ende 1883/Anfang 1884 verließ er die Schule (vgl.: Programm 1884, S. XXVII).

25 Vgl.: Programm 1882, S. XXI, und Jahresbericht 1890, S. XX.

Lfd. Nr.	1884/85	1885/86	1886/87	1887/88	1888/89	1889/90
10	x	x	x	x	x	x[20]
11	–	x[21]	x	x	x	x
12	–	–	–	–	–	x[22]
13	–	–	x[23]	–	–	–
14	–	–	–	–	–	–
15	x	x	x	x	x	x[25]
16	–	–	–	–	–	–
17	x	x	x	x	x	x
18	x	x	x	x	x	x[28]
19	–	x	x[29]	–	–	–
20	–	–	–	–	–	–
21	x	x[31]	–	–	–	–

26 Arthur Gangloff ging nach der Quarta vom Nikolaigymnasium ab, weil er den gymnasialen Anforderungen nicht mehr gerecht werden konnte (siehe dazu: Stadtarchiv Leipzig, Bestand Nikolaischule, Nr. 265, Bl. 133, und Programm 1885, S. XLI).

27 Siehe: Programm 1883, S. XXII.

28 Vgl.: Programm 1882, S. XXI, und Jahresbericht 1890, S. XX.

29 Moritz Gebhardt wurde im Oktober 1884 in das Gymnasium aufgenommen (vgl.: Programm 1885, S. XLII). Weshalb er es zweieinhalb Jahre später wieder verließ (siehe: Jahresbericht 1888, S. XVII), ist nicht dokumentiert.

30 Eugen Germann hatte schon in der Quinta große Schwierigkeiten, in Latein und Arithmetik die erforderlichen Leistungen zu erbringen (vgl. hierzu: Stadtarchiv Leipzig, Bestand Nikolaischule, Nr. 265, Bl. 124 R sowie 125 R), weshalb er die Nicolaitana während bzw. nach dem Schuljahr 1883/84 verließ (vgl.: Programm 1884, S. XXVII).

31 Max Geyer war von Anfang an ein recht leistungsschwacher Schüler (vgl. dazu: Stadtarchiv Leipzig, Bestand Nikolaischule, Nr. 265, Bl. 114, 124 R, 134 R, 141 R, 147 R und 161), so daß schon verwundern muß, daß er das Gymnasium erst nach der Obertertia verließ (siehe: Jahresbericht 1887, S. XIV). Noch erstaunlicher war, daß Geyer nach nur einjährigem Privatunterricht (?) wieder in die Nikolaischule aufgenommen wurde, und zwar in die Obersekunda (vgl.: Jahresbericht 1888, S. XVIII). Freilich scheiterte er von neuem. Ostern 1890 mußte er endgültig ohne Abitur von der Nikolaischule abgehen (siehe: Jahresbericht 1891, S. XXXII).

Lfd. Nr.	Name und Vorname	Geburtsdatum und -ort	Beruf des Vaters	Schuljahr 1881/82	1882/83	1883/84
22	Goldemann, Ernst	27.02.1870 in Leipzig	Lehrer	x	x	x[32]
23	Graichen, Martin	03.09.1869 in Lößnig	Rittergutsbesitzer in Lößnig	x	x[33]	–
24	Graichen, Walther	03.10.1870 in Lößnig	Rittergutsbesitzer in Lößnig	x	x[34]	–
25	Hahn, Ludwig	16.06.1870 in Leipzig	Arzt	x	x	x
26	Häßner, Franz	07.12.1869 in Leipzig	Telegraphist	–	–	x[36]
27	Hügel, Richard	24.11.1870 in Leipzig	Redakteur	–	–	–
28	Hüttner, Max	01.06.1871 in Nossen	Amtsrichter	x	x	x
29	Jankelowitz, Adolf	27.12.1869 in Neustadt bei Tilsit	Kaufmann in Schlieben	–	–	–
30	Junghans, Bernhard	03.09.1869 in Lindenau	Bahnbeamter	–	–	x
31	Kaiser, Hermann	15.05.1870 in Leipzig	Taubstummenlehrer	x	x[41]	–
32	Klare, Walther	06.01.1871 in Leipzig	Zahnarzt	x	x	x
33	Kohl, Alfred	24.01.1871 in Leipzig	Kaufmann	–	–	x

32 Ernst Goldemann wurde am 23. August 1883 aus disziplinarischen Gründen in die Quinta zurückversetzt (siehe dazu: Stadtarchiv Leipzig, Bestand Nikolaischule, Nr. 265, Bl. 128 R). Bald darauf ging er von der Nikolaischule ab (vgl.: Programm 1884, S. XXVII).

33 Die Brüder Martin und Walther Graichen wurden im März 1883 nicht von der Quinta in die Quarta versetzt, und zwar wegen ihrer mehr oder minder schlechten Leistungen (siehe dazu: Stadtarchiv Leipzig, Bestand Nikolaischule, Nr. 265, Bl. 114, 124 R und 125 R). Während der erstere drei Jahre später vom Gymnasium abging, ohne das Abitur abzulegen (vgl.: Jahresbericht 1887, S. XIV, und Nikolaitaner-Blätter, 2. Jg., H. 1, April 1939, S. 19), bestand letzterer im Februar/März 1891 die Reifeprüfung (siehe: Jahresbericht 1891, S. XXIII).

34 Siehe Anmerkung 33.

35 Vgl.: Programm 1882, S. XXI, und Jahresbericht 1890, S. XX.

36 Franz Häßner war bereits zu Ostern 1880 in die Sexta aufgenommen worden (siehe: Programm 1881, S. XX), jedoch mußte er die Quarta wiederholen (vgl.: Stadtarchiv Leipzig, Bestand Nikolaischule, Nr. 265, Bl. 125 R).

37 Richard Hügel war zu Ostern 1882 in die Quarta des Gymnasiums aufgenommen worden (vgl.: Programm 1883, S. XXII). Drei Jahre später konnte er nicht in die Untersekunda versetzt werden, woraufhin er und Karl Liebknecht Klassenkameraden wurden, doch nur für wenige Monate: Hügel verließ die Nicolaitana, weil er den schulischen Anforderungen auch jetzt nicht gerecht werden konnte. Siehe dazu: Stadtarchiv Leipzig, Bestand Nikolaischule, Nr. 265, Bl. 161, sowie Jahresbericht 1887, S. XIV.

Lfd. Nr.	1884/85	1885/86	1886/87	1887/88	1888/89	1889/90
22	–	–	–	–	–	–
23	–	–	–	–	–	–
24	–	–	–	–	–	–
25	x	x	x	x	x	x[35]
26	x	x	x	x	x	x
27	–	x[37]	–	–	–	–
28	x[38]	–	–	–	–	–
29	x	x[39]	–	–	–	–
30	x	x[40]	–	–	–	–
31	–	–	–	–	–	–
32	x	x	x	x	x	x[42]
33	x[43]	–	–	–	–	–

38 Max Hüttner ging im Oktober 1884 von der Nicolaitana ab (vgl. dazu: Programm 1885, S. XLII), und zwar gehörte er zu jenen Gymnasiasten, deren Versetzung von der Sexta an immer wieder gefährdet war (siehe: Stadtarchiv Leipzig, Bestand Nikolaischule, Nr. 265, Bl. 114, 124 R, 125 R und 133).

39 Adolf Jankelowitz bestand am 21. April 1884 die Aufnahmeprüfung (vgl.: Stadtarchiv Leipzig, Bestand Nikolaischule, Nr. 265, Bl. 136, und Programm 1885, S. XLI). Zwei Jahre später sollte er vom Nikolaigymnasium wieder abgehen, und das ohne ersichtlichen Grund (siehe: Jahresbericht 1887, S. XIV).

40 Bernhard Junghans war ein sehr schwacher Gymnasiast (vgl. hierzu: Stadtarchiv Leipzig, Bestand Nikolaischule, Nr. 265, Bl. 134 R, 141 R, 147 R und 161), weswegen er zu Ostern 1886 die Schule verließ (siehe: Jahresbericht 1887, S. XIV).

41 Hermann Kaiser war während des Schuljahres 1882/83 sehr häufig krank, so daß er nicht versetzt werden konnte (siehe hierzu: Stadtarchiv Leipzig, Bestand Nikolaischule, Nr. 265, Bl. 125 R). Ungeachtet dessen sollte er im März 1891 das Abitur bestehen (vgl.: Jahresbericht 1891, S. XXIII).

42 Vgl.: Programm 1882, S. XXI, und Jahresbericht 1890, S. XX

43 Alfred Kohl hatte am 2. 4. 1883 die Aufnahmeprüfung für die Quarta der Nikolaischule bestanden (vgl.: Stadtarchiv Leipzig, Bestand Nikolaischule, Bl. 127, sowie Programm 1884, S. XXVI). Allerdings war er von Anfang an ein recht leistungsschwacher Schüler, weshalb es nicht überraschte, wenn er schließlich zu Ostern 1885 nicht in die nächsthöhere Klasse, das heißt in die Obertertia aufgenommen wurde (siehe dazu: Stadtarchiv Leipzig, Bestand Nikolaischule, Nr. 265, Bl. 134 R, 141 R sowie 147 R). Daraufhin verließ Kohl die Schule (vgl.: Programm 1886, S. XVII).

Lfd. Nr.	Name und Vorname	Geburtsdatum und -ort	Beruf des Vaters	Schuljahr 1881/82	1882/83	1883/84
34	Langer, Curt	16.12.1870 in Leipzig	Musikdirektor	x[44]	–	–
35	Laue, Conrad	01.08.1869 in Leipzig	Redakteur	–	x	x
36	Liebknecht, Karl	13.08.1870 in Leipzig	Schriftsteller	x	x	x
37	Lücke, Wilhelm	20.05.1870 in Leipzig	Kaufmann	x[48]	–	–
38	Müller, Hugo	31.03.1870 in Naumburg	Steuerbeamter	x	x[49]	–
39	Petzold, Wilhelm	06.08.1869 in Meiningen	Hofmusikus in Meiningen	x	x[50]	–
40	Pusch, Richard	27.08.1871 in Leipzig	Kaufmann	x	x	x
41	Quedenfeld, Curt	14.02.1869 in Leipzig	Kaufmann	–	–	–
42	Rasch, Max	19.10.1870 in Leipzig	Taubstummenlehrer	x	x[53]	–
43	Roch, Max	23.04.1871 in Leipzig	Kaufmann	x	x[54]	–
44	Röder, Eduard	06.12.1870 in Leipzig	Bankier	–	–	–
45	Röhling, Heinrich	28.12.1870 in Leipzig	Kaufmann	x	x	x

44 Es konnte nicht ermittelt werden, weshalb Curt Langer bereits nach der Sexta vom Nikolaigymnasium abging (vgl.: Programm 1882, S. XXII).

45 Conrad Laue, der bereits die Quinta wiederholen mußte (siehe dazu: Stadtarchiv Leipzig, Bestand Nikolaischule, Nr. 265, Bl. 117), hatte in der Quarta erneut Schwierigkeiten, den Anforderungen zu entsprechen, und konnte nach der Untertertia abermals nicht versetzt werden (vgl.: Ebenda, Bl. 141 R, 147 R und 161), woraufhin er von der Nikolaischule abging (siehe: Programm 1886, S. XVII).

46 Nachdem Conrad Laue allem Anschein nach Privatunterricht genommen hatte, wurde er im Oktober 1885 wieder in die Nikolaischule in seine alte Klasse aufgenommen (vgl. hierzu: Programm 1886, S. XVII). Er blieb freilich ein leistungsschwacher Gymnasiast (siehe: Stadtarchiv Leipzig, Bestand Nikolaischule, Nr. 265, Bl. 169), so daß es nur folgerichtig war, wenn Laue im März 1887 endgültig von der Schule abging bzw. abgehen mußte (vgl.: Jahresbericht 1888, S. XVII).

47 Vgl.: Programm 1882, S. XXI, und Jahresbericht 1890, S. XX.

48 Daß Wilhelm Lücke zu Ostern 1882 nicht in die Quinta versetzt werden konnte, zeichnete sich schon frühzeitig ab, vor allem war er in Naturkunde (?) recht schwach (siehe dazu: Stadtarchiv Leipzig, Bestand Nikolaischule, Nr. 265, Bl. 114 und 117). Daraufhin verließ er die Schule (vgl.: Programm 1883, S. XXIV).

49 Hugo Müller konnte den gymnasialen Anforderungen nur mit Mühe gerecht werden und ging deshalb schon nach der Quinta vom Nikolaigymnasium ab. Siehe: Stadtarchiv Leipzig, Bestand Nikolaischule, Nr. 265, Bl. 125 R, und Programm 1883, S. XXIV.

50 Wilhelm Petzold wurde am 20. Juni 1882 vom Unterricht suspendiert (vgl.: Stadtarchiv Leipzig, Bestand Nikolaischule, Nr. 265, Bl. 122), das heißt, er mußte das Gymnasium verlassen. Vgl.: Programm 1883, S. XXIV.

Lfd. Nr.	1884/85	1885/86	1886/87	1887/88	1888/89	1889/90
34	–	–	–	–	–	–
35	x[45]	–	x[46]	–	–	–
36	x	x	x	x	x	x[47]
37	–	–	–	–	–	–
38	–	–	–	–	–	–
39	–	–	–	–	–	–
40	x	x	x[51]	–	–	–
41	–	–	x[52]	–	–	–
42	–	–	–	–	–	–
43	–	–	–	–	–	–
44	x[55]	–	–	–	–	–
45	x	x	x	x	x	x[56]

51 Der Grund, weshalb Richard Pusch die Nikolaischule bereits nach der Untersekunda verließ, war nicht zu eruieren (siehe: Jahresbericht 1888, S. XVII). Freilich liegt die Vermutung nahe, daß er mehr oder minder große Leistungsprobleme hatte (vgl. dazu: Stadtarchiv Leipzig, Bestand Nikolaischule, Nr. 265, Bl. 135).

52 Kurt Quedenfeld, der mit Karl Liebknecht nur wenige Monate in ein und dieselbe Klasse ging, war allem Anschein nach ein leistungsschwacher Schüler (siehe: Ebenda, Bl. 169), was auch seinen vorzeitigen Abgang vom Nikolaigymnasium erklären würde (vgl.: Jahresbericht 1888, S. XVII).

53 Max Rasch konnte auf Grund schlechter Leistungen im März 1883 nicht versetzt worden (siehe hierzu: Stadtarchiv Leipzig, Bestand Nikolaischule, Nr. 265, Bl. 124 R und 125 R). Allerdings schweigen sich die Quellen darüber aus, wann er die Schule verließ, jedenfalls legte Rasch am Nikolaigymnasium kein Abitur ab. Siehe: Voigt, Hans/Oskar Scholze: Die Abiturienten der Nikolaischule zu Leipzig 1830 – 1911. Zur Feier des 400jährigen Bestehens der Schule zusammengestellt, a.a.O., S. 104.

54 Max Roch verließ die Schule im Verlaufe des Schuljahres 1882/83, und das ohne ersichtlichen Grund. Vgl.: Programm 1883, S. XXIV.

55 Eduard Röder war zu Ostern 1881 in die Quinta aufgenommen worden (vgl.: Programm 1882, S. XXI). Offensichtlich gehörte er zu den schwachen Gymnasiasten, und zwar mußte er die Untertertia wiederholen, ohne seine Leistungen wesentlich verbessern zu können (siehe dazu: Stadtarchiv Leipzig, Bestand Nikolaischule, Nr. 265, Bl. 147 R). Daraufhin verließ Röder die Nicolaitana (vgl.: Programm 1886, S. XVII).

56 Vgl.: Programm 1882, S. XXI, und Jahresbericht 1890, S. XX.

Lfd. Nr.	Name und Vorname	Geburtsdatum und -ort	Beruf des Vaters	Schuljahr 1881/82	1882/83	1883/84
46	Rubinstein, Arthur	30.07.1870 in Galatz	Bankier in Galatz	–	–	–
47	Runge, Rudolf	16.05.1871 in Reudnitz	Oberpostsekretär	x	x	x
48	Schilling, Karl	21.02.1870 in Berlin	Fabrikant in Neuschönefeld	x	x	x
49	Schüffner, Hermann	06.08.1869 in Gernheim	Kaufmann	–	–	–
50	Schuster, Friedrich	14.11.1869 in Zwickau	Postsekretär	–	–	–
51	Schütte, Georg	23.09.1870 in Leipzig	Agent	x[62]	–	–
52	Sevin, August	03.02.1870 in Leipzig	Fabrikbesitzer in Reudnitz	x	x	x
53	Smitt, Kurt	19.07.1868 in Leipzig	Direktor einer höheren Töchterschule	–	–	x
54	Stäglich, Max	25.10.1868 in Leipzig	Buchhändler in Leipzig	–	x[65]	–
55	Stavrides, Alexander	25.04.1869 in Leipzig	Professor	x	x	x[66]
56	Steinert, Paul	17.04.1871 in Glauchau	Inspektor in der Irrenklinik	–	x	x[67]
57	Sterz, Alban	18.11.1869 in Schedewitz	Maschinenfabrikant	–	–	–

57 Arthur Rubinstein hatte am 21. April 1884 die Aufnahmeprüfung für die Untertertia bestanden (siehe dazu: Stadtarchiv Leipzig, Bestand Nikolaischule, Nr. 265, Bl. 136, und Programm 1885, S. XLI). Kurze Zeit später wurde er aus nicht mehr nachvollziehbaren Gründen der Schule verwiesen (vgl.: Ebenda, S. XLII).

58 Vgl.: Programm 1882, S. XXI, und Jahresbericht 1890, S. XX.

59 Weshalb Karl Schilling zu Ostern 1887 das Gymnasium verließ, war nicht zu ermitteln.

60 Hermann Schüffner war nicht, wie im Jahresbericht 1890 (S. XX) angegeben wurde, zu Ostern 1881 in die Sexta aufgenommen worden, vielmehr bestand er am 2. April 1883 die Aufnahmeprüfung in die Untertertia (siehe: Stadtarchiv Leipzig, Bestand Nikolaischule, Nr. 265, Bl. 127), die er allerdings wiederholen mußte. Auch in den folgenden Schuljahren hatte er immer wieder Schwierigkeiten, den gymnasialen Anforderungen gerecht zu werden (vgl. dazu: Ebenda, Bl. 162 R und 169). Dennoch sollte für ihn die Reifeprüfung erfolgreich verlaufen (siehe: Stiftung „Archiv der Parteien und Massenorganisationen der DDR“ im Bundesarchiv, Zentrales Parteiarchiv, NY 4001, Nr. 1, Bl. 42).

61 Siehe: Jahresbericht des Nicolaigymnasiums 1887, S. XV.

62 Georg Schütte vermochte nicht, gymnasiales Niveau zu erreichen, weshalb er nach der Sexta von der Nikolaischule wieder abging (vgl. hierzu: Stadtarchiv Leipzig, Bestand Nikolaischule, Nr. 265, Bl. 114 und 117, sowie Programm 1883, S. XXIV).

63 Vgl.: Programm 1882, S. XXI, und Jahresbericht 1890, S. XX.

Lfd. Nr.	1884/85	1885/86	1886/87	1887/88	1888/89	1889/90
46	x[57]	–	–	–	–	–
47	x	x	x	x	x	x[58]
48	x	x	x[59]	–	–	–
49	x[60]	x	x	x	x	x
50	–	–	x[61]	x	x	x
51	–	–	–	–	–	–
52	x	x	x	x	x	x[63]
53	x[64]	–	–	–	–	–
54	–	–	–	–	–	–
55	–	–	–	–	–	–
56	–	–	–	–	–	–
57	x	x	x[68]	–	–	–

64 Kurt Smitt war ein leistungsschwacher Schüler und konnte deshalb nicht von der Unter- in die Obertertia versetzt werden (vgl.: Stadtarchiv Leipzig, Bestand Nikolaischule, Nr. 265, Bl. 141 R sowie 147 R), woraufhin er vom Gymnasium abging (siehe dazu: Programm 1886, S. XVII).

65 Obwohl Max Stäglich die Quinta wiederholte (siehe: Stadtarchiv Leipzig, Bestand Nikolaischule, Nr. 265, Bl. 117), hatte er erneut Probleme, den Anforderungen gerecht zu werden, so daß die Lehrerkonferenz am 15. März 1883 beschloß, ihn nur unter gewissen Bedingungen zu versetzen (vgl. dazu: Ebenda, Bl. 126 R). Es läßt sich nicht mehr nachvollziehen, ob er diese nicht erfüllen konnte oder wollte. Auf jeden Fall ging Stäglich einige Zeit später vom Gymnasium ab (siehe: Programm 1883, S. XXIV).

66 Es ließ sich nicht mehr feststellen, aus welchem Grund Alexander Stavrides das Gymnasium verließ (siehe: Programm 1884, S. XXVII).

67 Paul Steinert wechselte nach der Sexta von der B- in die A-Klasse des Nikolaigymnasiums (vgl. dazu: Programm 1882, S. XXI). Nachdem er die Quinta ohne große Probleme absolviert hatte, verschlechterten sich seine Leistungen in der Quarta immer mehr, so daß er zu Ostern 1884 nicht versetzt werden konnte (siehe: Stadtarchiv Leipzig, Bestand Nikolaischule, Nr. 265, Bl. 133 sowie 134 R). Folgerichtig ging Steinert von der Nicolaitana ab (vgl.: Programm 1885, S. XLI).

68 Ob Alban Sterz, der bereits zu Ostern 1880 in die Nicolaitana aufgenommen worden war (siehe: Programm 1881, S. XX) und der demnach ein Jahr ausgesetzt oder die Untertertia wiederholt haben muß, infolge mangelnder Leistungen vom Gymnasium abging (vgl. hierzu: Jahresbericht 1888, S. XVII), ist nicht mit Sicherheit zu sagen. Allerdings sprechen einige Indizien für diese Annahme (siehe: Stadtarchiv Leipzig, Bestand Nikolaischule, Nr. 265, Bl. 169)

Lfd. Nr.	Name und Vorname	Geburtsdatum und -ort	Beruf des Vaters	Schuljahr 1881/82	1882/83	1883/84
58	Stumme, Gerhard	16.02.1871 in Leipzig	Kaufmann	x	x[69]	–
59	Telle, Curt	04.10.1870 in Leipzig	Kaufmann	x[71]	–	–
60	Troitzsch, Walther	17.04.1871 in Leipzig	Rechtsanwalt	x	x	x
61	Uhlig, Paul	08.08.1870 in Mühlberg an der Elbe	Postverwalter in Connewitz	–	x[73]	x
62	von Vietinghoff, Gustav	09.06.1871 in Warschau	Agent in Warschau	x[75]	–	–
63	Vogeler, Heinrich	25.08.1869 in Leipzig	Kaufmann	–	x	x[76]
64	Werner, Walther	06.09.1869 in Leipzig	Buchhändler	x	x	x
65	Westermann, Hans	08.11.1870 in Leipzig	Buchhändler	x	x[78]	–
66	Westhaußer, Felix	16.08.1871 in Leipzig	Privatmann	–	–	x[79]
67	Wittmaack, Hermann	02.10.1871 in Berlin	Reichsgerichtsrat	–	x[80]	x
68	Wunderlich, Max	15.01.1871 in Dresden	Buchhändler	x	x	x[81]
69	Zenker, Georg	01.08.1869 in Leipzig	Rechtsanwalt	–	x	x[82]

69 Weshalb Gerhard Stumme die Nikolaischule nach der Quinta verließ, war trotz aller Bemühungen nicht mehr zu ergründen (siehe: Programm 1884, S. XXVII).

70 Im Oktober 1885 kehrte Gerhard Stumme an die Schule zurück (vgl.: Programm 1886, S. XVII).

71 Infolge schlechter Leistungen konnte Curt Telle nach der Sexta nicht versetzt werden (siehe: Stadtarchiv Leipzig, Bestand Nikolaischule, Nr. 265, Bl. 117), woraufhin er das Gymnasium verließ (vgl.: Programm 1883, S. XXIV).

72 Offensichtlich wurde Walther Troitzsch nach dem Schuljahr 1885/86 nicht versetzt, und zwar auf Grund schwacher Leistungen (vgl. dazu: Stadtarchiv Leipzig, Bestand Nikolaischule, Nr. 265, Bl. 161), die weniger im Leistungsvermögen als vielmehr in familiären und sozialen Problemen begründet lagen (siehe: Ebenda, Bestand Schulamt, Kap. III, Nr. 102, Bd. 1, Bl. 296 ff.); jedenfalls bestand er im März 1891 das Abitur (vgl.: Jahresbericht 1891, S. XXXIV).

73 Paul Uhlig wurde nicht zu Ostern, sondern erst zu Michaelis 1881 in das Nikolaigymnasium aufgenommen (siehe hierzu: Programm 1882, S. XXI, und Jahresbericht 1890, S. XX).

74 Vgl.: Programm 1882, S. XXI, und Jahresbericht 1890, S. XX.

75 Weshalb Gustav von Vietinghoff die Schule nur wenige Monate besuchte (siehe: Programm 1883, S. XXIV), ließ sich nicht mehr feststellen; keinesfalls gehörte er zu den schwachen Gymnasiasten.

76 Heinrich Vogeler besuchte die Nikolaischule schon seit März 1880 (siehe: Programm 1881, S. XX). Demzufolge mußte er die Quinta wiederholen, jedoch sollte er auch in den folgenden Schuljahren ein schwacher Schüler bleiben (siehe hierzu: Stadtarchiv Leipzig, Bestand Nikolaischule, Nr. 265, Bl. 117, 124 R und 125 R). Schließlich hatte Vogeler, wie aus dem Protokoll der Lehrerkonferenz vom 14. Dezember 1883 hervorging, nur geringe Aussichten, in die Untertertia versetzt zu werden (vgl.: Ebenda, Bl. 133). Daraufhin verließ er das Gymnasium (siehe: Programm 1885, S. XLI).

Lfd. Nr.	1884/85	1885/86	1886/87	1887/88	1888/89	1889/90
58	–	–	x[70]	x	x	x
59	–	–	–	–	–	–
60	x	x[72]	–	–	–	–
61	x	x	x	x	x	x[74]
62	–	–	–	–	–	–
63	–	–	–	–	–	–
64	x[77]	–	–	–	–	–
65		–	–	–	–	–
66	x	x	x	x	x	x
67	x	x	x	x	x	x
68	–	–	–	–	–	–
69	–	–	–	–	–	–

77 Walther Werner hatte schon in der Quarta mehr oder minder große Schwierigkeiten, den Anforderungen an einen Gymnasiasten zu genügen; dennoch beschloß die vom 29. bis 31. März 1884 tagende Lehrerkonferenz, ihn unter gewissen Bedingungen in die nächsthöhere Klasse zu versetzen (vgl.: Stadtarchiv Leipzig, Bestand Nikolaischule, Nr. 265, Bl. 134 R). Ein solches Zugeständnis konnte dieselbe Versammlung zwölf Monate später nicht noch einmal machen (siehe: Ebenda, Bl. 147 R). Nachdem Werner die Untertertia wiederholt und die beiden nachfolgenden Klassenstufen durchlaufen hatte, verließ er dann im März 1888 das Nikolaigymnasium (vgl.: Jahresbericht 1889, S. 24).

78 Schon frühzeitig trat zutage, daß Hans Westermann ein recht schwacher Schüler war (vgl. dazu: Stadtarchiv Leipzig, Bestand Nikolaischule, Nr. 265, Bl. 114 und 124 R). Es konnte deshalb nicht verwundern, wenn er zu Ostern 1883 nicht versetzt wurde (siehe: Ebenda, Bl. 125 R) und wenn er schließlich nach dem Schuljahr 1887/88 vorzeitig vom Gymnasium abging (vgl.: Jahresbericht 1888, S. XV).

79 Am 2. April 1883 hatte Felix Westhaußer die Aufnahmeprüfung in die Quarta bestanden (vgl.: Stadtarchiv Leipzig, Bestand Nikolaischule, Nr. 265, Bl.127, und Programm 1884, S. XXVI).

80 Siehe: Programm 1883, S. XXII.

81 Allem Anschein nach war Max Wunderlich in der Quarta endgültig an seine Leistungsgrenze gestoßen (siehe: Stadtarchiv Leipzig, Bestand Nikolaischule, Nr. 265, Bl. 124 R, 133 und 134 R), infolgedessen ging er nach dem Schuljahr 1883/84 von der Nikolaischule ab. Siehe: Stadtarchiv Leipzig, Bestand Nikolaischule, Nr. 265, Bl. 134 R, und Programm des Nicolaigymnasiums 1885, S. XLI.

82 Georg Zenker war ein sehr schwacher Gymnasiast. Obgleich er die Quinta wiederholte (vgl.: Programm 1882, S. XXI), konnte er die Erwartungen an einen Schüler dieser Klasse kaum erfüllen (siehe: Stadtarchiv Leipzig, Bestand Nikolaischule, Nr. 265, Bl. 124 R und 125 R). Es verwundert deshalb nicht, daß er nach der Quarta erneut sitzenblieb (vgl. hierzu: Ebenda, Bl.133) und daß er nun das Gymnasium verließ (siehe: Programm 1885, S. XLI).

II. Der Stundenplan (in Klammern die wöchentliche Stundenzahl)[1]

Fach	Schuljahr 1881/82	1882/83	1883/84	1884/85	1885/86	1886/87	1887/88	1888/89	1889/90
Sprachen und Wissenschaften									
Religion[2]	–	–	–	–	–	–	–	–	–
Lateinisch	x (10)	x (9)	x(9)	x (9)	x (9)	x (9)	x (8)	x (8)	x (8)
Griechisch	–	–	–	x (7)	x (7)	x (7)	x (7)	x (7)	x (7)
Hebräisch[3] (fakultativ)	–	–	–	–	–	–	–	–	–
Deutsch	x (3)	x (3)	x (2)	x (2)	x (2)	x (2)	x (2)	x (3)	x (3)
Französisch	–	x (3)	x (5)	x (2)	x (2)	x (2)	x (2)	x (2)	x (2)
Englisch[4] (fakultativ)	–	–	–	–	–	–	x (2)	x (2)	x (2)
Arithmetik	x (3)	x (3)	x (4)	–	–	–	–	–	–
Mathematik	–	–	–	x (2)	x (4)	x (4)	x (4)	x (4)	x (4)
Physik	–	–	–	–	–	x (1)	x (2)	x (2)	x (2)
Geschichte	x (2)	x (2)	x (2)	x (2)	x (2)	x (2)	x (3)	x (3)	x (3)
Naturkunde	x (2)	x (2)	x (2)	x (2)	x (1)	–	–	–	–
Geographie	x (2)	x (2)	x (2)	x (1)	x (2)	x (1)	–	–	–
Künste und Fertigkeiten									
Schreiben	x (2)	x (2)	–	–	–	–	–	–	–
Stenographie[5] (fakultativ)	–	–	–	x (1)	x (1)	x (1)	–	–	–
Zeichnen	x (2)	x (2)	x (1)	x (2)	x (2)	x (2)[6]	x (2)	x (2)	x (2)[7]
Gesang[8]	x (2)	x (2)	x (4)	x (3)	x (3)	x (3)	x (2)	x (2)	x (2)
Turnen	x (2)	x (2)	x (2)	x (2)	x (2)	x (2)	x (2)	x (2)	x (2)

1 Die Tabelle wurde zusammengestellt nach Programm 1882, S. XV f.; Programm 1883, S. XIV ff., Programm 1884, S. XVII und XIX; Programm 1885, S. XXXI ff.; Programm 1886, S. IX und XI; Jahresbericht 1887, S. VI f. und IX; Jahresbericht 1888, S. IX und XII; Jahresbericht 1889, S. 13 und 17, sowie Jahresbericht 1890, S. VIII und XII.

2 Im Jahre 1878 hatten Natalie und Wilhelm Liebknecht ihren Kirchenaustritt und als Vormünder Karls auch den seinen erklärt. Als Dissident mußte er dem Religionsunterricht nicht beiwohnen.

3 Vgl.: Stiftung „Archiv der Parteien und Massenorganisationen der DDR“ im Bundesarchiv, Zentrales Parteiarchiv, NY 4001, Nr.1, Bl. 42, und Sächsisches Hauptstaatsarchiv Dresden, Ministerium für Volksbildung, Nr. 11 572, Bl. 261. Am Hebräischunterricht nahmen vornehmlich jene Gymnasiasten teil, die später einmal Theologie studieren wollten.

4 Zwar fand sich in den Schulakten kein Vermerk darüber, daß Karl Liebknecht am fakultativen Englischunterricht teilnahm, doch beherrschte er die englische Sprache später so gut, daß daran kaum zu zweifeln ist. Siehe dazu: Liebknecht, Karl: Gedanken über Kunst. Schriften–Reden–Briefe. Hrsg. und mit einer Einführung versehen von Marlen Michailowitsch Korallow, a.a.O., S. 282.

5 Daß Karl Liebknecht auch tatsächlich dem Stenographieunterricht beiwohnte, konnte bisher nicht eindeutig nachgewiesen werden, allerdings liegt eine solche Vermutung nahe.

6 In der Sexta und Quinta wurden ausschließlich die allgemeinen Grundlagen des Gesangs vermittelt, wozu dann in der Quarta wöchentlich zwei Übungsstunden für den Schulchor kamen. Schließlich fiel in der Unterprima der grundlegende Teil des Gesangsunterrichts weg, nachdem die Stundenzahl dafür bereits in der Untertertia halbiert worden war. Es kann zwar angenommen werden, daß Karl Liebknecht dem Chor angehörte, doch beweisen läßt sich das nicht mehr.

7 Der Zeichenunterricht war in der Untersekunda fakultativ.

8 Auch in der Oberprima war die Teilnahme am Zeichenunterricht nicht obligatorisch.

Lehr- und Prüfungsordnung

für die Gymnasien,

abgeändert u. mittels Bekanntmachung vom 8. Juli 1882
neu veröffentlicht,

nebst

Verordnung vom 8. Juli 1882, Aenderungen und Nachträge
zur Verordnung vom 29. Januar 1877 betr.,

und

dem Regulativ für die Prüfungen der Candidaten des
höheren Schulamts mit den dazu erlassenen Abänderungen
und Nachträgen

Herausgegeben
und mit einem Sachregister versehen
von

R. Götz,
Secretair im Königl. Cultusministerium.

Zugleich als Nachtrag zu der von dem Herausgeber s. Z. veranstalteten Handausgabe des Gesetzes über die Gymnasien 2c. vom 22. August 1876.

Leipzig,
Druck und Verlag der Roßberg'schen Buchhandlung.
1882.

Auszug aus der Lehr- und Prüfungsordnung für Gymnasien.

A. Lehrordnung.

Gegenstände des Unterrichts.

§ 1. Die Lehrgegenstände theilen sich in
1. wissenschaftliche Fächer, unter welchen Religion, die deutsche, lateinische, griechische, französische, beziehentlich die hebräische Sprache, philosophische Propädeutik in Verbindung mit dem deutschen Unterrichte, Zahlenrechnen, Mathematik, Physik, Naturbeschreibung, Geographie und Geschichte und in
2. Künste und Fertigkeiten, worunter Zeichnen, Schönschreiben, Gesang und Turnen inbegriffen sind.

Sämmtliche Lehrgegenstände unter 1 und 2 sind obligatorisch, die hebräische Sprache jedoch nur für Diejenigen, welche Theologie zu studiren beabsichtigen, Zeichnen nur für die Klassen Sexta und Quinta.

Facultative Lehrgegenstände sind: Stenographie für die Schüler der Mittelklassen (§ 37 Abs. 3 des Gesetzes), englische Sprache von Obersecunda, Zeichnen von Quarta an.

III. Die vermittelten Lehrinhalte[1]

Schul-jahr	Fach Lateinisch	Griechisch	Deutsch
1881/82	Regelmäßige Formenlehre nach Ellendt-Seyffert; mündliche und schriftliche Übungen nach Ostermann. Wöchentliche Scripta und Extemporalia	–	Besprechung von Lesestücken aus Masius' deutschem Lesebuch. Deklamationen, deutsche Aufsätze, Diktate.
1882/83	Übersetzungen aus einem Übungsbuch. Unregelmäßige Formenlehre; einige Hauptregeln der Syntax.	–	Besprechung von Lesestücken. Repetition und Ergänzung der orthographischen und Interpunktionsregeln. Grammatische (der einfache, erweiterte und abgekürzte Satz; der Haupt- und Nebensatz; Lehre von den Konjunktionen) im Anschluß an die Lektüre.
1883/84	Busch, lat. Übungsbuch. III. Teil. Nepos, vit. I–VIII. XI–XIII. XIX–XXIII. Specimina und Extemporalia.	–	Lektüre von Gedichten aus Echtermeyer und Prosastücken aus Hiecke II. Lernen und Vortragen von Gedichten. Aufsätze.
1884/85	Caes. b. Gall. I. II. III. Ellendt-Seyffert § 129–201, 234–242, Repetition der Formenlehre. Pensa und Extemporalia.	Regelmäßige Formenlehre bis zu den verba liquida nach Uhles Elementargrammatik. Mündliche Übersetzungsübungen nach Gerth. Pensa und Extemporalia.	Erklärung ausgewählter Gedichte nach Echtermeyer, besonders Schillerscher Balladen. Lektüre aus Hieckes Lesebuch II. Deklamationen. Aufsätze.
1885/86	Caesar de bello Gall. IV. V., de bello civ. I. II 1–23. – Ellendt-Seyffert § 234–315 (mit Ausnahme der Bedingungssätze, Pensa und Extemporalia. Ovid. Metam. nach Siebelis' Auswahl. Versübungen.	Xenoph. Anab. I 1–4, 9. 6–8. 10. II 1–2, 12. 3, 17 bis Ende. Formenlehre 2. Teil. Syntax Gerth § 191–244. Pensa und Extemporalia.	Die Dichter der Befreiungskriege. Uhlands Balladen. Ausgewählte Prosastücke aus Hieckes Lesebuch II. Aufsätze.

1 Zusammengestellt nach Programm 1882, S. XV f.; Programm 1883, S. XV ff. ; Programm 1884, S. XVII und XIV; Programm 1885, S. XXXI f. und XXXIII; Programm 1886, S. IX und XI; Jahresbericht 1887, S. VI f. und IX; Jahresbericht 1888, S. IX und XII; Jahresbericht 1889, S. 13 und 17, und Jahresbericht 1890, S. VIII und XII f.

Schul- jahr	Fach Lateinisch	Griechisch	Deutsch
1886/87	Cicero in Catil. I. III. Cato Maior, de imp. Cn. Pomp. (kursorisch). Privatim Caesar de bell. civ. III und ausgewählte Fabeln des Phaedrus. Ergänzung und Befestigung der Syntax. Pensa und Extemporalia.	Xenoph. Hellen. VI. VII. Gerths Schulgrammatik § 244–308. Repetition der Formenlehre. Pensa und Extemporalia. – Homer Odyssee I–VI. Privatim Odyssee XIII–XVI	Ausgewählte Schillersche Gedichte. Wilhelm Tell und die Jungfrau von Orleans. Übungen im freien Vortrage. Aufsätze.
1887/88	Livius I. Sallust. Catil. Privatim Cicero pro Archia poeta, pro Rosc. Amerino zum Teil. Aufsätze, Pensa und Extemporalia. Vergil Aen. III. IV in Auswahl. Catull in Auswahl.	Herod. IX, Lysias XII 1–25. XIX. VII. XVI. XXIV. Gerths Schulgrammatik § 309–335. Wiederholung der Formenlehre und Syntax. Pensa und Extemporalia. Homer Ilias I–V. Privatim Od. VII bis XII, XVII, XVIII.	Einführung in die mittelalterliche Literatur und Sprache. Lektüre Walthers von der Vogelweide. Kursorisch Nibelungenlied av. 1–3, 16. Vorträge. Aufsätze.
1888/89	Cicero pro Milone und in Verr. V; privatim pro rege Deiotaro und Sallust de bell. Jug. Aufsätze, Pensa und Extemporalia. Horat. Od. 1–4. 6. 9–12. 14. 18. 20. 22. 24. 26. 35. 37. 38. II 1. 3. 6. 7. 10. 13–18. 20. III 1–6. 8. 14. 21. 30. IV 7. Epod. 2. 7.	Lykurg, Rede gegen Leokrates, Plato, Apologie; privatim Krito. Geschichte der griechischen Philosophie bis Plato. Extemporalia. Homer Il. 16, 18, 21–23; nach Stadtmüllers Eclogae Hesiod, Tyrtäus, Mimnermus, Solon, Theokrits, Adoniaz.; Aesch. Prom. Privatim Hom. Od. XXI bis XXIV.	Literaturgeschichte von Opitz bis Lessing. Eingehendere Betrachtung des Lebens und der Werke von Klopstock und Lessing. Lesen ausgewählter Oden von Klopstock und Lessings Hamburgischer Dramaturgie. Freie Vorträge literaturgeschichtlichen Inhalts. Aufsätze.
1889/90	Tacitus Agricola, Germania, Annalen II, privatim Cicero Brutus. Besprechung einiger Teile der röm. Literaturgeschichte und der röm. Staatsverhältnisse. Halbjährlich 2 Aufsätze, monatlich 2 Scripta oder Extemporalia Horat. Sat. I 1. 6. 7. 9. II 1. 6. Epist. I 1. 2. 4. 5. 7. 11. 19. 20. II 1.	Demosth. Phil. I, Olynth. I, de pace, Phil. III, Thucyd. Auswahl aus I und II. Soph. Oed. R. Oed. Col. Ant. Privatim Plato, Phaedo z. T. Pensa und Extemporalia.	Überblick über den Entwicklungsgang der deutschen Literatur von 1770 bis 1805 unter besonderer Berücksichtigung Goethes. Freie Vorträge. Aufsätze.

Schul-jahr	Fach Französisch	Englisch	Arithmetik
1881/82	–	–	Die vier Species in ganzen unbenannten und benannten Zahlen. Faktorenzerlegung, Regel de tri.
1882/83	Leseübungen; Übersetzung von Übungsstücken. Regelmäßige Formenlehre bis zum Aktivum der 1. Konjugation (incl.).	–	Die Species mit gewöhnlichen und Decimalbrüchen; Anwendung der letzteren auf das dekadische System der Masse. Regel de tri. Kopfrechnen.
1883/84	Plötz, Elementargrammatik, L. 61 bis zum Schluß. Knebel – Probst, franz. Schulgrammatik, § 49–56. Probst, Übungsbuch, I. Abschn. 1–38.	–	Unendliche Decimalbrüche. Regel de tri. Prozentrechnung. Zinsrechnung. Gesellschafts- und Mischungsrechnung. Im Winter geometrische Formenlehre.
1884/85	Wiederholung und Vervollständigung der Formenlehre nach Knebel-Probst Schulgr. Substantiv und Adjektiv, Pronomina, Übungsbeispiele aus Probst Übungsbuch I. Lektüre aus Plötz Lectures choisies.	–	–
1885/86	Knebel – Probst Schulgr. §57–60 Wiederholung und Vervollständigung der Formenlehre (Substantiv und Adjektiv, Pronomina). Übungsbeispiele aus Probst Übungsbuch I. Lektüre aus Plötz Lectures choisies. Pensa und Extemporalia.	–	–
1886/87	Durchnahme von Knebels Schulgrammatik § 65–84. Übersetzung von Übungsstücken aus Knebel-Probst Übungsbücher I und II. Pensa u. Extemporalia. – Lektüre aus Plötz Manuel (Voltaire, Ségur, Mérimée).	–	–

Schul- jahr	Fach Französisch	Englisch	Arithmetik
1887/88	Durchnahme von Knebels Schulgrammatik § 85–96. Übersetzung von Übungsstücken aus Knebel-Probsts Übungsbuch II. Pensa u. Extemporalia. – Lektüre aus Plötz Manuel (Mme de Staël, J.-J. Rousseau) mit Erklärung in franz. Sprache.	Aussprache und Formenlehre nach Petersen, Lehr- und Lesebuch S. 1–31. Lektüre aus demselben Buche (Edgeworth, Dickens, W. Irving) mit Wiederholung der Formenlehre und Einführung in die Syntax.	–
1888/89	Grammatik Knebel-Probst § 96–119. Mündl. Übersetzen aus Übungsbuch II. Pensa und Extemporalia. Lektüre von Scribe, le Verre d'eau (teilweise kursorisch oder privatim) und der Notice sur Boileau nebst ausgewählten Stücken aus demselben (nach Plötz, Manuel) mit Erklärung in franz. Sprache.	Lektion aus Herrig, the British Classical Authors (Prosa von Goldsmith, Macaulay, Lamb, Pitt, Webster, Franklin).	–
1889/90	Grammatik: Wiederholung und Erweiterung des Lehrstoffs. Pensa u. Extemporalia. Lektüre von Corneille, Cid und von Guizot, Washington (nach Göbels Bibliothek XXXII, S. 49–91, 104–108) mit Erklärung in franz. Sprache.	Lektüre aus Herrig, the British Classical Authors (Southey, Th. Moore).	–

Schul- jahr	Fach Mathematik	Physik	Geschichte
1881/82	–	–	Sagen des Altertums; griechische und römische Geschichte in Biographien.
1882/83	–	–	Das Mittelalter in Geschichtsbildern (unter besond. Hervorhebung hervorragender Persönlichkeiten der deutschen und sächsischen Geschichte).
1883/84	–	–	Neuere Geschichte von den Entdeckungsreisen bis 1815.
1884/85	Die vier Species der allgemeinen Arithmetik. Die Winkel und Seiten des Dreiecks; die Kongruenz der Dreiecke. Das Viereck. Konstruktionsübungen.	–	Griechische Geschichte.
1885/86	Gleichungen ersten Grades mit einer Unbekannten. Rechnung mit unvollständigen Decimalbrüchen. Ausziehung der Quadratwurzeln. Proportionen. – Die Fundamentalsätze über den Kreis. Vergleichung und Verwandlung geradlinig begrenzter Flächen. Analytische Methode zur Lösung von Konstruktionsaufgaben.	–	Römische Geschichte bis zur Kaiserzeit.
1886/87	Gleichungen ersten Grades mit zwei und mehr Unbekannten. Potenzen und Wurzeln. Proportionalität von Strecken zwischen Parallelen. Ähnlichkeit der Dreiecke und Vielecke. Proportionen am Kreise. Berechnung der Flächenräume geradlinig begrenzter Figuren.	Einleitung in die Physik; die einfachsten Lehren der Chemie. Magnetismus und Reibungselektricität.	Deutsche Geschichte bis 1125.

Schul- jahr	Fach Mathematik	Physik	Geschichte
1887/88	Logarithmen. Quadratische Gleichungen mit einer und mehreren Unbekannten. Reciproke Gleichungen. – Reguläre Vielecke. Kreisrechnung. Trigonometrie: Sinus- und Cosinussatz. Die wichtigsten goniometrischen Formeln.	Galvanismus. Wärmelehre.	Geschichte des Mittelalters von den Kreuzzügen bis zur Reformation. Wiederholung der griechischen Geschichte.
1888/89	Arithmetische und geometrische Progressionen. Zinseseszins- und Rentenrechnung. Schluß der Trigonometrie. Stereometrie.	Mechanik. Wellenlehre.	Neuere Geschichte von der Reformation bis zum Westfälischen Frieden. Wiederholung der alten Geschichte.
1889/90	Kombinationslehre und binomischer Satz für ganze positive Exponenten. Erweiterung des stereometrischen Pensums. Synthetische Behandlung von Parabel und Ellipse. Allgemeine Wiederholung.	Wellenlehre. Akustik. Optik.	Neuere Geschichte: Vom dreißigjährigen Kriege bis zum Hubertusburger Frieden. Wiederholung der alten Geschichte.

Schul- jahr	Fach Naturkunde	Geographie	Zeichnen
1881/82	Besprechung ausgewählter einheimischer Pflanzen im S<ommer> und von Säugetieren und Vögeln im W<inter>.	Geographische Grundbegriffe; allgemeine Betrachtung der Erde; Sachsen und Palästina.	Unterweisung im richtigen Sehen und Zeichnen der elementaren Grundformen: Quadrat, Dreieck, Sechseck, Achteck und Kreis, Fünfeck mit Hülfe des Kreises. Auf Grundlage dieser Fig. synthetische Entwicklung von Blatt-, Palmetten- und Rosettenformen.
1882/83	S<ommer>: Erweiterung des botan. Pensums von VI; Einführung in das Linné'sche System. W<inter>: Beschreibung von Reptilien, Amphibien und Fischen.	Das Elementarste aus der mathematischen u. physischen Geographie. Die außereuropäischen Erdteile (mit bes. Berücksichtigung der alten und neuen Kulturstaaten).	?
1883/84	Botanik: Allgemeine Naturgeschichte der Pflanzen, Bestimmung der Species nach dem Linné'schen System, Einführung in das natürliche. Im S<ommer>: Beschreibung wirbelloser Tiere. Systematische Übersicht des Tierreichs.	Globuslehre. Topographie der Länder Europas.	Perspektivische Darstellungen auf Grund der Anschauungen mittelst Zeichnen nach Stabmodellen; der verkürzte Kreis.
1884/85	Anthropologie, Besprechung der Merkmale der Mineralien; specielle Betrachtung einiger Mineralspecies.	Die außereuropäischen Erdteile.	Licht- und Schattenlehre. Vorübungen zum Schattieren. Die Kugel, prismatische Körper, Walzen, ornamentale Gypsmodelle, Gegenstände nach der Natur, Photographieen etc. mit Kreide, Tusche in Aquarellmanier usw.

Schul- jahr	Fach Naturkunde	Geographie	Zeichnen
1885/86	Mineralogie mit Hervorhebung der Krystallographie. Einiges aus der Geologie	Europa, ausführlicher Mitteleuropa, besonders Deutschland. Übungen im Entwerfen von Karten.	Siehe vorhergehendes Schuljahr.
1886/87	–	Allgemeine Erdkunde.	Siehe Schuljahr 1884/85.
1887/88	–	–	Siehe Schuljahr 1884/85.
1888/89	–	–	Siehe Schuljahr 1884/85.
1889/90	–	–	Siehe Schuljahr 1884/85.

Schul- jahr	Fach Gesang
1881/82	?
1882/83	?
1883/84	Notenlernen; Treffübungen; Choräle und leichte Lieder.
1884/85	Lieder, Choräle, Chöre, Motetten etc.
1885/86	Lieder (4stimmig), Choräle, Chöre, Motetten für gemischten Chor. Chöre zu Sophokles' Aias von Markull für vierstimmigen Männerchor.
1886/87	Lieder (4stimmig), Chöre, Motetten für gemischten Chor. Chöre u Thermopylae von R. Müller für vierstimmigen Männerchor.
1887/88	Siehe vorhergehendes Schuljahr.
1888/89	Lieder (4stimmig), Chöre aus Oratorien usw., Motetten für gemischen Chor.
1889/90	Siehe vorhergehendes Schuljahr.

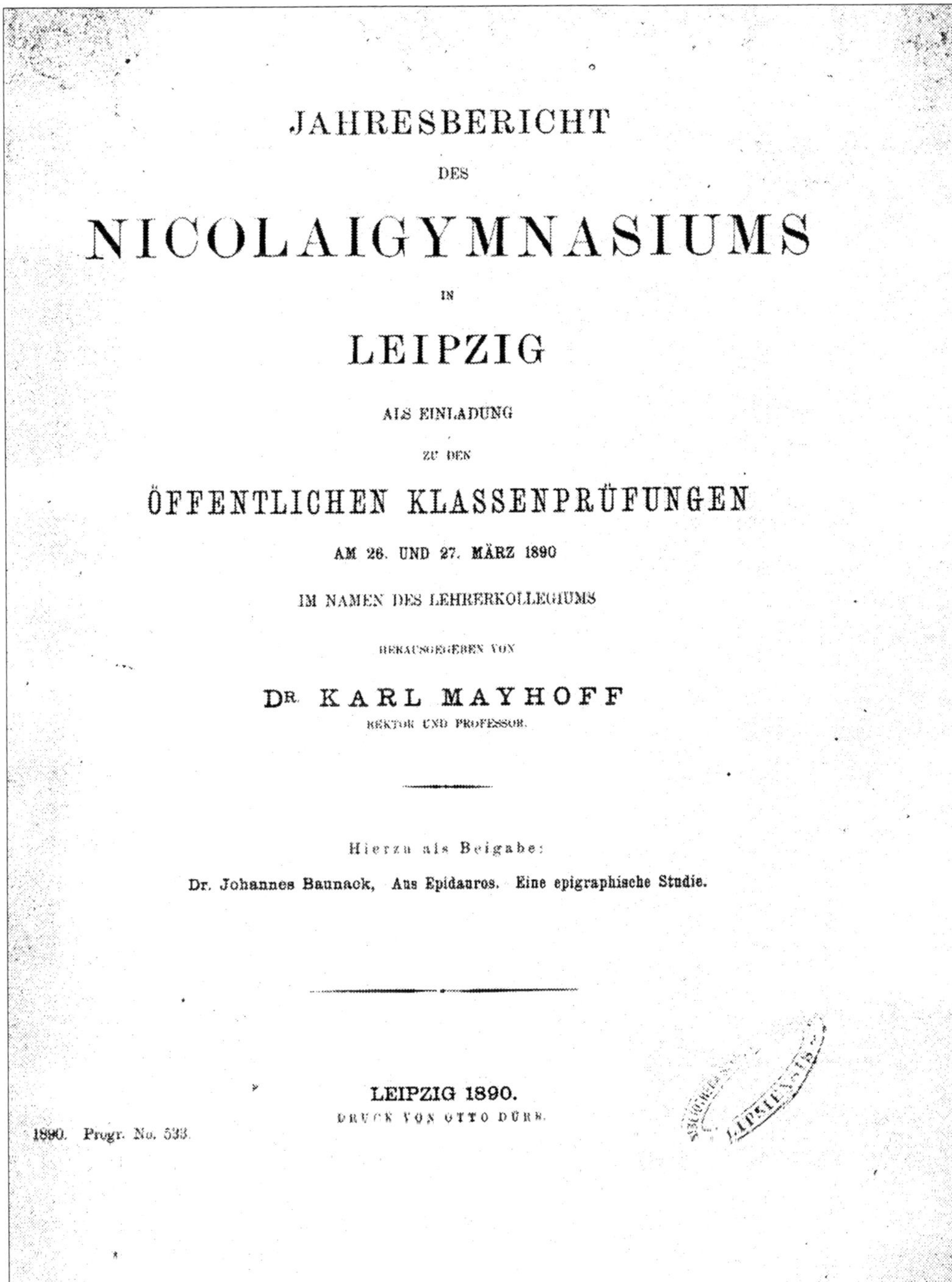

JAHRESBERICHT

DES

NICOLAIGYMNASIUMS

IN

LEIPZIG

ALS EINLADUNG

ZU DEN

ÖFFENTLICHEN KLASSENPRÜFUNGEN

AM 26. UND 27. MÄRZ 1890

IM NAMEN DES LEHRERKOLLEGIUMS

HERAUSGEGEBEN VON

DR. KARL MAYHOFF

REKTOR UND PROFESSOR.

Hierzu als Beigabe:

Dr. Johannes Baunack, Aus Epidauros. Eine epigraphische Studie.

LEIPZIG 1890.

DRUCK VON OTTO DÜRR.

1890. Progr. No. 533.

Titelblatt eines Jahresberichtes

IV. Die benutzten Lehrbücher[1]

Titel der im jeweiligen Unterrichtsfach eingeführten Lehrbücher	Schuljahr 1881/82	1882/83	1883/84
Lateinisch			
– *Busch, <H.>*: Lat<einisches> Übungsbuch <nebst einem Vokabularium. Erster Teil.> Für Sexta, <Berlin>;	x(?)[2]	–	–
– *Seyffert-Busch:* Lat<einische> Elementargrammatik;	x(?)	x(?)	–
– *Busch, <H.>:* Lat<einisches> Übungsbuch <nebst einem Vokabularium. Zweiter Teil.> Für Quinta, <Berlin>;	–	x(?)	–
– *Busch, <H.>:* Lat<einisches> Übungsbuch <nebst einem Vokabularium. Dritter Teil.> Für Quarta, <Berlin>;	–	–	x(?)
– *Ellendt-Seyffert:* Lat<einische> Schulgrammatik;	–	–	x(?)
– Ein lateinisches Schulwörterbuch;	–	–	x(?)
– *Franke, <Friedrich>:* Chrestomathie aus röm<ischen> Dichtern <für mittlere Gymnasial-Klassen, Leipzig>;	–	–	–
– Novum testamentum Graece;	–	–	–

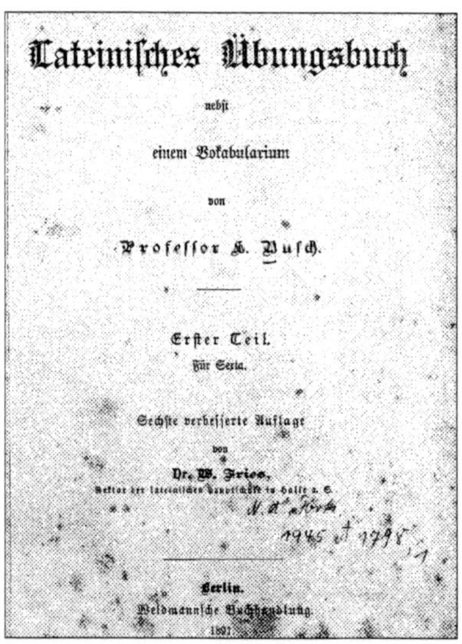

1 Zusammengestellt nach Programm 1886, S. XXII; Jahresbericht 1887, S. XIX; Jahresbericht 1888, S. XXI; Jahresbericht 1889, S. 28, und Jahresbericht 1890, S. XXIX. Die fehlenden, das heißt in Klammern gesetzten Angaben wurden dem alphabetischen resp. dem Sachkatalog der Comenius-Bücherei Leipzig entnommen. Außer den eingeführten Lehrbüchern gab es auch Werke, die einzelnen Klassen zur Anschaffung empfohlen wurden, und zwar in:
Deutsch – *Eggelhaf:* Grundriß der deut(schen) Literaturgeschichte;
Lateinisch – *Seyffert:* Materialien zum Übers(etzen) ins Lateinische;
Naturkunde – *Traumüller/Krieger:* Grundriß der Botanik für Gymnasien; – *Krieger :* Grundriß der Zoologie;
Geschichte – : Ein historischer Atlas;
Zeichnen – *Kirchhoff/Lehmann:* Zeichenatlas.
(Zusammengestellt nach oben angeführten Quellen.)

1884/85	1885/86	1886/87	1887/88	1888/89	1889/90
–	–	–	–	–	–
–	–	–	–	–	–
–	–	–	–	–	–
–	–	–	–	–	–
x(?)	x	x	(30. Aufl.)	(32. Aufl.)	(32. Aufl.)
x(?)	x	x	x	x	x
x(?)	–	–	–	–	–
–	–	–	–	–	x

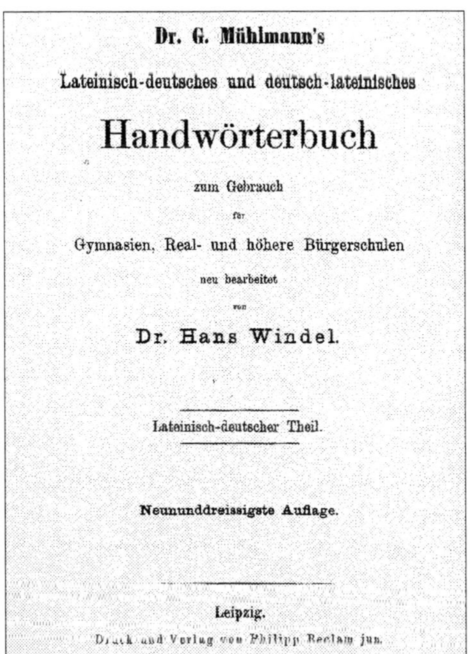
Dr. G. Mühlmann's
Lateinisch-deutsches und deutsch-lateinisches
Handwörterbuch
zum Gebrauch
für
Gymnasien, Real- und höhere Bürgerschulen
neu bearbeitet
von
Dr. Hans Windel.
Lateinisch-deutscher Theil.
Neununddreissigste Auflage.
Leipzig.
Druck und Verlag von Philipp Reclam jun.

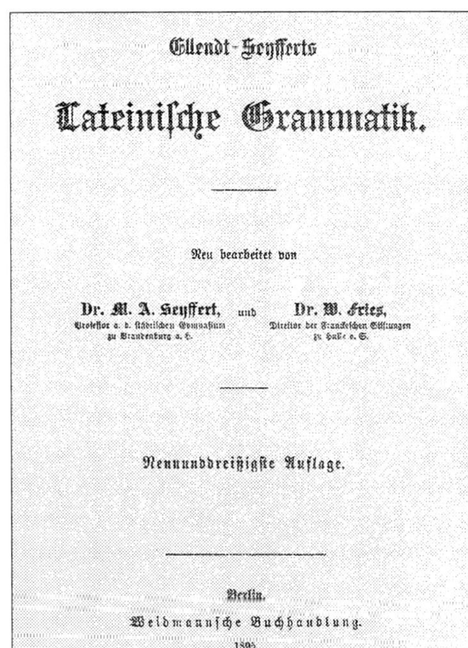
Ellendt-Seyfferts
Lateinische Grammatik.
Neu bearbeitet von
Dr. M. A. Seyffert, Professor a. d. städtischen Gymnasium zu Brandenburg a. H. und Dr. W. Fries, Direktor der Franckeschen Stiftungen zu Halle a. S.
Neununddreißigste Auflage.
Berlin.
Weidmannsche Buchhandlung.
1895.

2 Ein „Verzeichnis der am Nicolai-Gymnasium eingeführten Lehrbücher" wurde erstmals im Jahre 1886 veröffentlicht (siehe: Programm 1886, S. XXII). Auf dieser Grundlage wurde rekonstruiert, welche Bücher Karl Liebknecht in der Sexta, Quinta sowie Untertertia benutzte. Allerdings muß der Autor einen letzten Beweis hierfür schuldig bleiben, infolgedessen kennzeichnete er die jeweilige Angabe mit einem in Klammern gesetzten Fragezeichen.

Titel der im jeweiligen Unterrichtsfach eingeführten Lehrbücher	Schuljahr 1881/82	1882/83	1883/84
Griechisch			
– *Gerth:* Griech<isches> Übungsbuch, Teil I;	–	–	–
– *Gerth:* Kurzgef<aßte> gr<iechische> Schulgrammatik;	–	–	–
– *Wesener:* Griech<isches> Elementarbuch, Teil II;	–	–	–
– Ein griechisches Schulwörterbuch;	–	–	–
Deutsch			
– *Hiecke, <Robert Heinrich>:* Deutsches Lesebuch für Unterklassen	x(?)	x(?)	–
– *Echtermeyer, <Theodor>:* Auswahl deutscher Gedichte <für höhere Schulen. Hrsg. von Hermann Masius, Halle>;	–	–	x(?)
– *Hiecke, <Robert Heinrich>:* Deutsches Lesebuch <für die mittleren Klassen von Gymnasien und Realschulen, bestehend in einer auf Anregung der Phantasie und des Gemütes, so wie auf Bildung der Darstellung berechneten Sammlung auserlesener Prosastücke. Hrsg. von Th. Vogel und Georg Berlit, Leipzig>;	–	–	x(?)

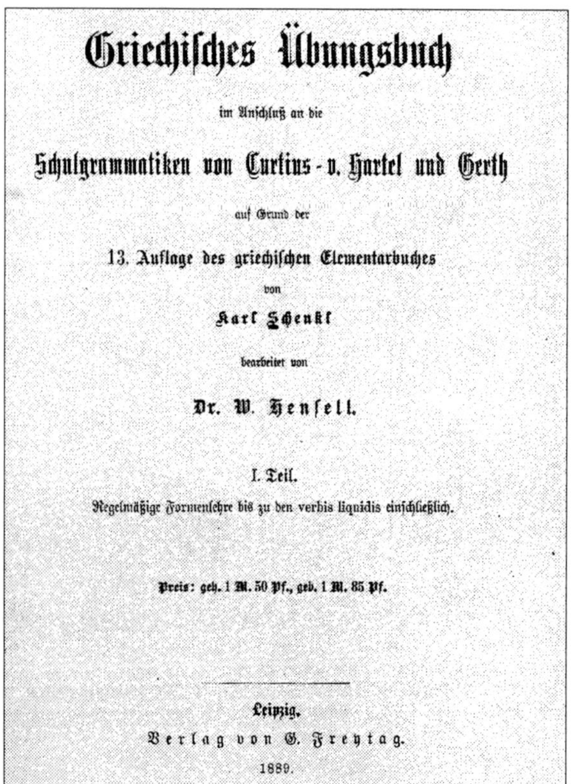
Griechisches Übungsbuch
im Anschluß an die
Schulgrammatiken von Curtius - v. Hartel und Gerth
auf Grund der
13. Auflage des griechischen Elementarbuches
von
Karl Schenkl
bearbeitet von
Dr. W. Henselt.
I. Teil.
Regelmäßige Formenlehre bis zu den verbis liquidis einschließlich.
Preis: geh. 1 M. 50 Pf., geb. 1 M. 85 Pf.
Leipzig.
Verlag von G. Freytag.
1889.

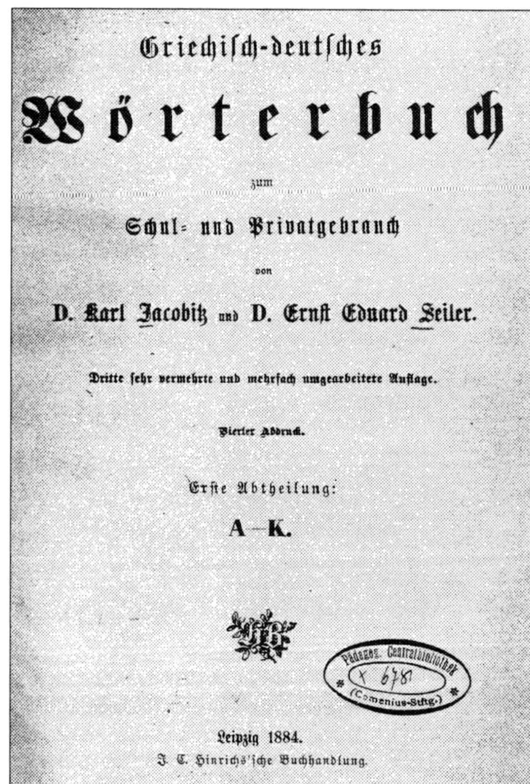
Griechisch-deutsches
Wörterbuch
zum
Schul- und Privatgebrauch
von
D. Karl Jacobitz und D. Ernst Eduard Seiler.
Dritte sehr vermehrte und mehrfach umgearbeitete Auflage.
Vierter Abdruck.
Erste Abtheilung:
A – K.

Leipzig 1884.
J. C. Hinrichs'sche Buchhandlung.

1884/85	1885/86	1886/87	1887/88	1888/89	1889/90
x(?)	–	–	–	–	–
x(?)	x	x	x	–	–
–	x	–	–	–	–
–	x	x	x	x	x
–	–	–	–	–	–
x(?)	x	x	–	–	–
x(?)	x	–	–	–	–

Deutsches Lesebuch
für
die mittleren Klassen von Gymnasien und Realschulen,
bestehend
in einer auf Anregung der Phantasie und des Gemütes, so wie
auf Bildung der Darstellung
berechneten
Sammlung auserlesener Prosastücke.
Von
Robert Heinrich Hiecke,
Direktor des Gymnasiums zu Greifswald.
Elfte Doppel-Auflage.
Herausgegeben von
Prof. Dr. Th. Vogel, Rektor des Realgymnasiums zu Leipzig.
Georg Berlit, Oberlehrer am Realgymnasium zu Leipzig.

Leipzig,
Verlag von Julius Werner.
1882.

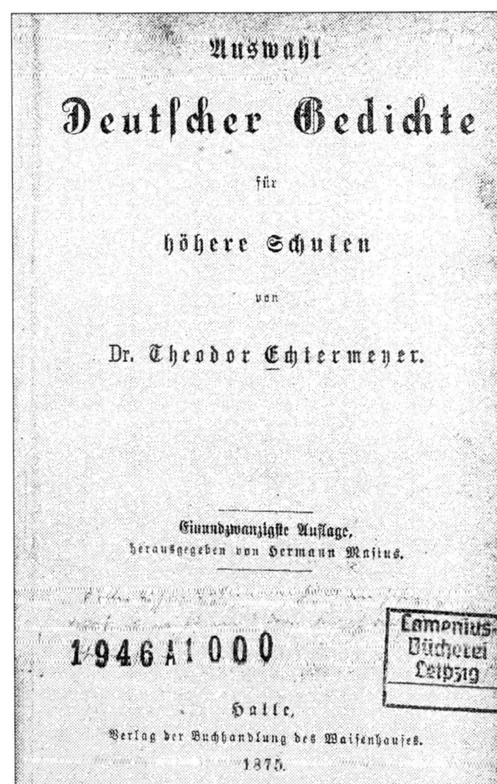
Auswahl
Deutscher Gedichte
für
höhere Schulen
von
Dr. Theodor Echtermeyer.
Einundzwanzigste Auflage,
herausgegeben von Hermann Masius.

Halle,
Verlag der Buchhandlung des Waisenhauses.
1875.

Titel der im jeweiligen Unterrichtsfach eingeführten Lehrbücher	Schuljahr 1881/82	1882/83	1883/84
Französisch			
– *Probst, <Hermann>:* Prakt<ische> Vorschule d<er> franz<ösischen> Sprache;	–	x(?)	x(?)
– *Knebel- Probst:* Franz<ösische> Schulgrammatik;	–	–	–
– *Probst, <Hermann>:* Übungsbuch z<um> Übersetzen <aus dem Deutschen ins Französische. Mit besonderer Berücksichtigung der französischen Schulgrammatik von H. Knebel. Erster Teil. Für mittlere Gymnasial- und Realklassen, Leipzig>;	–	–	–
– *Plötz:* Lectures choisies;	–	–	–
– Ein franz<ösisches> Wörterbuch;	–	–	–
– *Plötz, <Charles>:* Manuel de la litt<érature> francaise, <Berlin>;	–	–	–
– *Probst, <Hermann>:* Übungsbuch z<um> Übersetzen <aus dem Deutschen ins Französische. Mit besonderer Berücksichtigung der französischen Schulgrammatik von H. Knebel. Zweiter Teil. Für obere Klassen, Leipzig>;	–	–	–

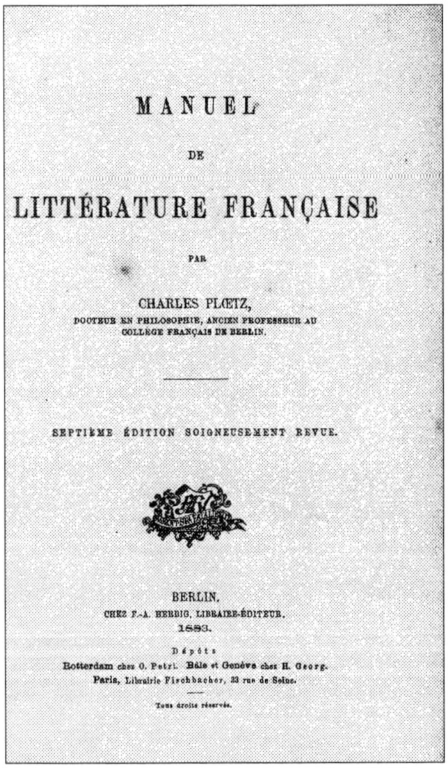

MANUEL

DE

LITTÉRATURE FRANÇAISE

PAR

CHARLES PLŒTZ,

DOCTEUR EN PHILOSOPHIE, ANCIEN PROFESSEUR AU COLLÈGE FRANÇAIS DE BERLIN.

SEPTIÈME ÉDITION SOIGNEUSEMENT REVUE.

BERLIN.

CHEZ F.-A. HERBIG, LIBRAIRE-ÉDITEUR.

1883.

Dépôts:

Rotterdam chez O. Petri. Bâle et Genève chez H. Georg.

Paris, Librairie Fischbacher, 33 rue de Seine.

Tous droits réservés.

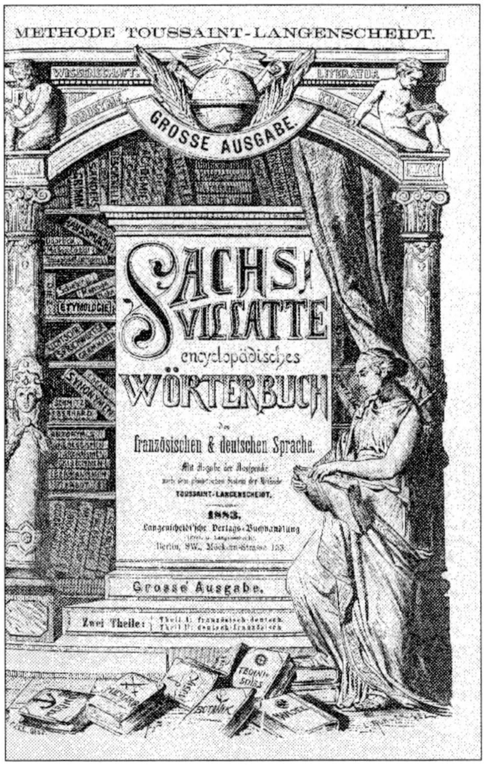

1884/85	1885/86	1886/87	1887/88	1888/89	1889/90
–	–	–	–	–	–
x(?)	x	x	x	(18. Aufl.)	(18. Aufl.)
x(?)	–	–	–	–	–
x(?)	x	–	–	–	–
x(?)	x	x	x	x	x
–	–	x	x	x	x
–	–	x	–	–	–

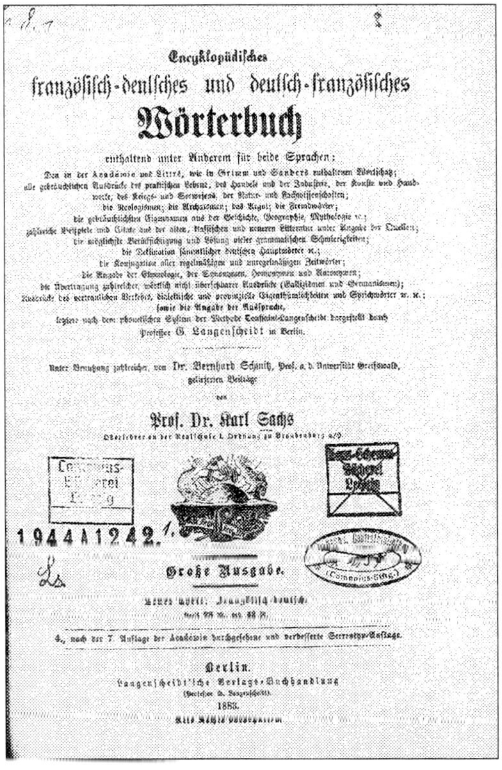

Encyklopädisches
französisch-deutsches und deutsch-französisches
Wörterbuch
enthaltend unter Anderem für beide Sprachen:
Den in der Académie und Littré, wie in Grimm und Sanders enthaltenen Wortschatz;
alle gebräuchlichen Ausdrücke des praktischen Lebens, des Handels und der Industrie, der Künste und Handwerke, des Kriegs- und Seewesens, der Natur- und Fachwissenschaften;
die Neologismen; die Archaismen; das Argot; die Fremdwörter;
die gebräuchlichsten Eigennamen aus der Geschichte, Geographie, Mythologie &c.;
zahlreiche Beispiele und Citate aus der alten, klassischen und neueren Litteratur unter Angabe der Quellen;
die möglichste Berücksichtigung und Lösung vieler grammatischen Schwierigkeiten;
die Deklination sämmtlicher deutschen Hauptwörter &c.;
die Konjugation aller regelmäßigen und unregelmäßigen Zeitwörter;
die Angabe der Etymologie, der Synonymen, Homonymen und Antonymen;
die Übertragung zahlreicher, wörtlich nicht übersetzbarer Ausdrücke (Gallizismen und Germanismen);
Ausdrücke des vertraulichen Verkehrs, dialektische und provinzielle Eigenthümlichkeiten und Sprichwörter &c. &c.;
sowie die Angabe der Aussprache,
letztere nach dem phonetischen System der Methode Toussaint-Langenscheidt dargestellt durch
Professor G. Langenscheidt in Berlin.

Unter Benutzung zahlreicher, von Dr. Bernhard Schmitz, Prof. a. d. Universität Greifswald, gelieferten Beiträge
von
Prof. Dr. Karl Sachs
Oberlehrer an der Realschule I. Ordnung zu Brandenburg a/H.

Große Ausgabe.

4., nach der 7. Auflage der Académie durchgesehene und verbesserte Stereotyp-Auflage.

Berlin.
Langenscheidt'sche Verlags-Buchhandlung
(Professor G. Langenscheidt).
1883.

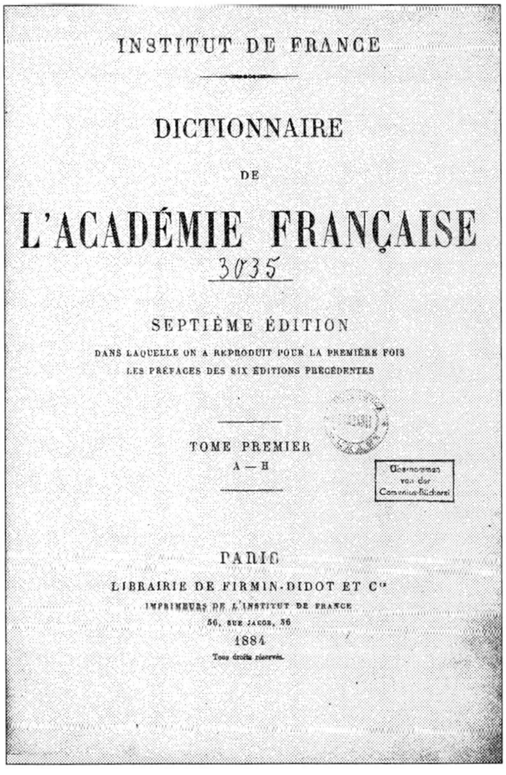

INSTITUT DE FRANCE

DICTIONNAIRE
DE
L'ACADÉMIE FRANÇAISE

SEPTIÈME ÉDITION
DANS LAQUELLE ON A REPRODUIT POUR LA PREMIÈRE FOIS
LES PRÉFACES DES SIX ÉDITIONS PRÉCÉDENTES

TOME PREMIER
A — H

PARIS
LIBRAIRIE DE FIRMIN-DIDOT ET Cie
IMPRIMEURS DE L'INSTITUT DE FRANCE
56, RUE JACOB, 56
1884

Titel der im jeweiligen Unterrichtsfach eingeführten Lehrbücher	Schuljahr 1881/82	1882/83	1883/84
Englisch			
– *Petersen:* Lehr- und Lesebuch f<ür> d<en> eng<lischen> Unterricht;	–	–	–
– *Herrig, <L.>:* The British classical authors. <Select specimens of the national literature of England with biographical and critical sketches. Poetry and Prose, Brunswick>;	–	–	–
– Ein englisches Wörterbuch;	–	–	–
Arithmetik/Mathematik			
– *Mehler:* Elementarmathematik;	–	–	x(?)
– *Heis, <Eduard>:* Sammlung von Beispielen aus d<er allgemeinen> Arithmetik <und Algebra. In systematischer Folge bearbeitet für Gymnasien, Realschulen, höhere Bürgerschulen und Gewerbeschulen, Köln>;	–	–	–
– *Schlömilch, <O.>:* <Fünfstellige> logar<ithmische und trigonometrische> Tafeln. <Galvanoplastische Stereotypie, Braunschweig>;	–	–	–
Physik			
– *Jochmann, <E.>:* Grundriß der Experimentalphysik. <Zum Gebrauch beim Unterricht auf höheren Lehranstalten und zum Selbststudium. Vermehrt um Elemente der Astronomie und mathematischen Geographie von O. Hermes, Berlin>;	–	–	–

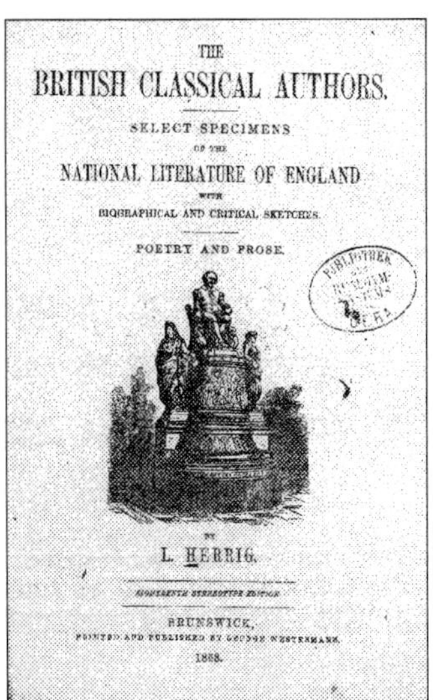

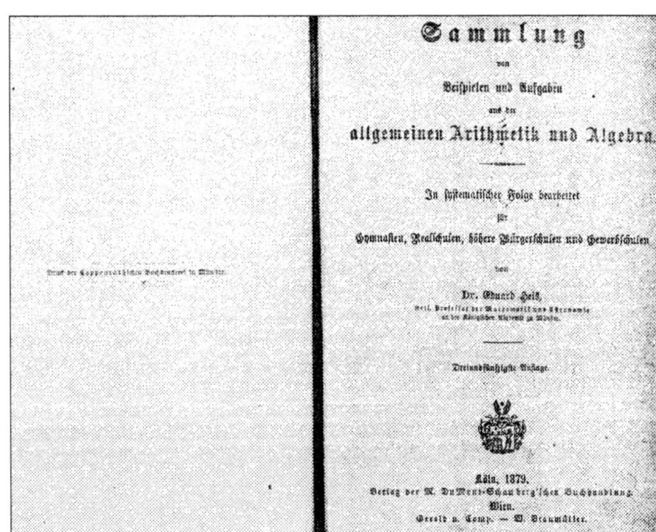

1884/85	1885/86	1886/87	1887/88	1888/89	1889/90
–	–	–	x	–	–
–	–	–	–	x	x
–	–	–	–	x	x
x	x	x	x	x	x
x(?)	x	x	x	x	x
–	–	–	x	x	x
–	–	x	x	x	x

FÜNFSTELLIGE
LOGARITHMISCHE UND TRIGONOMETRISCHE
TAFELN.
HERAUSGEGEBEN
VON
Dr. O. SCHLÖMILCH,
Königl. Sächsischer Geheimer Hofrath und Professor, Mitglied der Königl. Sächsischen Gesellschaft der Wissenschaften zu Leipzig, der Königl. Schwedischen Akademie zu Stockholm, der Kaiserl. Leopoldinischen Akademie etc.
GALVANOPLASTISCHE STEREOTY
WOHLFEILE SCHULAUSGABE.
VIERTE AUFLAGE.

BRAUNSCHWEIG,
DRUCK UND VERLAG VON FRIEDRICH VIEWEG UND SOHN.
1875

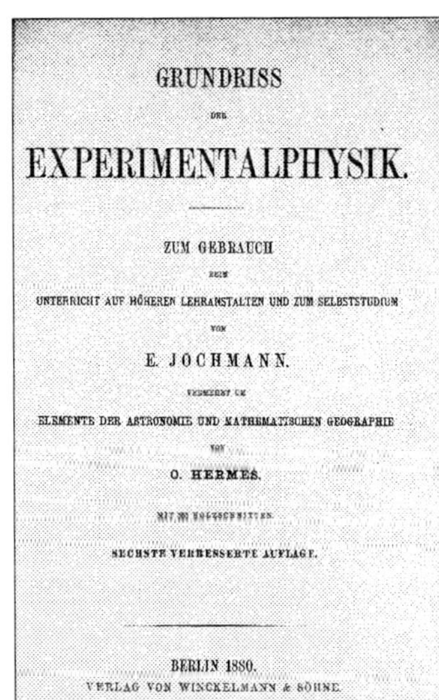
GRUNDRISS
DER
EXPERIMENTALPHYSIK.
ZUM GEBRAUCH
BEIM
UNTERRICHT AUF HÖHEREN LEHRANSTALTEN UND ZUM SELBSTSTUDIUM
VON
E. JOCHMANN.
VERMEHRT UM
ELEMENTE DER ASTRONOMIE UND MATHEMATISCHEN GEOGRAPHIE
VON
O. HERMES.
MIT [illegible] HOLZSCHNITTEN.
SECHSTE VERBESSERTE AUFLAGE.
BERLIN 1880.
VERLAG VON WINCKELMANN & SÖHNE.

Titel der im jeweiligen Unterrichtsfach eingeführten Lehrbücher	Schuljahr 1881/82	1882/83	1883/84
Geschichte			
– *Schaefer, <Arnold>:* Geschichtstabellen <zum Auswendiglernen. Mit Geschlechtstafeln, Leipzig>,	–	–	–
– *Dietsch, <R.>:* Grundriß d<er> Geschichte, Teil I;	–	–	–
– *Dietsch, <R.>:* Grundriß d<er allgemeinen> Geschichte <für die oberen Klassen von Gymnasien und Realschulen. Neu bearbeitet von Gustav Richter>, Teil II, <Leipzig>;	–	–	–
– *Dietsch, <R.>:* Grundriß d<er> Geschichte, Teil III,	–	–	–
Geographie			
– : Atlas der neuen Welt;	x(?)	x(?)	x(?)
– : <Orbis terrarum antiquus. Schul-> Atlas der alten Welt. <Nach D'Anville, Mannert, Uckert, Reichard, Kruse, Wilhelm u. A. bearbeitet, Gotha>,	–	–	–
Gesang			
– : Gesangbuch;	x(?)	x(?)	x(?)
– *Müller, <Richard>:* 113 dreistimmige Choräle;	x(?)	x(?)	–
– *Müller <Richard>:* Leitfaden;	x(?)	–	–
– *Gebhardt:* Musikal<ischer> Jugendfreund;	x(?)	–	–
– *Erk/Greef:* Sängerhain, Heft II.	–	–	x(?)

GESCHICHTSTABELLEN
ZUM
AUSWENDIGLERNEN
VON
ARNOLD SCHAEFER D. PH.
VIERZEHNTE AUFLAGE
MIT GESCHLECHTSTAFELN
LEIPZIG
ARNOLDISCHE BUCHHANDLUNG
1876.

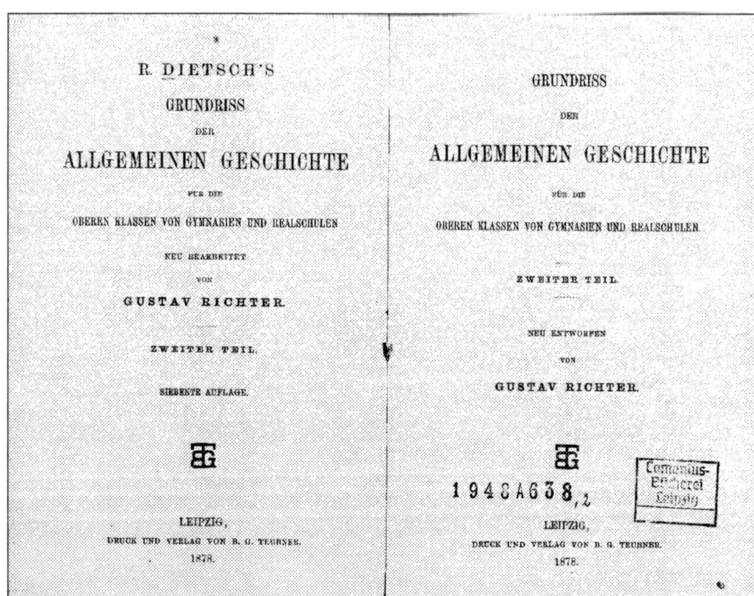
R. DIETSCH'S
GRUNDRISS
DER
ALLGEMEINEN GESCHICHTE
FÜR DIE
OBEREN KLASSEN VON GYMNASIEN UND REALSCHULEN
NEU BEARBEITET
VON
GUSTAV RICHTER.
ZWEITER TEIL.
SIEBENTE AUFLAGE.
LEIPZIG,
DRUCK UND VERLAG VON B. G. TEUBNER.
1878.

GRUNDRISS
DER
ALLGEMEINEN GESCHICHTE
FÜR DIE
OBEREN KLASSEN VON GYMNASIEN UND REALSCHULEN.
ZWEITER TEIL.
NEU ENTWORFEN
VON
GUSTAV RICHTER.

LEIPZIG,
DRUCK UND VERLAG VON B. G. TEUBNER.
1878.

1884/85	1885/86	1886/87	1887/88	1888/89	1889/90
x(?)	x	x	x	x	x
x(?)	x	x	x	x	x
–	–	x	x	x	x
–	–	–	x	x	x
x(?)	x	x	x	x	x
x(?)	x	x	x	x	x
x(?)	x	x	x	x	x
–	–	–	–	–	–
–	–	–	–	–	–
–	–	–	–	–	–
x(?)	x	x	–	–	–

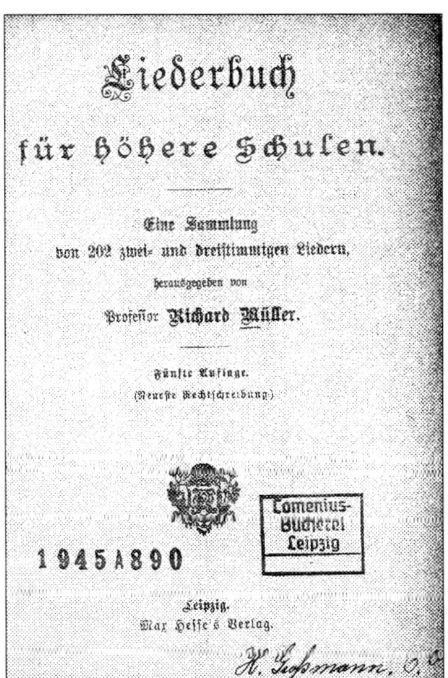
Liederbuch
für höhere Schulen.
Eine Sammlung
von 202 zwei- und dreistimmigen Liedern,
herausgegeben von
Professor Richard Müller.
Fünfte Auflage.
(Neueste Rechtschreibung.)
Comenius-Bücherei Leipzig
1945 A 890
Leipzig.
Max Hesse's Verlag.

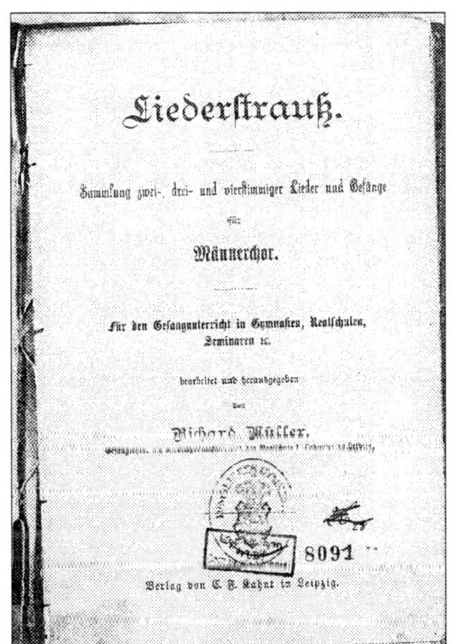
Liederstrauß.
Sammlung zwei-, drei- und vierstimmiger Lieder und Gesänge
für
Männerchor.
Für den Gesangunterricht in Gymnasien, Realschulen, Seminaren ꝛc.
bearbeitet und herausgegeben
von
Richard Müller.
8091
Verlag von C. F. Kahnt in Leipzig.

Schul-Atlas der Alten Welt

nach

D'Anville, Mannert, Uckert, Reichard, Kruse, Wilhelm u. A.

bearbeitet.

INHALT.

Kurzer Abriss der **alten Geographie** von **Dr. J. H. Möller.**

KARTEN:

I. Orbis veteribus notus.
II. Terra inter Euphratem et Indum antiqua.
III^a. Asia minor et Syria.
III^b. Pontus Euxinus cum adiacentibus regionibus.
IV^a. Aegyptus et Palaestina.
IV^b. Palaestina. — Hierosolyma.
V^a. Africa et Arabia.
V^b. Africa propria, Mauretania, Numidia. — Pasitigris. Babylonia, Susiana. — Carthago.
VI^a. Graecia, Epirus, Macedonia, Thracia.
VI^b. Graecia.
VII^a. Italia superior et Corsica.
VII^b. Italia inferior, Sicilia et Sardinia.
VIII. Gallia, Germania, Britannia.
IX. Hispania.
X. Roma. — Athenae. — Campus Troiae.

Drei und zwanzigste vermehrte Auflage.

GOTHA: JUSTUS PERTHES.

vorhergehende Seiten:
Titelblätter ausgewählter Schullehrbücher, die Karl Liebknecht benutzte.

Einzelne Seiten aus dem von Karl Liebknecht benutzten Schulatlas.

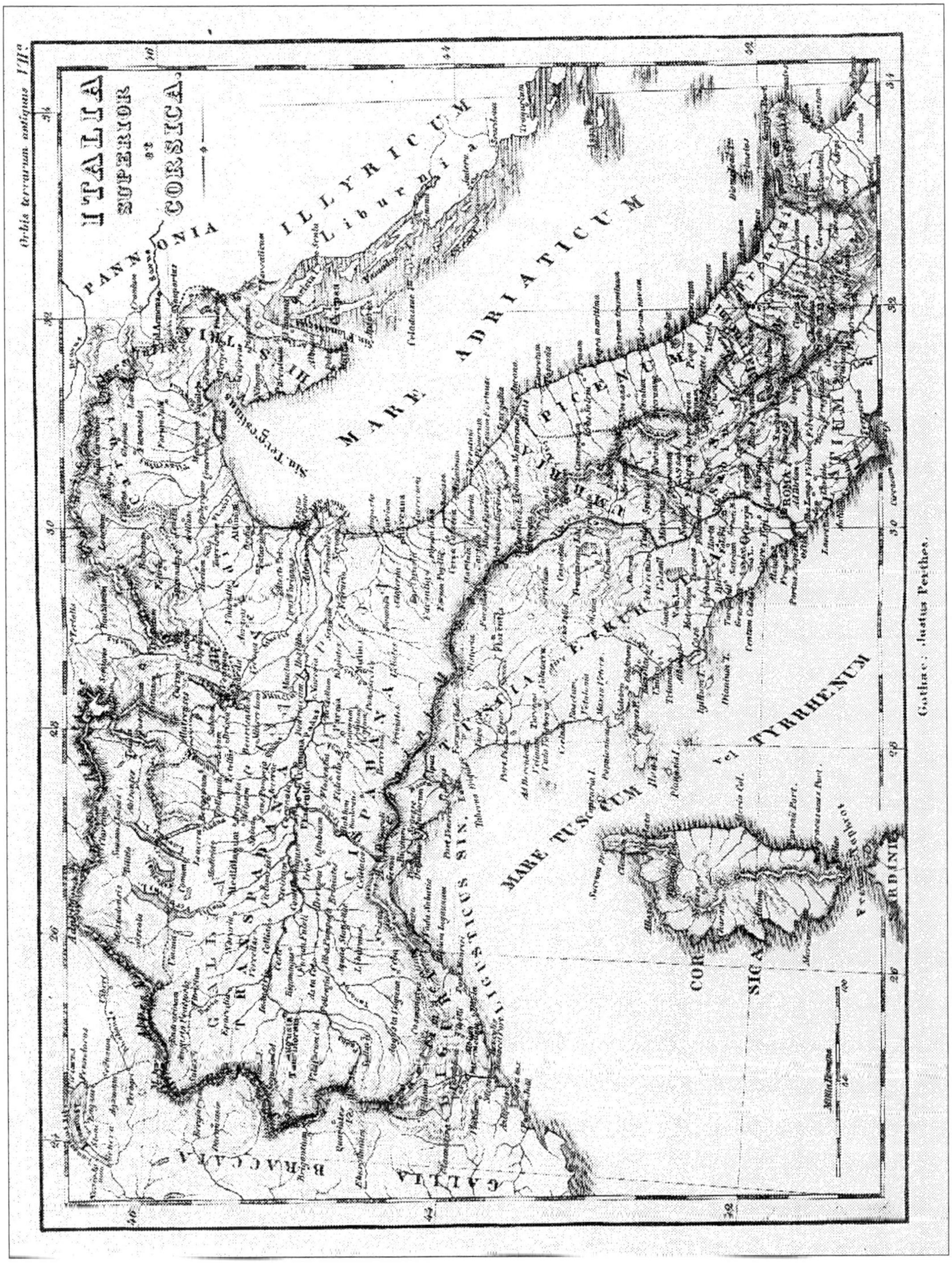
ITALIA SUPERIOR et CORSICA
Orbis terrarum antiquus VII
MARE ADRIATICUM
ILLYRICUM
PANNONIA
Liburni
PICENUM
ETRURIA
LATIUM
ROMA
MARE TUSCUM
TYRRHENUM
LIGUSTICUS SIN.
GALLIA CISPADANA
GALLIA TRANSPADANA
CORSICA
SARDINIA
GALLIA
Gotha: Justus Perthes.

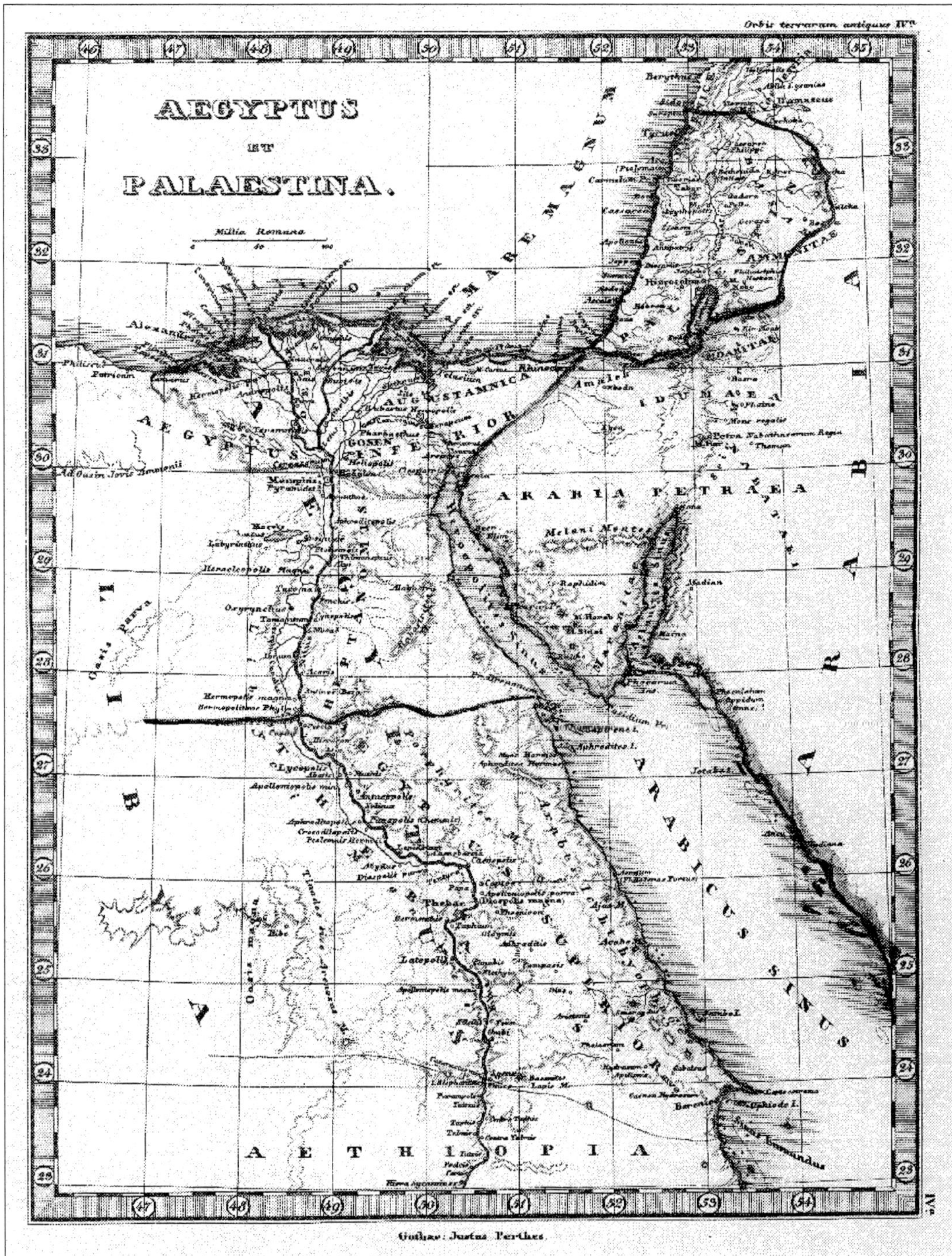
Orbis terrarum antiquus IV.
AEGYPTUS
ET
PALAESTINA.
Milia Romana
MARE MAGNUM
AUGUSTAMNICA
AEGYPTUS INFERIOR
GOSEN
IDUMAEA
ARABIA PETRAEA
ARABICUS SINUS
AETHIOPIA
Memphis
Pyramides
Heliopolis
Thebae
Latopolis
Berenice
Petra
Gotha: Justus Perthes.

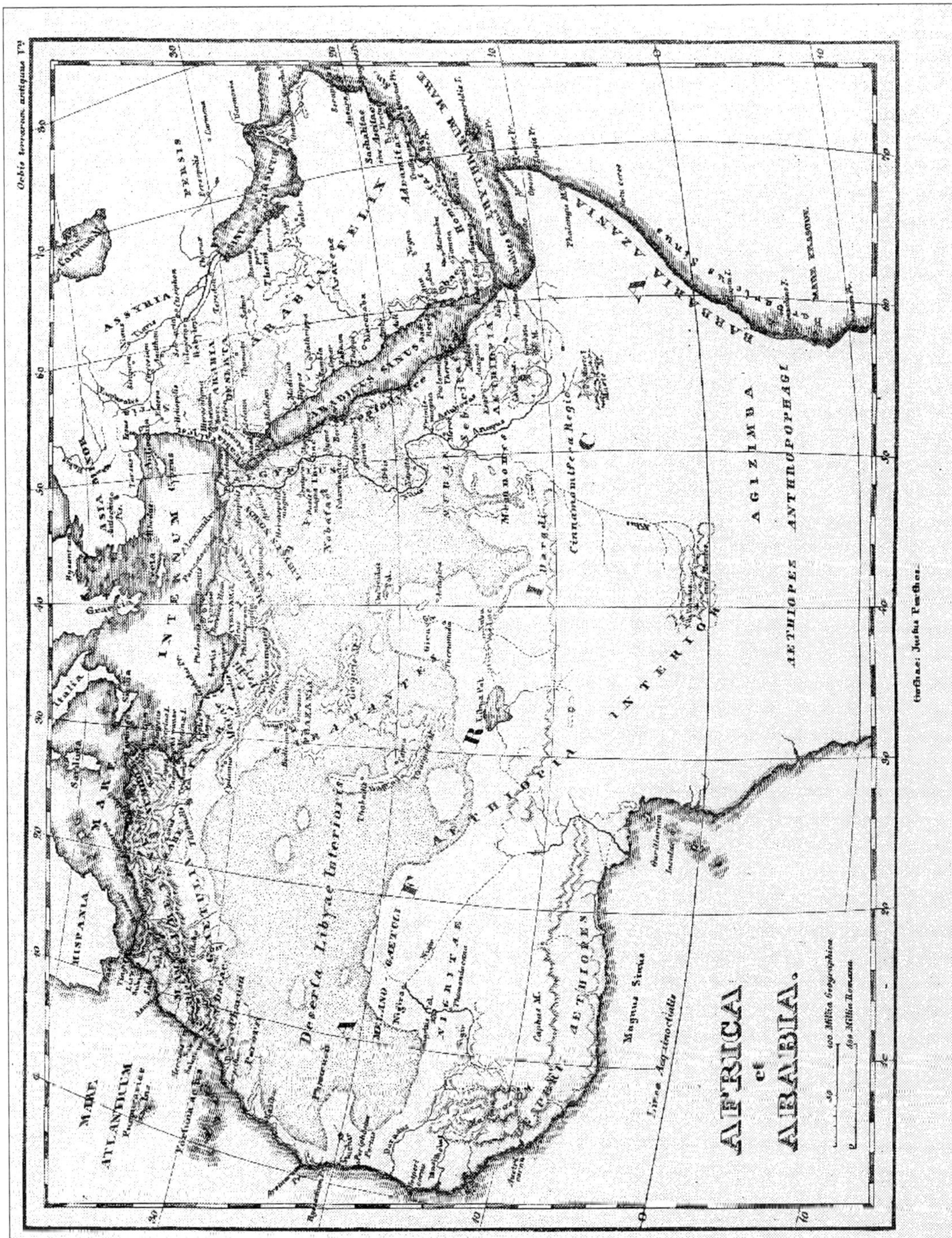
AFRICA
et
ARABIA.

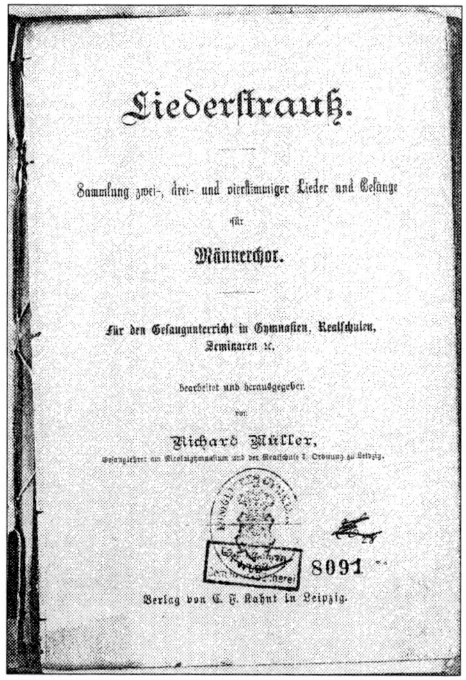

Liederstrauß.

Sammlung zwei-, drei- und vierstimmiger Lieder und Gesänge

für

Männerchor.

Für den Gesangunterricht in Gymnasien, Realschulen, Seminaren rc.

bearbeitet und herausgegeben

von

Richard Müller,

Gesanglehrer am Nicolaigymnasium und der Realschule I. Ordnung zu Leipzig.

Verlag von C. F. Kahnt in Leipzig.

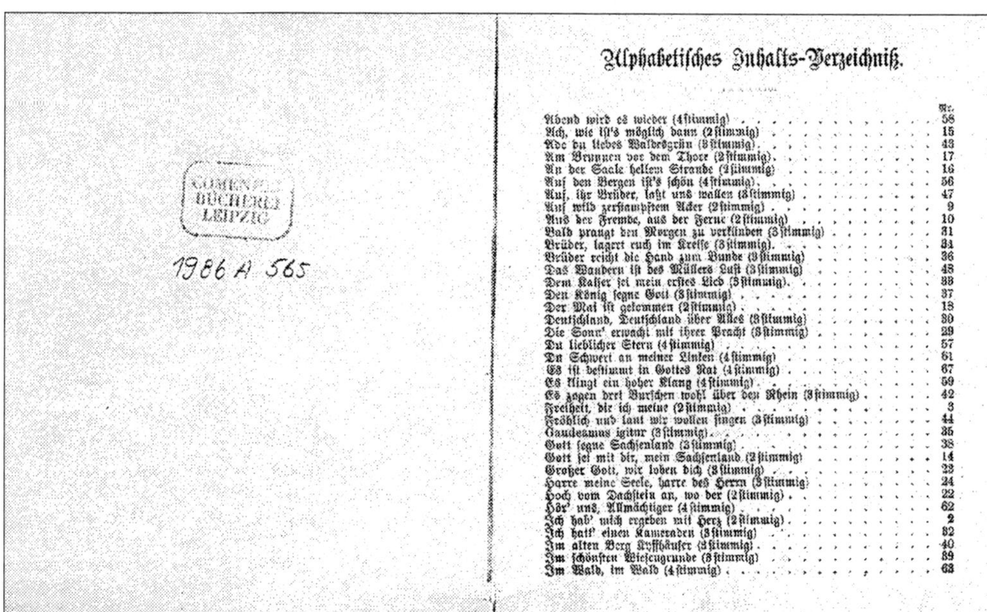

Alphabetisches Inhalts-Verzeichniß.

Einzelne Seiten aus einem vom Nicolaitaner Karl Liebknecht gebrauchten Gesangsbuch.

Inhalt.

Zweistimmige Lieder.

Dreistimmige Lieder.

Vierstimmige Lieder.

1. Mein Vaterland.

Mäßig bewegt. Bernh. Klein.

Hoffmann von Fallersleben.

— 36 —
1. auf der deut - schen Frei - heit Wohl!
2. kehr' noch ein - mal uns zu - rück!
3. selbst ihr Fall sei hei - lig mir!
4. sei ein drei - fach Hoch ge - bracht!
5. die - se fro - he Li - ba - tion!
6. auf der gold - nen Frei - heit Wohl!
35. Gaudeamus igitur.
Mäßig langsam.
Volksmelodie.
1. Gau - de - a - mus i - gi - tur, ju - ve - nes dum
2. U - bi sunt, qui an - te nos in mun-do fu-
3. Vi - ta no - stra bre - vis est, bre - vi fi - ni-
4. Vi - vat et res - pu - bli - ca et qui il - lam
1. su - mus! post ju - cun - dam ju - ven - tu - tem
2. e - re? Va - di - te ad su - pe - ros,
3. e - tur; ve - nit mors ve - lo - ci - ter,
4. re - git! vi - vat nos - tra ci - vi - tas,
— 37 —
1. post mo - les - tam se - nec - tu - tem nos ha - be - bit
2. tran - si - te ad in - fe - ros: u - bi jam? fu-
3. ra - pit nos a - tro - ci - ter, ne - mi - ni par-
4. Mae - ce - na - tum ca - ri - tas, quae nos hic pro-
poco ritard.
1. hu - mus, nos ha - be - bit hu - mus.
2. e - re! u - bi jam? fu - e - re!
3. ce - tur, ne - mi - ni par - ce - tur.
4. te - git, quae nos hic pro - te - git!
36. Bundeslied.
Feierlich langsam.
Wolfgang Amadeus Mozart.
mf
1. Brü - der, reicht die Hand zum Bun - de, die - se
2. Preis und Dank dem Wel - ten - meis - ter, der die
3. Ihr, auf die - sem Stern die bes - ten Men - schen
1. schö - ne Freundschafts - stun - de führ uns hin zu lich - ten
2. Her - zen, der die Geis - ter für ein e - wig Wir - ken
3. all' in Ost und Wes - ten, wie im Sü - den und im

V. Die Ordinarien[1]

Schuljahr	Name des Klassenlehrers
1881/82	Friedrich Kaelker
1882/83	Johannes Voigt
1883/84	Johannes Baunack
1884/85	Woldemar Glafey
1885/86	Oskar Brugmann
1886/87	Kurt Steffen
1887/88	Bernhard Döring
1888/89	Emil Dohmke (Ostern bis Pfingsten)
	Bernhard Döring (Pfingsten bis Ostern)
1889/90	Karl Mayhoff

Karl Mayhoff, Rektor der Nikolaischule von 1884 bis 1890 und Lehrer Karl Liebknechts von 1888 bis 1890.

1 Zusammengestellt nach Programm 1882, S. XV; Programm 1883, S. XXII; Programm 1884, S. XVII; Programm 1885, S. XXXI; Programm 1886, S. IX; Jahresbericht 1887, S. VI; Jahresbericht 1888, S. IX; Jahresbericht 1889, S. 13, und Jahresbericht 1890, S. VIII.

VI. Die Lehrer[1]

Fach	Schuljahr 1881/82	1882/83	1883/84	1884/85
Sprachen und Wissenschaften				
Religion	–	–	–	–
Lateinisch	Paul Mehlhorn (Sommer-halbjahr) Friedrich Kaelker (Winter-halbjahr)	Johannes Voigt	Johannes Baunack	Woldemar Glafey (Sommer-halbjahr) Karl Hultgren (Winter-halbjahr)
Griechisch	–	–	–	Rudolf Kögel
Hebräisch	–	–	–	–
Deutsch	Friedrich Kaelker	Ernst Riedel	Woldemar Oehler	Woldemar Glafey

1 Zusammengestellt nach Programm 1882, S. XV f.; Programm 1883, Tabelle „Verteilung des Unterrichts auf die Lehrer und Klassen im Winterhalbjahr 1882 – 1883" nach S. XIV; Programm 1884, S. XVII; Programm 1885, S. XXXI f.; Programm 1886, S. IX; Jahresbericht 1887, S. VI f.; Jahresbericht 1888, S. IX ; Jahresbericht 1889, S. 13, und Jahresbericht 1890, S. VIII.

1885/86	1886/87	1887/88	1888/89	1889/90
–	–	–	–	–
Oskar Brugmann (Sommer- halbjahr) Ernst Bischoff (Winter- halbjahr)	Kurt Steffen (Sommer- halbjahr) Richard Meister (Winter- halbjahr)	Berhard Döring Daneben: Theodor Baunack (15.8. bis Ostern)	Oskar Brugmann Daneben: Emil Dohmke (Ostern bis 5.5.) Bernhard Döring u. Karl Mayhoff (5.5. bis Michaelis) Bernhard Döring (Michaelis bis Ostern)	Karl Mayhoff Daneben: Georg Steffen (Ostern bis 31.10.)
Johannes Baunack	Georg Steffen und Bernhard Döring	Oskar Brugmann und Johannes Baunack	Emil Preuß und Bernhard Meister	Emil Preuß
–	–	–	–	–
Oskar Brugmann	Heinrich Kahnis	Johannes Baunack	Bernhard Döring (Sommer- halbjahr) Heinrich Kahnis (Winter- halbjahr)	Viktor Ryssel (Ostern bis 24.10.) Kurt Steffen (1.11. bis Ostern)

Fach	Schuljahr 1881/82	1882/83	1883/84	1884/85
Französisch	–	Johannes Voigt	Johannes Voigt	Johannes Voigt
Englisch	–	–	–	–
Arithmetik	Richard Krieger	Johann v. Vieth	Ernst Riedel	–
Mathematik	–	–	–	Friedrich Traumüller (2 Stunden hält Paul Domsch)
Physik	–	–	–	–
Geschichte	Karl Koch	Woldemar Oehler	Woldemar Glafey	Georg Steffen (Sommer-halbjahr) Woldemar Glafey (Winter-halbjahr)
Naturkunde	Richard Krieger	Richard Krieger	Friedrich Traumüller	Friedrich Traumüller
Geographie	Johann v. Vieth	Ernst Riedel	Richard Kirchner (Sommer-halbjahr) Ernst Tischer (Winter-halbjahr)	Paul Domsch (Sommer-) halbjahr) Ernst Bischoff (Winter-halbjahr)

1885/86	1886/87	1887/88	1888/89	1889/90
Karl Hultgren	Otto Knauer	Otto Knauer	Otto Knauer	Otto Knauer
–	–	Otto Knauer	Otto Knauer	Otto Knauer
–	–	–	–	–
Ernst Tischer	Ernst Tischer	Ernst Tischer	Ernst Tischer	Adalbert Gebhardt
–	Friedrich Traumüller	Friedrich Traumüller	Friedrich Traumüller	Adalbert Gebhardt
Oskar Brugmann	Georg Steffen	Georg Steffen	Emil Dohmke (Ostern bis 7.5.) Georg Steffen (7.5. bis Ostern)	Georg Steffen
Richard Krieger	–	–	–	–
Friedrich Traumüller	Friedrich Traumüller	–	–	–

Fach	**Schuljahr 1881/82**	**1882/83**	**1883/84**	**1884/85**
Künste und Fertigkeiten				
Schreiben	Theodor Scharf	Theodor Scharf	–	–
Stenographie	–	–	–	Theodor Scharf
Zeichnen	Bruno Buhrig	Bruno Buhrig	Feodor Florian	Feodor Florian
Gesang	Richard Müller	Richard Müller	Richard Müller	Richard Müller
Turnen	Richard Schütz	Richard Schütz	Woldemar Oehler	Oskar Brugmann

1885/86	1886/87	1887/88	1888/89	1889/90
–	–	–	–	–
Theodor Scharf	Theodor Scharf	–	–	–
Feodor Florian	Feodor Florian	Feodor Florian	Feodor Florian	Feodor Florian
Richard Müller	Richard Müller	Richard Müller	Richard Müller	Richard Müller
Oskar Brugmann	Richard Schütz	Richard Schütz	Richard Schütz	Richard Schütz

Das Lehrerkollegium der Nikolaischule im Jahre 1883.
(von unten links) 1. Reihe: Steffen I, Steffen II, Patzig, Dohmke, Vogel, Hultgren, Gebhardt, Knauer, Kögel
2. Reihe: Schütz, Berlit, Baunack, Glafey, Preuß, Ryssel, Traumüller, Riedel
3. Reihe: Bossow, Scharf, Niedermüller, Krieger, Brugmann, Döring, Herrherr, Koch I, Koch II, Florian
4. Reihe: Kälker, Tischer, Voigt, Meister, Haupt, Oehler, Kahnis

Johannes Fürchtegott Baunack

wurde am 22. Dezember 1854 in Trebsen bei Grimma geboren und verstarb am 15. August 1928 in Leipzig (vgl.: Stadtarchiv Leipzig, Bestand Schulamt, Kap. II, Nr. 25, Deckblatt). Er „erhielt seine Gymnasialbildung auf der Leipziger Thomasschule. Ost<ern> 1874 bezog er, ebenfalls in Leipzig, die Universität, um Philologie zu studieren. Nachdem er besonders Schüler von Georg Curtius gewesen war, erlangte er am 9. Juni 1877 die akademische Doktorwürde und bestand am 3. Mai 1878 die Staatsprüfung für das höh<ere> Schulamt. Gleichzeitig trat er, am 30. April, an der Nicolaischule als Hilfslehrer an“ (Bischoff, Ernst Friedr<ich>: Das Lehrerkollegium des Nicolaigymnasiums in Leipzig 1816 – 1896/97, S. 44, und Stadtarchiv Leipzig, Bestand Schulamt, Kap. II, Nr. 25, Bl. 1 f.). Baunack wurde Ostern 1880 zum Oberlehrer und schließlich am 18. Mai 1912 zum Studienrat befördert (vgl.: Ebenda, Bl. 2); außerdem war ihm am 19. November 1900 der Ehrentitel eines Professors verliehen worden (siehe dazu : Ebenda, Bl. 1). Bis zu seiner Pensionierung unterrichtete er vornehmlich in Latein, Griechisch und Deutsch (vgl.: Ebenda, Bl. 2 und 7), zuweilen auch in Französisch, Geschichte und Geographie. Daneben verwaltete er von 1880 bis 1888 die Schülerbibliothek der unteren Klassen (die vorstehenden Angaben finden sich in: Bischoff, Ernst Friedr<ich>: Das Lehrerkollegium des Nicolaigymnasiums in Leipzig 1816 – 1896/97, S. 45) und sodann vom 1. Oktober 1894 bis 1. Juli 1902 die Schulbibliothek (siehe: Jahresbericht 1903, S. III). Als Altphilologe verfaßte Johannes Baunack zahlreiche Studien zur vergleichenden Grammatik der indogermanischen Sprachen. Seine Publikationsliste wurde abgedruckt bei: Bischoff, Ernst Friedr<ich>: Das Lehrerkollegium des Nicolaigymnasiums in Leipzig 1816 – 1896/97, S. 45.

Theodor Baunack

wurde am 21. Februar 1861 als Sohn eines Königlichen Bezirksschulinspektors in Trebsen bei Grimma geboren und verstarb am 3. September 1932 in Leipzig (vgl.: Stadtarchiv Leipzig, Bestand Schulamt, Kap. II, Nr. 27, Deckblatt, Bl. 1 sowie 57 R, und Bischoff, Ernst Friedr<ich>: Das Lehrerkollegium des Nicolaigymnasiums in Leipzig 1816 – 1896/97, S. 52). Er „besuchte die Thomasschule in Leipzig von Ost<ern> 1873 bis Ost<ern 18>80. Sodann war er ein Jahr lang Hauslehrer und trieb in Leipzig und Tübingen klassisch-philologische, sowie sprachvergleichende und vedisch-avestische Studien. Im Sommer 1884 wurde er von der philosophischen Fakultät der Universität Tübingen zum Doktor promoviert und bestand am 22. April 1887 die Staatsprüfung in Leipzig. Seit dem 6. Juni 1887 ist er an der Nicolaischule tätig, erst laut Verordn<ung> vom 14. Mai als Probandus und Vikar, seit dem 1. Juli 1888 als außeretatmäßiger Hilfslehrer (siehe: Ebenda), gleichwohl dauerte es noch genau drei Jahre, bis Theodor Baunack in ein festes Dienstverhältnis übernommen werden sollte (vgl. dazu: Ebenda, und Stadtarchiv Leipzig, Bestand Schulamt, Kap. II, Nr. 27, Bl. 1. Nach einer anderen Quelle datierte seine Festanstellung nicht vom 1. Juli, sondern vom 29. August 1894. Siehe: Jahresbericht 1895, S. XVII). Schon wenige Monate später, das heißt Ostern 1895, erhielt er den Oberlehrertitel (vgl.: Jahresbericht des Nicolaigymnasiums in Leipzig als Einladungsschrift zur feierlichen Entlassung der Abiturienten Freitag den 20. März sowie zu den öffentlichen Klassenprüfungen Mittwoch den 25. März im Namen des Lehrerkollegiums hrsg. v. Otto Kaemmel, Leipzig 1896, S. II <im folgenden: Jahresbericht 1896>)., außerdem wurde ihm am 24. April 1907 durch ein königliches Dekret das Recht verliehen, sich fortan Professor nennen zu dürfen (siehe: Jahresbericht 1908, S. IV). Kurz nachdem Theodor Baunack, der an der Nicolaitana die Fächer Deutsch, Latein, Griechisch und gelegentlich Geschichte vertrat, am 6. April 1916 zum Studienrat ernannt worden war, ging er freiwillig vom Gymnasium ab (vgl. zu den vorherigen Angaben: Bischoff, Ernst Friedr<ich>: Das Lehrerkollegium des Nicolaigymnasiums in Leipzig 1816 – 1896/97, S. 52, sowie Stadtarchiv Leipzig, Bestand Schulamt, Kap. II, Nr. 27, Deckblatt und Bl. 21). In den folgenden Jahren widmete er sich – abgesehen von der Zeit zwischen Ostern 1917 bis Neujahr 1919, als Baunack zum Hilfsdienst herangezogen wurde, den er freilich an seiner alten Wirkungsstätte ableistete (siehe hierzu: Ebenda, Bl. 13 R und 17 R) – vornehmlich klassisch-philologischen resp. sprachvergleichenden Studien (vgl.: Ebenda, Bl. 13 ff.). Hierbei knüpfte Theodor Baunack an jene Forschungen an, die er als Lehrer an der Nikolaischule nebenher betrieben und die ihren Niederschlag in zahlreichen Veröffentlichungen gefunden hatten (ein vollständiger Überblick über seine frühe Publikationstätigkeit findet sich in: Bischoff, Ernst Friedr<ich>: Das Lehrerkollegium des Nicolaigymnasiums in Leipzig 1816 – 1896/97, S. 52). Zwar ging er am 1. Oktober 1920 in den vorläufigen Ruhestand (siehe dazu: Stadtarchiv Leipzig, Bestand Schulamt, Kap. II, Nr. 27, Deckblatt und Bl. 21), doch sollte er am 1. April 1921 wieder in den höheren Schuldienst treten (vgl.: Ebenda, Bl. 23). Nachdem Theodor Baunack einige Monate am Staatsgymnasium in Dresden-Neustadt hatte unterrichten müssen, erhielt er am 16. August 1922, wie es von

Anfang an sein Wunsch gewesen war, erneut eine Anstellung am Leipziger Nikolaigymnasium (siehe: Ebenda, Bl. 33 ff.). Hier sollte er noch fast vier Jahre lehren: Am 31. März 1926 ließ sich Theodor Baunack endgültig pensionieren (vgl.: Ebenda, Bl. 53).

Ernst Bischoff

wurde am 2. Mai 1858 in Leipzig als Sohn eines Oberpostsekretärs geboren und verstarb gleicherorts am 16. Mai 1922 (siehe dazu: Neue Leipziger Zeitung, 17. 5. 1922). Er „besuchte zunächst die Bürgerschule, dann von 1870 an die Nicolaischule und studierte von Ost<ern> 1879 – <18>84 auf der Universität Leipzig klassische Philologie. Nachdem er ordentliches Mitglied des Königl<ich> philol<ogischen> Seminars gewesen war und den antiquarischen Gesellschaften der Professoren Lange und Lipsius angehört hatte, wurde er am 5. Aug<ust> 1884 von der philosophischen Fakultät zum Doktor promoviert. Am 24. Oktober bestand er vor der philol<ogisch>-historischen Sektion die Staatsprüfung, trat am 1. Dezember laut Verord<nung> vom 13. November am Nicolaigymnasium das Probejahr an, wurde seit Ost<ern> 1885 außeretatmäßig als Ordinarius einer Sexta beschäftigt, am 1. Juli 1888 etatmäßig angestelllt“ (vgl.: Bischoff, Ernst Friedr<ich>: Das Lehrerkollegium des Nicolaigymnasiums in Leipzig 1816 – 1896/97, S. 51). Im Sommer 1891 – in den Quellen finden sich hierfür drei unterschiedliche Datumsangaben: 1. Juli (siehe: Ebenda), 26. August (vgl.: Stadtarchiv Leipzig, Bestand Schulamt, Kap. II, Nr. 32, Bl. 1) resp. 9. September (siehe: Ebenda, Bl. 30) – wurde Ernst Bischoff zum Oberlehrer befördert und am 3. September 1906 durch königliches Dekret zum Professor berufen (vgl.: Jahresbericht 1907, S. 7), wobei er vornehmlich Deutsch, Latein und Griechisch, aber auch gelegentlich Geschichte, Geographie und Schreiben unterrichtete (siehe: Bischoff, Ernst Friedr<ich>: Das Lehrerkollegium des Nicolaigymnasiums in Leipzig 1816 – 1896/97, S. 51). Seine Lehrerlaufbahn sollte im Ersten Weltkrieg bzw. unmittelbar danach kulminieren: Am 1. April 1916 wurde Bischoff zum Konrektor der Nikolaischule gewählt (vgl.: Stadtarchiv Leipzig, Bestand Schulamt, Kap. II, Nr. 32, Bl. 13), am 15. Mai desselben Jahres wurde er zum Studienrat (siehe: Ebenda, Bl. 1) und am 1. Januar 1920 zum Studiendirektor ernannt (vgl.: Ebenda, Bl. 30), überdies war ihm in jener Zeit, das heißt am 15. Mai 1918, der Albrechtsorden verliehen worden (siehe: Ebenda, Bl. 1). Schließlich hatte er von Michaelis 1894 bis zum 30. Juni 1902 die Schülerbibliothek für die unteren Klassen und vom 1. Juli desselben Jahres die Schulbibliothek verwaltet (vgl.: Bischoff, Ernst Friedr<ich>: Das Lehrerkollegium des Nicolaigymnasiums in Leipzig 1816 – 1896/97, S. 51, und Jahresbericht 1903, S. III), wobei angenommen werden kann, daß Ernst Bischoff dieses Amt bis zum März 1916 innehatte, zumindest übte er es im Jahre 1915 noch aus (siehe hierzu: Jahresbericht 1915, S. 55).

Oskar Brugmann

war am 10. Juli 1851 als Sohn des Direktors der Herzoglich Nassauischen Staatskasse geboren worden und verstarb am 18. April 1937 in Leipzig (Siehe: Nikolaitaner-Blätter, 1. Jg., H. 1, Februar 1938, S. 7, und Stadtarchiv Leipzig, Bestand Schulamt, Kap. II, Nr. 143, Deckblatt). Er „besuchte von Ost<ern> 1861 bis Ost<ern> 1870 das Gymnasium seiner Vaterstadt und studierte sodann in Leipzig und Bonn klassische Philologie. In Bonn, wo er vier Semester lang ordentliches Mitglied des philologischen Seminars war, promovierte er im Sommer 1874 und bestand das Oberlehrerexamen am 13. Febr<uar> 1875. Ost<ern> 1875 wurde er als Hilfslehrer an die Nicolaischule berufen und Mich<aelis> 1876 zum Oberlehrer befördert“ (Bischoff, Ernst Friedr<ich>: Das Lehrerkollegium des Nicolaigymnasiums in Leipzig 1816 – 1896/97, S. 41). Weitere Marksteine in seiner langen Lehrerlaufbahn waren die Verleihung des Professorentitels am 17. April 1897 (siehe hierzu: Stadtarchiv Leipzig, Bestand Schulamt, Kap. II, Nr. 143, Bl. 1) und die Ernennung zum Studienrat am 18. April 1910 (siehe: Jahresbericht 1911, S. XI, wogegen sich in seiner Personalakte die Angabe fand, daß ihm dieser

Titel erst am 13. Mai desselben Jahres verliehen worden sei. Siehe: Stadtarchiv Leipzig, Bestand Schulamt, Kap. II, Nr. 143, Bl. 2 b). Als Oskar Brugmann infolge einer Krankheit am 1. April 1913 in den vorzeitigen Ruhestand treten mußte, wurde er für sein verdienstvolles Wirken an der Nicolaitana hoch geehrt, und zwar zeichnete ihn der sächsische König mit dem Ritterkreuz I. Klasse vom Albrechtsorden aus (vgl. zu alledem: Jahresbericht 1914, S. 14, und Stadtarchiv Leipzig, Bestand Schulamt, Kap. II, Nr. 143, Bl. 2 b und 5). Insgesamt 37 Jahre vertrat er an der Schule die Fächer Deutsch, Latein, Griechisch und Geschichte, außerdem hatte Brugmann in seinen frühen Lehrerjahren noch Französisch und Turnen unterrichtet. Daneben war er auch publizistisch tätig, das heißt, er gab einige lateinische Texte heraus und veröffentlichte mehrere Aufsätze zu altphilologischen Themen (die vorstehenden Angaben beruhen auf: Bischoff, Ernst Friedr<ich>: Das Lehrerkollegium des Nicolaigymnasiums in Leipzig 1816 – 1896/97, S. 41).

Bruno Buhrig

wurde am 27. Oktober 1837 in Leipzig geboren. Dagegen ließ sich weder das Sterbedatum noch der -ort ermitteln, zumal seine Personalakte vor Jahren makuliert worden ist (siehe zu alledem: Stadtarchiv Leipzig, Bestand Schulamt, Findbuch zu Kapitel II, und Bischoff, Ernst Friedr<ich>: Das Lehrerkollegium des Nicolaigymnasiums in Leipzig 1816 – 1896/97, S. 40). Er „besuchte 1854 – <18>57 die Akademie der bildenden Künste in seiner Vaterstadt. Nachdem er hier den Studien bis in den Aktsaal obgelegen hatte, wandte er sich besonders dem Fache der Kupferstecherei zu und war zu seiner Ausbildung in den Jahren 1860 u<nd 18>61 in Berlin tätig. Später widmete er sich, nach Leipzig zurückgekehrt, dem Lehrfache und wurde 1870 am modernen Gesamtgymnasium, Ost<ern> 1871 an der dritten Bürgerschule als Zeichenlehrer angestellt. Die gleiche Stellung wurde ihm Ost<ern> 1874 auch an der Nicolaischule übertragen, und er hat sie bis Ost<ern> 1883 bekleidet“ (ebenda). Noch in den neunziger Jahren unterrichtete Bruno Buhrig an der dritten Bürgerschule, doch verliert sich danach seine Lebensspur.

Bernhard Döring

wurde am 23. Juli 1845 in Dresden geboren und verstarb am 10. Juni 1904 in Kötzschenbroda (vgl.: Jahresbericht 1905, S. VI). Er „besuchte von Ost<ern> 1859 bis Ost<ern> 1865 die Kreuzschule in Dresden, studierte von da ab in Leipzig klassische und germanistische Philologie, bestand am 12. Aug<ust> 1869 die Staatsprüfung für Kandidaten des höh<eren> Schulamtes und promovierte am 11. Dez<ember> zum Dr. phil. Schon Mich<aelis> 1869 hatte er sein Probejahr an der Kreuzschule begonnen, wurde Ost<ern> 1870 als prov<isorischer> Oberlehrer am Gymnasium in Zittau angestellt und erhielt Ost<ern> 1871 an der Nicolaischule die Stelle des zweiten Gymnasiallehrers“ (Bischoff, Ernst Friedr<ich>: Das Lehrerkollegium des Nicolaigymnasiums in Leipzig 1816 – 1896/97, S. 31). Seine Lehrerlaufbahn kulminierte in den Jahren 1888/89: Am 1. Juli 1888 wurde Döring zum dritten Oberlehrer an der Nicolaitana befördert, und seit April 1889 durfte er auch den Professorentitel tragen (vgl.: Jahresbericht 1890, S. III). Als Lehrer unterrichtete er neben Deutsch und zeitweise Stenographie vornehmlich Latein und Griechisch. Im Jahre 1895 fand seine Lehrtätigkeit zunächst eine jähe Unterbrechung, und das auf Grund einer schweren Erkrankung. Zwar konnte Bernhard Döring bald wieder lehren, doch sollte er nie mehr seine volle Gesundheit wiedererlangen (siehe zu alledem: Jahresbericht 1905, S. VI). Ostern 1902 war er dann gezwungen, sich wegen seines Leidens beurlauben zu lassen, und schließlich mußte er darum nachsuchen, am 1. April 1903 in den vorzeitigen Ruhestand gehen zu dürfen (vgl. hierzu: Jahresbericht 1903, S. III und VIII). In seinen frühen Lebensjahren hatte Döring auch wissenschaftliche Studien betrieben, und zwar über die Quellen der Niflungsaga, wovon einige Publikationen zeugen (siehe: Bischoff, Ernst Friedr<ich>: Das Lehrerkollegium des Nicolaigymnasiums in Leipzig 1816 – 1896/97, S. 31).

Emil Dohmke

wurde am 25. Oktober 1835 in Meißen als Sohn eines Apothekers geboren und verstarb am 16. Mai 1888 in Leipzig (vgl.: Jahresbericht 1889, S. 3 f.). Er „zog nach dem frühen Tode des Vaters im J<ahre> 1845 mit Mutter und Schwester nach Leipzig und besuchte dort erst die Bürgerschule, dann drei Jahre lang die von Dir<ektor> Dr. Karl Vogel gegründete Realschule bis 1851, da er sich anfangs dem Buchhandel widmen sollte. Seine Begabung bestimmte ihn zu einer Änderung seines Lebensplanes, und er bezog die Kreuzschule in Dresden, die er 1856 mit dem Zeugnisse der Reife verließ. Hierauf studierte er in Bonn und Leipzig klassische Philologie unter Curtius und Ritschl, bestand 1860 die Staatsprüfung und promovierte am 13. Juli zum Dr. phil. Die Zeit von Herbst 1860 bis Ende 1861 verbrachte er in Brünn, wo er bei einem Großindustriellen eine Hauslehrerstelle bekleidete. Im Jan<uar> 1862 begann er sein Probejahr am Gymnasium in Zwickau unter Prof. Kraner, trat jedoch bereits am 29. April dess<elben> Jahres als zweiter Adjunkt an der Nicolaischule ein. Ihr ist er unter vier Rektoren (Nobbe, Lipsius, Vogel, Mayhoff) treu geblieben, trotz ehrenvoller Berufungen z.B. nach Dresden und Lübeck. Er rückte allmählich vom Ordinarius der Sexta bis zu dem der Unterprima auf und wurde 1876 zum Professor, 1887 zum Konrektor ernannt. Er unterrichtete im Laufe der Jahre in Deutsch, Latein, Griechisch, Geographie und Geschichte, und auf die Vertretung d i e s e s Faches legte er immer den Schwerpunkt seiner Tätigkeit. Nachdem er noch im Frühjahr 1887 die Feier seines 25jährigen Amtsjubiläums im Kreise der Kollegen begehen durfte, wurde er im Sommer dess<elben> Jahres von einem schweren Augenleiden heimgesucht, das seine ohnehin zarte Gesundheit untergrub. Kaum genesen nahm er die Tätigkeit an der Schule zu Neujahr 1888 erst teilweise, von Ostern an in ihrem vollen Umfange wieder auf, bis er am 16. Mai einem sich schnell entwickelnden Lungenleiden erlag" (Bischoff, Ernst Friedr<ich>: Das Lehrerkollegium des Nicolaigymnasiums in Leipzig 1816 – 1896/97, S. 26 f.).

Paul Domsch

wurde am 16. April 1860 in Zittau geboren, wogegen sich sein Sterbedatum und –ort nicht ermitteln ließen. Er „besuchte bis Ost<ern> 1878 das Realgymnasium in Chemnitz, genügte seiner Militärpflicht und studierte sodann in Leipzig Mathematik und Physik. Im Frühjahr 1884 bestand er die Staatsprüfung und erlangte am 4. Juni 1885 auf Grund einer Diss<ertation> *Über die Darstellung der Flächen vierter Ordnung mit Doppelkegelschnitt durch hyperelliptische Transcendente* die akademische Doktorwürde. Von Ost<ern> 1884 bis Ost<ern> <18>85 war er laut Verordn<ung> vom 26. Febr<uar> 1884 an der Nicolaischule Probandus, wurde darauf Oberlehrer am Realgymnasium in Borna und ist seit Ost<ern> 1894 Lehrer der Mathematik und Geodäsie an den Technischen Staatslehranstalten in Chemnitz. Er ist Lieutenant d<er> L<andwehr> und Inhaber der „Landwehr-Dienstauszeichnung 2. Kl<asse>" (Bischoff, Ernst Friedr<ich>: Das Lehrerkollegium des Nicolaigymnasiums in Leipzig 1816 – 1896/97, S. 62). Sein weiterer Lebensweg ist nicht bekannt.

Fedor Florian

wurde am 29. April 1842 in Ober-Glogau als Sohn eines Arztes geboren und verstarb am 27. Februar 1924 in Leipzig (vgl.: Stadtarchiv Leipzig, Bestand Schulamt, Kap. II, Nr. 77, Deckblatt und Bl. 1). Er besuchte in den Jahren 1860 bis 1864 die Akademie der Bildenden Künste in Wien und von 1865 bis 1867 die in Berlin, wo er danach als Porträt- und Historienmaler tätig war. Im Jahre 1871 ging Feodor Florian nach Rom, um dort seine Studien fortzusetzen (siehe dazu: Ebenda, Bl. 1 und 21). Hier blieb er, „bis er 1873 an der Kantonsschule in Aarau angestellt wurde. Von dort als Zeichenlehrer an die städtischen Schulen nach Leipzig berufen, übernahm er 1876 den Zeichenunterricht an der dritten Bürgerschule, 1877 an der ersten Bürgerschule für Mädchen und an der siebenten Bürgerschule. Vorübergehend ist er auch an der öffentl<ichen> Handelslehranstalt tätig gewesen. An der Nicolaischule ist er seit Ost<ern> 1883 als Zeichenlehrer beschäftigt“ (siehe: Bischoff, Ernst Friedr<ich>: Das Lehrerkollegium des Nicolaigymnasiums in Leipzig 1816 – 1896/97, S. 49). Nachdem Feodor Florian am 1. April 1897 dauerhaft an der Nicolaitana angestellt worden war (vgl.: Stadtarchiv Leipzig, Bestand Schulamt, Kap. II, Nr. 77, Bl. 1. In einer Quelle späteren Datums findet sich die Angabe, daß er erst am 20. Mai in ein solches Dienstverhältnis übernommen wurde. Siehe: Ebenda, Bl. 24. Ernst Friedrich Bischoff gab demgegenüber an, daß Feodor Florian schon Ende 1896 in den Kreis der ständigen Lehrer aufgenommen worden sei. Vgl.: Derselbe: Das Lehrerkollegium des Nicolaigymnasiums in Leipzig 1816 – 1896/97, S. 49), hatte er seit dem 17. März 1902 auch den Titel und Rang eines Oberlehrers inne (siehe dazu: Stadtarchiv Leipzig, Bestand Schulamt, Kap. II, Nr. 77, Bl. 1). Überdies besaß er mehrere Auszeichnungen wie die Königliche Preußische Kriegsgedenkmünze von 1866 für Nicht Kombattanten (vgl.: Bischoff, Ernst Friedr<ich>: Das Lehrerkollegium des Nicolaigymnasiums in Leipzig 1816 – 1896/97, S. 49) und das Sächsische Verdienstkreuz, welches ihm noch am 17. Mai 1912, das heißt nur wenige Monate vor seiner Pensionierung am 1. April 1913, verliehen wurde (siehe hierzu: Stadtarchiv Leipzig, Bestand Schulamt, Kap. II, Nr. 77, Bl. 1, und Jahresbericht 1914, S. 15). An dieser Stelle sei noch angemerkt, daß sich Erinnerungen an Feodor Florian, die ein ehemaliger Schüler verfaßte, in folgender Veröffentlichung finden: Nikolaitaner-Blätter, 6. Jg., H. 1-2 <= 16.-17. Folge>, Juni 1943, S. 15 f.

Adalbert Gebhardt

wurde am 9. Oktober 1839 in Neu-Ebersbach bei Löbau als Sohn eines Königlichen Zolleinnehmers geboren und verstarb am 13. Januar 1900 in Leipzig (vgl.: Jahresbericht 1900, S. VI und XI). Er „besuchte seit 1846 die Schule in Ebersbach, seit 1850 in Dresden die Schule des Direktors Joh. Christian Gebhardt und von 1853 an die Kreuzschule. Ost<ern> 1860 bezog er die Universität Leipzig, um Mathematik und Naturwissenschaften zu studieren, bestand am 13. Mai 1864 die Prüfung für die Kandidatur des höh<eren> Schulamts und wurde am 30. dess<elben> Monats zum Dr. phil. promoviert. Darauf war er vom 12. Juli 1864 an Probelehrer und vom 14. Juli 1865 bis Ost<ern 18>66 Vikar an der damaligen Realschule I. Ordn<ung> in Leipzig und blieb auch noch nach Ablauf des Vikariats bis zu den großen Ferien mit einigen Stunden daselbst beschäftigt. Am 10. April 1866 erfolgte seine Einführung als zweiter Mathematikus an der Nicolaischule; am 6. Juli 1870 wurde er zum achten Oberlehrer befördert, rückte Ost<ern> 1874 als Otto Lehmanns Nachfolger in die Stelle des ersten Mathematikus auf, erfuhr am 30. Okt<ober> 1878 als dritter Oberlehrer die Ernennung zum Professor und ist seit dem 1. Juli 1888 mit den Konrektorat betraut“ (Bischoff, Ernst Friedr<ich>: Das Lehrerkollegium des Nicolaigymnasiums in Leipzig 1816–1896/97, S. 28). Adalbert Gebhardt unterrichtete vor allem in Mathematik und in Physik, aber auch in Rechnen, Naturkunde, Geographie und Schreiben. Neben seiner Lehrtätigkeit verwaltete er lange Jahre das physikalische Kabinett. Schließlich hatte Adalbert Gebhardt zahlreiche öffentliche Ämter inne: Von Anfang 1883 bis Ende 1891 war er Mitglied der Leipziger Stadtverordnetenversammlung und im November 1887 wurde er zum Sachverständigen beim Königlichen Amtsgericht Leipzig bestellt, genauer gesagt, zum Gutachter in strittigen Rechnungsfragen des Versicherungswesens. Daneben gehörte Gebhardt seit dem 1. November 1890 einer städtischen Kommission an, die alle hier in Privathand befindlichen höheren Lehranstalten beaufsichtigte, und fungierte als Königlicher Prüfungskommissar, so an der Mittelschule in Rochlitz (1886 bis 1890), an der in Leipzig-Reudnitz (1889 bis 1891) und seit 1891 an sämtlichen Leipziger Realschulen, die von privater Seite getragen wurden. Es konnte deshalb nicht verwundern, wenn ihm der sächsische König auf Grund seiner Verdienste um das Nikolaigymnasium und um das öffentliche Wohl am 18. April 1895 das Ritterkreuz I. Klasse vom Albrechtsorden verlieh (alle vorstehenden Angaben beruhen auf: Ebenda, und Jahresbericht 1900, S. XIV f.).

Paul Woldemar Glafey

wurde am 21. Februar 1852 in Berga (Großherzogtum Sachsen) als Sohn eines Justizbeamten geboren und verstarb am 13. September 1922 in Leipzig (?) (siehe: Mitteilungen des Nikolaitaner-Vereins e. V. Leipzig, Jahresbericht 1922/23. Hrsg. v. Vorstand, S. 1). Nachdem er in Berga „die Volksschule besucht hatte und außerdem durch Privatunterricht vorbereitet war, kam er aufs Gymnasium in Gera. Ost<ern> 1872 mit dem Reifezeugnis entlassen, bezog er die Universität Leipzig, um Philologie und Geschichte zu studieren. Er promovierte am 13. Sept<ember> 1876 zum Dr. phil. und bestand am 25. Oktober die Staatsprüfung. Schon Michaelis war er an der Nicolaischule als Hilfslehrer angetreten“, wurde Ostern 1878 zum Oberlehrer (Bischoff, Ernst Friedr<ich>: Das Lehrerkollegium des Nicolaigymnasiums in Leipzig 1816 – 1896/97, S. 42) und am 18. November 1898 zum Professor ernannt (vgl.: Jahresbericht des Nicolaigymnasiums in Leipzig als Einladungsschrift zur feierlichen Entlassung der Abiturienten Freitag den 17. März sowie zu den öffentlichen Klassenprüfungen Mittwoch den 22. März im Namen des Lehrerkollegiums hrsg. v. Otto Kaemmel, Leipzig 1899, S. V <im folgenden: Jahresbericht 1899>). Bis zum 7. April 1911, als er aus gesundheitlichen Gründen in den vorzeitigen Ruhestand treten mußte (siehe: Jahresbericht 1912, S. III), vertrat Woldemar Glafey die Fächer Deutsch, Latein, Griechisch und Geschichte; gelegentlich hatte er auch in Französisch, Erdkunde, Schreiben und Turnen unterrichtet (vgl.: Bischoff, Ernst Friedr<ich>: Das Lehrerkollegium des Nicolaigymnasiums in Leipzig 1816 – 1896/97, S. 42). Es bleibt nur zu vermuten, daß seine makulierte Personalakte weitere biographische Angaben ermöglicht hätte (siehe: Stadtarchiv Leipzig, Bestand Schulamt, Findbuch zu Kapitel II).

Johann Vieth von Golßenau

wurde am 16. Juli 1856 in Dresden als Sohn eines k. u. k. Majors a. D. geboren und verstarb auch dort am 6. November 1938 (siehe: Nikolaitaner-Blätter, 2. Jg., H. 3, Dezember 1939, S. 3). Er „besuchte in Dresden zunächst das Budichsche, dann das Käuffersche Institut und von Ost<ern> 1871 bis Ost<ern 18>73 die obersten Klassen der Realschule I. Ord<nung>. Von Mich<aelis> 1873 ab studierte er auf der Technischen Hochschule Ingenieurwissenschaften, Mathematik und Physik und bezog Ost<ern> 1887 zu demselben Zwecke die Universität Leipzig . Am 21. Jan<uar> 1879 bestand er die Staatsprüfung, im Juli 1880 eine Nachprüfung in Mathematik, trat Michaelis an der Nicolaischule laut Verordn<ung> vom 20. Sept<ember> 1880 als Probandus ein, ist hier nach Ablauf des Probejahres als außeretatmäßiger Hilfslehrer noch 1 1/2 Jahre tätig gewesen und hat in den Klassen Sexta bis Untertertia in Mathematik und Erdkunde unterrichtet. Ost<ern> 1883 siedelte er nach Dresden über, gab von Mich<aelis> 1883 an Unterricht am Käufferschen Institut“ und war seit Ostern 1885 am Königlichen Gymnasium in Dresden-Neustadt angestellt, wo er vornehmlich Mathematik lehrte, zunächst als Oberlehrer (zu obigem Zitat bzw. zu vorstehenden Angaben vgl.: Bischoff, Ernst Friedr<ich>: Das Lehrerkollegium des Nicolaigymnasiums in Leipzig 1816 – 1896/97, S. 60 f.), sodann als Professor und schließlich als Oberstudienrat (siehe dazu: Nikolaitaner-Blätter, 2. Jg., H. 3, Dezember 1939, S. 3). Übrigens hatte Johann Vieth von Golßenau, nachdem er nach Dresden gezogen war, noch an der Leipziger Universität promoviert, und zwar am 7. Juni 1893, als er seine Dissertation über das Thema: „Anwendungen einer vielfach komplexen Größe auf die Zahlentheorie“ verteidigte (vgl.: Bischoff, Ernst Friedr<ich>: Das Lehrerkollegium des Nicolaigymnasiums in Leipzig 1816 – 1896/97, S. 61).

Karl Hultgren

wurde am 22. Januar 1835 in Dresden als Sohn eines Buchhändlers geboren und verstarb am 15. Januar 1918 in Leipzig (siehe dazu: Schreiben von Herrn Graichen, Leiter der Friedhofsabteilungen der Stadt Leipzig, an den Verfasser, 27. Januar 1995). Er „besuchte von 1847 – <18>53 die Dresdener Kreuzschule, studierte von 1853 – <18>57 in Leipzig Philologie, war Mitglied des Königl<ich> philolog<ischen> Seminars, bestand am 21. April 1857 die Prüfung für das höh<ere> Schulamt und erwarb am 24. April die philosophische Doktorwürde. Nachdem er das Probejahr an der Kreuzschule bestanden hatte und gleichzeitig von Ost<ern> 1857 an Lehrer am Krausschen Institut in Dresden gewesen war, trat er am 15. Nov<ember> 1858 als Hultschs Nachfolger die Stelle des zweiten Adjunkten an der Nicolaischule an, wurde Ost<ern> 1862 erster Adjunkt und Ordinarius von Sexta, übernahm 1866 das Ordinariat der Tertia, 1869 das der Untersekunda und 1871 das der Unterprima" (Bischoff, Ernst Friedr<ich>: Das Lehrerkollegium des Nicolaigymnasiums in Leipzig 1816 – 1896/97, S. 26). Seit Michaelis 1876 war Hultgren erster Oberlehrer, und seit dem Herbst desselben Jahres führte er den Professorentitel. Im Laufe der Jahre unterrichtete er in Deutsch, Latein, Griechisch, Französisch, Geschichte und Erdkunde (siehe: Ebenda). Am 3. Januar 1900 wurde Karl Hultgren, nachdem er 42 Jahre an der Nicolaitana gelehrt hatte, emeritiert. Auch danach sollte er der Schule verbunden bleiben, indem er das Amt eines Rechnungsführers in jener Witwen- und Waisenkasse noch eine Zeitlang weiterführte, die von den am Nicolaigymnasium tätigen Lehrern eingerichtet worden war (vgl. hierzu: Jahresbericht 1900, S. VIII). Schließlich sei noch angemerkt, daß Hans Preuß, Nicolaitaner von Ostern 1887 bis Michaelis 1894, seine Erinnerungen an Karl Hultgren niederschrieb und an verschiedenen Stellen veröffentlichte (siehe: Preuß, Hans: Miniaturen aus meinem Leben, Gütersloh 1938, S. 45 ff., und derselbe: Geschichten vom Pullus. In: Nikolaitaner-Blätter, 1. Jg., H. 3, Dezember 1938, S. 14 ff.).

Friedrich Kaelker

wurde am 31. Januar 1858 in Oberwiesenthal (Erzgebirge) geboren und verstarb am 27. Mai 1894 in Leipzig. Er „besuchte, nachdem seine Eltern nach Dresden übergesiedelt waren, bis Ost<ern> 1868 die Selekta in Dresden-Friedrichstadt, trat, als sein Vater als Oberkontrolleur an das Hauptzollamt nach Zittau versetzt worden war, in die Sexta des dortigen Gymnasiums ein und bestand hier Ost<ern> 1877 die Reifeprüfung. Dann studierte er in Leipzig klass<ische> Philologie, promovierte am 15. Dez<ember> 1880 zum Dr. phil. und bestand am 8. Juli 1881 das Staatsexamen. Bereits Ost<ern> 1881 als Vikar, laut Verordn<ung> vom 16. Juli 1881 als Probandus an der Nicolaischule eingetreten, erhielt er Ost<ern> 1882 die Stelle eines Hilfslehrers, Ostern 1884 die eines Oberlehrers und bekleidete während dieser Zeit die Ordinariate von Sexta, Quinta und im Winter 1884/<8>5 in Vertretung das von Untersekunda. Außer in diesen Klassen unterrichtete er in Quarta und in den Tertien und vertrat die Fächer Deutsch, Latein, Griechisch, Französich und Geschichte. Ost<ern> 1885 folgte er einem Rufe ans Gymnasium in Bautzen, wurde aber durch ein schweres Nervenleiden genötigt, Pfingsten 1888 sein Amt zeitweilig aufzugeben und 1890 um seine Pensionierung nachzusuchen. Er wandte sich darauf nach Leipzig-Gohlis und ist dort am 27. Mai 1894 durch den Tod von jahrelangem Leiden erlöst worden" (Bischoff, Ernst Friedr<ich>: Das Lehrerkollegium des Nicolaigymnasiums in Leipzig 1816 – 1896/97, S. 48).

Heinrich Kahnis,

Sohn eines Domherrn und Professors der Theologie, wurde am 21. Februar 1855 in Leipzig geboren und verstarb am gleichen Ort am 17. Juni 1925 (vgl.: Bischoff, Ernst Friedr<ich>: Das Lehrerkollegium des Nicolaigymnasiums in Leipzig 1816 – 1896/97, S. 48, und Schreiben von Herrn Graichen, Leiter der Friedhofsabteilungen der Stadt Leipzig, an den Verfasser, 27. Januar 1995). Er „besuchte von Mich<aelis> 1865 an das Nicolaigymansium und von Ost<ern> 1871 die Fürstenschule in Meißen, wo er Ost<ern> 1875 die Reifeprüfung ablegte. Er studierte hierauf in Leipzig und Tübingen Theologie und bestand am 6. März 1879 in Leipzig die theologische Kandidatenprüfung. Nachdem er in dem Jahre 1879/80 seiner

Das Lehrerkollegium der Nikolaischule im Jahre 1892.
(von unten links) 1. Reihe: Kahnis, Brugmann, Meister, Gebhardt, Kaemmel, Döring, Knauer, Preuß, Hultgren, Traumüller
2. Reihe: Florian, Fischer, Berlit, Voigt, Joh. Baunack, Trautscholdt, Raab, Steffen, Rieder, Krieger, Steffen
3. Reihe: Scholze, Leidenroth, Th. Baunack, Eichler, Hildebrandt, Glafey, Schütz, Bischoff, Großschupf

Militärpflicht genügt hatte, war er bis Ost<ern> 1881 in Frankfurt a. M. und sodann bis Michaelis in Leipzig als Privatlehrer tätig. Zu dieser Zeit begann er laut Verord<nung> vom 27. Okt<ober> 1881 seine Tätigkeit an der Nicolaischule als außeretatmäßiger Hilfslehrer, legte am 3. Okt<ober> 1882 das zweite theol<ogische> Examen ab, wurde am 1. Sept<ember> 1883 als Hilfslehrer angestellt und Mich<aelis> 1884 unter Erlaß der Prüfung fürs höhere Lehramt zum Oberlehrer befördert" (Bischoff, Ernst Fried-r<ich>: Das Lehrerkollegium des Nicolaigymnasiums in Leipzig 1816 – 1896/97, S. 48). Am 13. November wurde Heinrich Kahnis, der seit 1889 erster Religionslehrer am Nicolaigymnasium war und außerdem Hebräisch sowie Deutsch unterrichtete (siehe: Ebenda), der Professorentitel verliehen (vgl.: Jahresbericht des städtischen Gymnasiums zu St. Nicolai – Nikolaischule – in Leipzig als Einladungsschrift zur feierlichen Entlassung der Abiturienten Sonnabend den 19. März sowie zu den öffentlichen Klassenprüfungen Mittwoch den 23. März im Namen des Lehrerkollegiums hrsg. v. Otto Kaemmel, Leipzig 1904, S. VIII <im folgenden: Jahresbericht 1904>). Auf Grund seiner großen Verdienste um die Schule – übrigens war ihr Kahnis trotz eines Rufes an das Wurzener Gymnasium treu geblieben – bzw. um die Bildung und Erziehung ihrer Schüler durfte er seit dem 17. Dezember 1914 den Titel eines Studienrats tragen (siehe hierzu: Jahresbericht 1915, S. 49). Wann er genau in den Ruhestand ging, ließ sich nicht mehr ermitteln, zumal seine Personalakte zu jenen gehörte, die makuliert wurden (vgl. den dementsprechenden Vermerk in: Stadtarchiv Leipzig, Bestand Schulamt, Findbuch zu Kapitel II). Allerdings kann mit einiger Sicherheit angenommen werden, daß Heinrich Kahnis im Verlaufe des Jahres 1920 pensioniert wurde (siehe hierzu: Hoffmann, Max: Zahme Xenien zum 7. Juni 1883. In. Nikolaitaner-Blätter, 6. Jg., H. 1-2 <= 16.-17. Folge>, Juni 1943, S. 12, Anmerkung 10).

Otto Knauer

war am 20. Oktober 1843 als Sohn eines Rechtsanwalts in Ichtershausen (Sachsen–Gotha) geboren worden und verstarb am 2. September 1921 in Leipzig (siehe dazu: Bischoff, Ernst Friedr<ich>: Das Lehrerkollegium des Nicolaigymnasiums in Leipzig 1816 – 1896/97, S. 30, und Schreiben von Herrn Graichen, Leiter der Friedhofsabteilungen der Stadt Leipzig, an den Verfasser, 27. Januar 1995). Er „besuchte zuerst ein Privatinstitut, dann die Realschule in Saalfeld und besuchte schließlich das Gymn<asium> Ernestinum in Gotha, das er Ost<ern> 1863 mit dem Reifezeugnis verließ. Darauf widmete er sich nacheinander auf den Universitäten Jena, Leipzig und Bonn besonders dem Studium der gemanistischen und romanistischen Philologie, erlangte am 19. Nov<ember> 1866 die philosophische Doktorwürde der Universität Leipzig und bestand am 28. Febr<uar> 1867 die Staatsprüfung vor der Königl<ichen> Prüfungskommission in Bonn. Von Ost<ern> 1867 bis dahin 1870 wirkte er als dritter ordentl<icher> Lehrer an der in der Entwicklung begriffenen höhern Bürgerschule in Witten an der Ruhr und benutzte während dieser drei Jahre mehrfach die Ferien zu Studienreisen nach Belgien, Frankreich und England“ (Bischoff, Ernst Friedr<ich>: Das Lehrerkollegium des Nicolaigymnasiums in Leipzig 1816 – 1896/97, S. 30). Seit Ostern 1870 war Otto Knauer als Lehrer für neuere Sprachen, das heißt für Englisch und vornehmlich für Französisch, am Nicolaigymnasium tätig. Hier sollte er im Laufe der Jahre in die Stelle des Oberlehrers aufrücken, sodann im Sommer 1882 zum Professor ernannt werden (siehe: Ebenda) und schließlich am 8. Februar 1907 den Titel sowie Rang eines Studienrats erhalten. Wenige Tage später, genauer gesagt, mit dem Ende des Schuljahres 1906/07 trat Knauer in den wohlverdienten Ruhestand (vgl.: Jahresbericht 1907, S. IX), womit auch verbunden war, daß er als Mitglied der Königlichen Prüfungskommission für Kandidaten des höheren Schulamtes in Fach Französisch ausschied, nachdem er ihr 31 Jahre angehört hatte. Neben seiner Lehrtätigkeit verfaßte der Neuphilologe Otto Knauer zwei größere wissenschaftliche Arbeiten, und zwar über die Kenntnis der französischen Sprache im 14. Jahrhundert sowie über die altfranzösische Lautlehre (siehe: Bischoff, Ernst Friedr<ich>: Das Lehrerkollegium des Nicolaigymnasiums in Leipzig 1816 – 1896/97, S. 30). An dieser Stelle sei noch darauf hingewiesen, daß späterhin Erinnerungen an Otto Knauer veröffentlicht wurden (vgl.: Richter, Paul: Der Knäx. In: Nikolaitaner-Blätter, 5. Jg., H. 3 <= 15. Folge>, Dezember 1942, S. 26 f.).

Richard Kirchner

wurde am 25. August 1849 im Auma (Sachsen-Weimar) als Sohn eines Glasermeisters geboren und verstarb am 22. Mai 1899 in Waldenburg (vgl.: Jahresbericht des Nicolaigymnasiums in Leipzig als Einladungsschrift zur feierlichen Entlassung der Abiturienten Donnerstag den 22. März sowie zu den öffentlichen Klassenprüfungen Mittwoch den 4. April im Namen des Lehrerkollegiums hrsg. v. Otto Kaemmel, Leipzig 1900, S. V <im folgenden: Jahresbericht 1900>). Er „verlebte seine ersten Knabenjahre in Großenhain, besuchte die dortige Bürgerschule von Ost<ern> 1855 bis Mich<aelis> 1863, das Progymnasium in Meißen bis Ost<ern> 1864, die Fürstenschule in Grimma bis Mich<aelis> 1869, studierte in Leipzig Theologie bis Ost<ern> 1874 und bestand um diese Zeit die Prüfung *pro candidatura* , war dann bis Ost<ern> 1878 Lehrer an der Teichmannschen Privatschule in Leipzig, bestand darnach die Prüfung für das höhere Schulamt und wurde Ost<ern> 1878 Hilfslehrer an der Nicolaischule. Noch in demselben Jahre zum Oberlehrer befördert, unterrichtete er, allmählich von Sexta bis Obersekunda aufsteigend, in Religion, Französisch und Erdkunde. Auch erwarb er sich am 4. Juni 1881 die Würde eines Dr. phil. bei der Universität Leipzig. Am 1. Sept<ember> 1883 folgte er einem Rufe des Rats der Stadt Meißen in das Direktorat der dortigen vereinigten Volksschulen, das er bis zum 1. Sept<ember> 1889 bekleidet hat, war dann bis zum 1. Okt<ober> 1892 Bezirksschulinspektor des Altenburger Ostkreises, wurde bei seinem Ausscheiden aus dem Altenburgischen Staatsdienste durch Verleihung des Ritterkreuzes II. Kl<asse> vom Sachsen-Ernestinischen Hausorden ausgezeichnet" (Bischoff, Ernst Friedr<ich>: Das Lehrerkollegium des Nicolaigymnasiums in Leipzig 1816 – 1896/97, S. 44). Fortan unterrichtete Richard Kirchner am Fürstlich Schönburgischen Lehrerseminar in Waldenburg, wo er bis zu seinem Tode das Direktorenamt innehatte (siehe dazu den Nachruf auf Richard Kirchner in: Jahresbericht 1900, S. V).

Karl Heinrich Koch

wurde am 24. Dezember 1854 in Distelbruch bei Detmold (Fürstentum Lippe) als Sohn eines Dorfschullehrers geboren und verstarb am 7. Juni 1891 in Leipzig. Er „wurde nach dem Besuche der Dorfschule seines Heimatsortes in seinem 15. Jahre in die Quarta des Gymnasiums in Lemgo aufgenommen und erwarb hier nach fünfjährigem Aufenthalte, Ost<ern> 1875, das Reifezeugnis. Darauf studierte er ein Jahr in Tübingen, dann in Leipzig altklassische und deutsche Philologie, übernahm Mich<aelis> 1877 die Stelle eines Hauslehrers in der Familie des Freiherrn von Münchhausen in Schwöbber bei Hameln, kehrte nach zweijähriger Unterbrechung des Studiums nach Leipzig zurück und bestand am 16. Nov<ember> 1880 die Prüfung für die Kandidatur des höhern Schulamtes. Bereits Ost<ern> 1881 trat er als Hilfslehrer in das Kollegium der Nicolaischule ein, wurde am 1. Sept<ember> 1883 Oberlehrer, verwaltete während seiner Tätigkeit das Ordinariat von Sexta, Quinta und Quarta, unterrichtete außerdem in den Tertien und Sekunden und lehrte Deutsch, Latein, Griechisch, Französisch und Geschichte. Er erlag am 7. Juni 1891 einem langen mit großer Geduld und Energie getragenen Herzleiden und wurde am 10. Juni auf dem Südfriedhofe beigesetzt" (Bischoff, Ernst Friedr<ich>: Das Lehrerkollegium des Nicolaigymnasiums in Leipzig 1816 – 1896/97, S. 47). Ein ebenso ausführlicher wie warmherziger Nachruf auf Karl Koch findet sich in: Jahresbericht des Nicolaigymnasiums in Leipzig als Einladungsschrift zur feierlichen Entlassung der Abiturienten Sonnabend den 26. März sowie zu den öffentlichen Klassenprüfungen Mittwoch den 6. und Donnerstag den 7. April im Namen des Lehrerkollegiums hrsg. v. Otto Kaemmel, Leipzig 1892, S. I ff. (im folgenden: Jahresbericht 1892).

Rudolf Kögel

wurde am 29. November 1855 in Leipzig als Sohn eines städtischen Beamten geboren und verstarb am 5. März 1899 (siehe: Jahresbericht 1900, S. V). Er „besuchte erst die zweite Bürgerschule, dann von Ost<ern> 1866 bis Ost<ern 18>74 die Thomasschule. Mit dem Reifezeugnis entlassen, studierte er fünf Jahre lang, einschließlich des Militärjahres, in Leipzig klassische und deutsche Philologie, bestand am 10. März 1879 die Prüfung für das höhere Schulamt und erlangte am 19. April die philosophische Doktorwürde. An der Nicolaischule begann er seine Tätigkeit am 22. April 1879 als dritter Hilfslehrer und wurde am 15. April 1881 zum Oberlehrer befördert. Er war im Laufe der Jahre Ordinarius von Sexta, Quinta und Quarta, unterrichtete außerdem in den Tertien und in Obersekunda und lehrte Deutsch, Latein, Griechisch und Geschichte. Nachdem er sich 1883 an der hiesigen Universität für deutsche Sprache und Literatur habilitiert und am 14. Juli die Antrittsvorlesung gehalten hatte, wurde er Ende Juni 1888 zum a<ußer>o<rdentlichen> Professor ernannt" (Bischoff, Ernst Friedr<ich>: Das Lehrerkollegium des Nicolaigymnasiums in Leipzig 1816 – 1896/97, S. 45). Am 1. Oktober desselben Jahres wurde Rudolf Kögel als ordentlicher Professor an die Universität Basel berufen, und zwar auf den Lehrstuhl für deutsche Sprache und Literatur, den er bis zu seinem frühen Tod am 5. März 1899 innehaben sollte (siehe hierzu: Jahresbericht 1900, S. V). Dagegen war er im Jahre 1885 einem Ruf an das neu gegründete Bryn Mawr College in Philadelphia nicht gefolgt (vgl.: Bischoff, Ernst Friedr<ich>: Das Lehrerkollegium des Nicolaigymnasiums in Leipzig 1816 – 1896/97, S. 45).

Richard Krieger

wurde am 21. Januar 1856 in Eilenburg als Sohn eines Kaufmanns geboren und verstarb am 7. Januar 1920 in Leipzig (vgl.: Schreiben von Herrn Graichen, Leiter der Friedhofsabteilungen der Stadt Leipzig, an den Verfasser, 27. Januar 1995). „Nachdem er in Leipzig, wohin seine Eltern übergesiedelt waren, von Ost<ern> 1863 bis Ost<ern 18>69 den Unterricht der zweiten Bürgerschule und der Teichmannschen Privatschule genossen hatte, besuchte er die Nicolaischule von Untertertia bis zur Reifeprüfung Ost<ern> 1875. Hierauf studierte er neun Semester Naturwissenschaften und Mathematik auf der Universität Leipzig, bestand am 13. Dez<ember> 1879 das Staatsexamen und erlangte am 22. Jan<uar> 1880 die philosophische Doktorwürde. Von Januar bis Ost<ern> 1880 war er Cand. prob. am Realgymnasium in Leipzig, und am 5. April erfolgte an der Nicolaischule seine Einweisung in die letzte Hilfslehrerstelle“ (Bischoff, Ernst Frier<ich>: Das Lehrerkollegium des Nicolaigymnasiums in Leipzig 1816 – 1896/97, S. 46 f.). Ostern 1882 wurde er zum Oberlehrer befördert und am 24. März 1902 verlieh ihm der sächsische König den Professorentitel (siehe: Jahresbericht des Nikolaigymnasiums in Leipzig als Einladungsschrift zur feierlichen Entlassung der Abiturienten Montag den 23. März sowie zu den öffentlichen Klassenprüfungen Mittwoch den 1. April im Namen des Lehrerkollegium hrsg. v. Otto Kaemmel, Leipzig 1903 , S. I). Krieger unterrichtete in Mathematik, in Erd- und vor allem in Naturkunde (vgl.: Bischoff, Ernst Friedr<ich>: Das Lehrerkollegium des Nicolaigymnasiums in Leipzig 1816 – 1896/97, S. 47). Freilich war er nicht nur ein guter Lehrer, sondern auch ein tüchtiger Naturwissenschaftler, das heißt ein ausgewiesener Entomologe, was sich in einer beeindruckenden Anzahl einschlägiger Veröffentlichungen widerspiegelte (seine Publikationsliste wurde abgedruckt in: Ebenda). Weitere biographische Angaben können vor allem deshalb nicht gemacht werden, weil seine Personalakte, wie aus einem entsprechenden Vermerk in den Verzeichnissen des Leipziger Stadtarchives hervorgeht (siehe: Stadtarchiv Leipzig, Bestand Schulamt, Findbuch zu Kapitel II), als Makulatur eingestampft wurde.

Karl Mayhoff

wurde am 20. Februar 1841 in Neustrelitz geboren und verstarb am 3. August 1914 in Dresden (siehe: Jahresbericht 1915, S. 24). Er „erhielt seine Schulbildung auf dem Gymnasium Carolinum seiner Vaterstadt und widmete sich von 1859 – <18>62 in Jena und Breslau philologischen Studien. Nach einjähriger Erziehertätigkeit in der Familie des Fürsten Hugo zu Hohenlohe-Öhringen, Herzog von Ujest, kehrte er im Okt<ober> 1863, um privatim seine Studien fortzusetzen, in seine Heimat zurück. Während dieses Aufenthaltes wurde er infolge der gleichzeitigen Erkrankung mehrerer Lehrer zu einem halbjährigen Vikariat am Carolinum veranlaßt. Nach Beendigung des Vikariats begab er sich Mich<aelis> 1864 wieder nach Breslau, promovierte hier am 3. Juli 1865 nach öffentlicher Verteidigung seiner Inauguraldissertation zum Dr. phil., trat Michaelis nach Absolvierung der preuß<ischen> Staatsprüfung sein Probejahr am Königl<ichen> Friedrichsgymnasium an und ging Ost<ern> 1866 an das Gymnasium zu St. Maria Magdalena über. Seit Ost<ern> 1869 war er Oberlehrer, seit 1872 Professor am Vitzthumschen Gymnasium in Dresden, wurde am 20. Sept<ember> 1884 zum Rektor der Nicolaischule gewählt und am 25. Oktober in dies Amt eingewiesen. Er hat das Rektorat sechs Jahre verwaltet, ist in dieser Zeit Ordinarius einer Oberprima gewesen, hat außerdem in Unterprima unterrichtet und Latein, Griechisch und Geschichte gelehrt. Am 26. Sept<ember> 1890 nahm er aus Gesundheitsrücksichten von der Schule Abschied, ebenso von seiner 25jährigen Lehrerlaufbahn überhaupt“ (Bischoff, Ernst Friedr<ich>: Das Lehrerkollegium des Nicolaigymnasiums in Leipzig 1816 – 1896/97, S. 50 f.). Kurze Zeit später übersiedelte Karl Mayhoff nach Dresden, wo er fortan als Privatgelehrter wirkte. Der Gegenstand seiner Forschungen war von jeher der römische Schriftsteller Plinius d. Ä. und dessen mehrbändiges Hauptwerk „Naturalis historia“, das er in einer viel beachteten textkritischen Ausgabe neu herausbrachte. Übrigens fanden seine Verdienste auch hohe Anerkennung, so war er Ritter des Mecklenburgischen Hausordens der Wendischen Krone und des Sachsen-Ernestinischen Hausordens (siehe zu alledem: Ebenda, S. 51).

Paul Mehlhorn

wurde am 3. Januar 1851 als Sohn eines Pfarrers in Gauern bei Ronneburg (Sachsen-Altenburg) geboren und verstarb am 5. Dezember 1919 in Leipzig (diese Angaben entstammen dem Sterbebuch der evangelisch-reformierten Gemeinde in Leipzig, und zwar wurden sie dem Verfasser am 11. Januar 1995 von der Verwalterin des Pfarrarchivs mündlich übermittelt). Er besuchte von Ostern 1863 bis 1869 das Gymnasium in Altenburg und studierte danach bis 1872 in Jena, 1872 und 1873 in Zürich sowie in Leipzig Theologie. „Die beiden theologischen Prüfungen bestand er 1873 und 1875 in Altenburg. Inzwischen war er vom Herbst 1873 bis Ende 1874 Lehrer an dem Dresdener Töchter-Institut von Frl. Cachin gewesen und hatte sich Ende 1873 in Jena den Grad eines Doktors der Philosophie erworben. Im Jan<uar> 1875 wurde er am Nicolaigymnasium an Merbachs Stelle zunächst als Hilfslehrer und Ostern darauf als Oberlehrer angestellt. Er unterrichtete in Religion, Deutsch, Latein, Französisch, Geschichte, Geographie und Schreiben in den Klassen Sexta bis Unterprima und war vom Schuljahr 1878/<7>9 an erst Klassenlehrer von Quinta, dann von Sexta. Im Sept<ember> 1881 ging er als Professor an das Gymnasium in Heidelberg und war daneben seit 1883 Lehrer am theol<ogischen> Seminar der Universität. 1886 wurde er von der theol<ogischen> Fakultät in Heidelberg zu Lic. theol. hon. c. promoviert und erhielt 1891 den Charakter eines a<ußer>o<rdentlichen> Professors der Theologie. 1893 kehrte er als Pfarrer der reformierten Gemeinde, die ihm schon von seinem frühern Leipziger Aufenthalte her wohlbekannt war, nach Leipzig zurück und empfing 1893 von der theo<logischen> Fakultät in Jena hon. c. die Würde eines Dr. theol.“ (Bischoff, Ernst Friedr<ich>: Das Lehrerkollegium des Nicolaigymnasiums in Leipzig 1816 – 1896/97, S. 40 f.). Bevor Paul Mehlhorn am 1. April 1918 emeritiert wurde (auch diese Information verdanke ich der Verwalterin besagten Pfarrarchivs), stand er sowohl 1914 als auch 1917 dem Konsistorium der reformierten Gemeinde in Leipzig vor (vgl. dazu: Verzeichnis der derzeitigen Vorsteher, Gemeindehäupter und Diakonen der evangelisch-reformierten Kirche zu Leipzig, <Leipzig> 1914, S. 5, sowie ebenda, <Leipzig> 1917, S. 3). Übrigens finden sich weitere biographische Angaben über ihn in: Hohlfeld, Johannes: Geschichte der evangelisch-reformierten Gemeinde zu Leipzig 1700 bis 1950, Leipzig 1950, Manuskript, das in der Bibliothek der Leipziger Gemeinde vorhanden ist.

Richard Meister

war am 27. Juli 1848 in Dresden als Sohn eines Regisseurs am Königlichen Hoftheater geboren worden und verstarb am 30. November 1912 in Leipzig (siehe dazu: Jahresbericht 1913, S. 3 f., und Stadtarchiv Leipzig, Bestand Schulamt, Kap. II, Nr. 111, Bl. 1 und 25 R). Er besuchte von Ostern 1862 bis Ostern 1868 die Dresdener Kreuzschule, „dann die Universität Leipzig, wo er besonders Georg Curtius und Ritschl hörte und Mitglied ihrer wissenschaftlichen Gesellschaften und des König<lich> philol<ogischen> Seminars war. Im Winterhalbjahre 1871/<7>2 hielt er sich in Berlin auf, um Mommsen, Haupt, Ernst

Curtius, Droysen und Bonitz zu hören, wurde unterdessen, am 5. Jan<uar> 1872, von der Leipziger philos<ophischen> Fakultät zum Doktor promoviert, kehrte Ostern nach Leipzig zurück und bestand hier am 9. August die Staatsprüfung für das höhere Schulamt. Michaelis wurde er am Nicolaigymnasium, zunächst provisorisch, Ost<ern> 1873 als Oberlehrer angestellt" (vgl.: Bischoff, Ernst Friedr<ich>: Das Lehrerkollegium des Nicolaigymnasiums in Leipzig 1816 – 1896/97, S. 34). Zwar unterrichtete Richard Meister anfangs auch in Deutsch, Französisch, Geschichte und Turnen, doch sollte er sich in der Lehre schon bald auf sein Spezialgebiet, die klassischen Sprachen, beschränken (siehe: Jahresbericht 1913, S. 6 f.). Anläßlich seines zwanzigjährigen Lehrerjubiläums, das heißt am 22. Oktober 1892, wurde ihm der Professorentitel verliehen (vgl.: Jahresbericht des Nicolaigymnasiums in Leipzig als Einladungsschrift zur feierlichen Entlassung der Abiturienten Freitag den 17. März sowie zu den öffentlichen Klassenprüfungen, Mittwoch den 22. und Donnerstag den 23. März im Namen des Lehrerkollegiums hrsg. v. Otto Kaemmel, Leipzig 1893, S. IV <im folgenden: Jahresbericht 1893>). Auf Grund eines Vorschlages der Deputation für die höheren Schulen wählte ihn der Rat der Stadt Leipzig am 7. Februar 1900 zum Konrektor des Nicolaigymnasiums (siehe: Jahresbericht 1900, S. VIII), wohingegen Richard Meister genau ein Jahrzehnt später den ehrenvollen Ruf zum Schulrektor ablehnen mußte, weil er bereits größere wissenschaftliche Arbeiten übernommen hatte (vgl.: Jahresbericht 1910, S. VII). Am 16. Mai 1906 wurde ihm in Würdigung seiner großen Verdienste um die Nicolaitana das Ritterkreuz I. Klasse vom Albrechtsorden (siehe dazu: Jahresbericht 1907, S. III) und am 6. Mai 1909 schließlich der Titel resp. Rang eines Studienrats verliehen (vgl.: Jahresbericht 1910, S. III). Als namhafter Erforscher der altgriechischen Mundarten – das widerspiegelte sich sowohl in der stattlichen Anzahl als auch im Gewicht seiner Veröffentlichungen zur Dialektologie (eine Liste all seiner bis 1896 erschienenen Publikationen findet sich in: Bischoff, Ernst Friedr<ich>: Das Lehrerkollegium des Nicolaigymnasiums in Leipzig 1816 – 1896/97, S. 34 f.) – war Richard Meister am 3. August 1891 zum ordentlichen Mitglied der Königlich Sächsischen Gesellschaft der Wissenschaften berufen worden (siehe dazu: Jahresbericht 1892, S. X, das heißt er wurde nicht erst 1901, wie Johannes Voigt am 9. Dezember 1912 in seiner Gedächtnisrede auf Richard Meister mitteilte, in besagte wissenschaftliche Einrichtung aufgenommen (vgl. dazu: Jahresbericht 1913, S. 12). Sein wissenschaftliches Lebenswerk wollte er noch mit der Herausgabe eines Bandes des Corpus Graecum krönen, doch verstarb er vor Vollendung der Arbeit (siehe: Ebenda).

Richard Müller

wurde am 25. Februar 1830 in Leipzig als Sohn eines Mitglieds des Gewandhaus- und Theaterochesters geboren. Er verstarb am 1. Oktober 1904 in seiner Geburtsstadt (vgl.: Jahresbericht des städtischen Gymnasiums zu St. Nicolai – Nikolaischule – in Leipzig als Einladungsschrift zur feierlichen Entlassung der Abiturienten Donnerstag den 23. März sowie zu den öffentlichen Klassenprüfungen Sonnabend den 8. April im Namen des Lehrerkollegiums hrsg. v. Otto Kaemmel, Leipzig 1905, S. VII <im folgenden: Jahresbericht 1905>, und Bischoff, Ernst Friedr<ich>: Das Lehrerkollegium des Nicolaigymnasiums 1816 – 1896/97, S. 42). Nachdem Müller zunächst die erste Bürgerschule in Leipzig besucht hatte, wechselte er sodann an das Gymnasium in Altenburg über, „wohin sein Vater 1838 als Hof- und Stadtmusikdirektor übergesiedelt war. Im J<ahre> 1843 kam er als Alumnus auf die Leipziger Thomasschule, bestand hier 1850 die Reifeprüfung und studierte alsdann Theologie. Doch entsagte er bald diesem Studium und befaßte sich als Schüler seines Vaters, Hauptmanns und Karl Zöllners nur mit Musik. Im J<ahre> 1855 wurde er Gesang<s>lehrer an der ersten Bürgerschule, 1860 nach Zöllners Tode für die Externen an der Thomana, 1863 am Realgymnasium und Ost<ern> 1876 endlich an der Nicolaitana. Außerdem leitete er mehrere Leipziger Gesang<s>vereine, vor allem den von ihm gegründeten akademischen Gesang<s>verein Arion, bei dessen 25jährigem Jubiläum 1874 er mit dem Ritterkreuze I. Klasse des Albrechtsordens dekoriert wurde. Am 12. Juni 1879 wurde er als ständiger Gesang<s>-lehrer zu St. Nicolai angestellt und im April 1889 zum Professor ernannt" (ebenda). Michaelis 1896 trat Richard Müller in den Ruhestand und legte zugleich in allen Gesangsvereinen, denen er zu diesem Zeitpunkt vorstand, die Leitung nieder (vgl. hierzu: Jahrersbericht 1905, S. VII).

Woldemar Oehler

wurde am 22. Februar 1858 in Halle an der Saale geboren, wogegen sich sein Sterbedatum und -ort bisher nicht ermitteln ließen. Er „besuchte von Mich<aelis> 1867 bis Ost<ern> 1876 die dortige Schola Latina, an der sein Vater Oberlehrer war, und diente dann in seiner Vaterstadt als Einjährig-Freiwilliger. Bis Ost<ern> 1878 studierte er in Halle, darauf in Leipzig Philologie und erlangte hier am 3. Juli 1880 die philos<ophische> Doktorwürde. Nachdem er sodann ein halbes Jahr in Leipzig als Privatlehrer tätig gewesen war, legte er in Halle am 5. Dez<ember> 1881 die Staatsprüfung ab und unterrichtete darauf ebenfalls in Halle am Privatinstitut des Dr. Harang. Ost<ern> 1882 wurde er an der Nicolaischule als Hilfslehrer angestellt, leistete laut Verordnung vom 20. April 1882 in dieser Stellung zugleich sein Probejahr ab, bekleidete erst das Ordinariat von Quinta, dann von Sexta, unterrichtete außerdem in Quarta und Untertertia und lehrte Deutsch, Latein, Griechisch und Geschichte. Ost<ern> 1884 ging er als Oberlehrer an die Thomasschule über" (Bischoff, Ernst Friedr<ich>: Das Lehrerkollegium des Nicolaigymnasiums in Leipzig 1816 – 1896/97, S. 48). Dort unterrichtete Woldemar Oehler bis zu seiner Pensionierung, das heißt bis Ostern 1923, und verwaltete über Jahre hinweg neben der Jubiläums- auch die Primarbibliothek. Im Laufe seiner Lehrtätigkeit an dieser Schule wurde er zunächst zum Professor, sodann zum Studien- und schließlich zum Oberstudienrat ernannt. Überdies verlieh ihm der sächsische König für seine langjährigen Verdienste um die höhere Schulbildung in Leipzig das Ritterkreuz II. Klasse vom Albrechtsorden, daneben war er Inhaber des Sächsischen Kriegsverdienstkreuzes (die vorstehenden Angaben beruhen vor allem auf: Ehrentafel der Thomasschule zu Leipzig. Die Lehrer und Abiturienten der Thomasschule zu Leipzig 1912 – 1932. Im Auftrage des Thomanerbundes zusammengestellt v. Gottlieb Tesmer und Walther Müller, Leipzig 1934, S. 15. Außerdem wurden folgende Quellen herangezogen: Thomasschule. Städtisches Gymnasium zu Leipzig. Bericht über das Schuljahr 1912/13, womit zu den öffentlichen Prüfungen am 12. März 1913 im Namen des Lehrerkollegiums ergebenst einladet Emil Jungmann, Leipzig 1913, S. 6, 25 und 50; Thomasschule. Städtisches Gymnasium zu Leipzig. Bericht über das Schuljahr 1914/15. Erstattet von Emil Jungmann, Leipzig 1915, S. 3, 13 und 17, sowie Thomasschule. Städtisches Gymnasium zu Leipzig. Bericht über das Schuljahr 1915/1916. Erstattet von Emil Jungmann, Leipzig 1916, S. 3 und 13). Leider verlieren sich seine letzten Lebensjahre im historischen Dunkel.

Emil Preuß

wurde am 10. August 1845 in Limbach bei Chemnitz geboren und verstarb am 26. Juni 1925 in Erlangen (siehe: Bischoff, Ernst Friedr<ich>: Das Lehrerkollegium des Nicolaigymnasiums in Leipzig 1816 – 1896/97, S. 30, und Personenstandsbuch der Stadt Erlangen, Nr. 298/1925 <Auskunft des Standesamts der Stadt Erlangen an den Verfasser, 26. Januar 1995). Er „erhielt seine wissenschaftliche Vorbildung von Ost<ern> 1859 bis Ost<ern> 1865 auf der Fürstenschule in Grimma. Hierauf studierte er in Leipzig klassische Philologie und bestand ebenda am 29. Mai 1869 das philologische Staatsexamen. Im August dess<elben> Jahres trat er an der Kreuzschule in Dresden sein Probejahr an, ging aber schon Ost<ern> 1870, nachdem ihm der Rest des Probejahres durch ministerielle Verfügung erlassen worden war, zunächst als Hilfslehrer und Ordinarius der Sexta an die Nicolaischule über.

Hier wurde er Ost<ern> 1871 ständig, rückte von Ost<ern> 1872 – <18>82/<8>3 vom Ordinariat der Quarta bis zum Ordinariat einer Obersekunda auf, lehrte außerdem in den Primen und erteilte Unterricht in Deutsch, Latein, Griechisch, Geschichte und Schreiben. Auch verwaltete er seit Ost<ern> 1875 die Schulbibliothek. Nachdem er der Schule 24 Jahre treu geblieben, am 18. Jan<uar> 1873 zum Dr. phil. promoviert, im April 1889 zum Professor ernannt worden war, folgte er Mich<aelis> 1894 einem Rufe als Rektor des Gymnasium<s> Albertinum in Freiberg" (Bischoff, Ernst Friedr<ich>: Das Lehrerkollegium des Nicolaigymnasiums 1816 – 1896/97, S. 30 f.), wo Emil Preuß, als er in den Ruhestand trat, den Titel und Rang eines Geheimen Studienrats innehatte (siehe hierzu: Mitteilungen des Nikolaitaner-Vereins E. V. Leipzig, Mitglieder-Verzeichnis nach dem Bestande von Ende 1926, zugleich zweite verb. Aufl. der Mitteilungen Nr. 1, Leipzig 1926, S. 31). Im übrigen liegen seine späten Lehrer- und Lebensjahre im historischen Dunkel. Zum Schluß sei noch angemerkt, daß ein Nicolaitaner, und zwar Walther Troitzsch, seine Erinnerungen an Emil Preuß veröffentlichte (in: Nikolaitaner-Blätter, 6. Jg., H. 1-2 <= 16.–17. Folge>, Juni 1943, S. 12 f.).

Ernst Riedel

wurde am 22. September 1852 in Dornhennersdorf (Oberlausitz) als Sohn eines Weberfaktors, Ortsvorstehers und Friedensrichters geboren. Er verstarb am 24. November 1911 in Leipzig (siehe dazu Nachruf auf Ernst Riedel in: Jahresbericht 1912, S. VIII). Er „erhielt den ersten Unterricht bis zur Konfirmation in der Schule seines Heimatortes. Nachdem er hierauf drei Jahre in der Expedition eines Juristen in Zittau tätig gewesen war, trat er Mich<aelis> 1870 als Schüler ins Johanneum ein. Ost<ern> 1874 legte er hier die Reifeprüfung ab und bezog, um Mathematik und Physik zu studieren, zunächst die Universität Berlin, nach vier Semestern die Universität Leipzig und bestand in Leipzig am 4. Juni 1878 die Staatsprüfung in der mathematisch-physikalischen Sektion. An der Nicolaischule war er vom 17. Juni 1878 an zunächst als Vikar für den erkrankten Oberlehrer E. W. Lehmann, dann von Ost<ern> 1879 an als Hilfslehrer tätig" (Bischoff, Ernst Friedr<ich>: Das Lehrerkollegium des Nicolaigymnasiums in Leipzig 1816 – 1896/97, S. 45). Nachdem Ernst Riedel Ostern 1881 zum Oberlehrer ernannt worden war, verlieh ihm der sächsische König am 17. März 1901 per Dekret die Würde eines Professors (vgl.: Jahresbericht 1902, S. I). Zunächst unterrichtete er in Erd- und Naturkunde, zeitweise auch in Deutsch sowie Französisch und zuletzt ausschließlich in Mathematik und Physik (siehe hierzu: Jahresbericht 1912, S. XI). Selbst wenn sich Riedel hin und wieder schriftstellerisch betätigen sollte, fand er die Erfüllung vornehmlich in seinem Lehrerberuf (vgl.: Ebenda).

Viktor Ryssel

wurde am 18. Dezember 1848 in Reinsberg bei Nossen als Sohn des Pächters der dortigen Rittergutsbrauerei und -brennerei geboren und verstarb am 1. März 1905 in Zürich (siehe: Jahresbericht des städtischen Gymnasiums zu St. Nicolai – Nikolaischule – in Leipzig als Einladungsschrift zur feierlichen Entlassung der Abiturienten Donnerstag den 22. März sowie zu den öffentlichen Klassenprüfungen Mittwoch den 4. April im Namen des Lehrerkollegiums hrsg. v. Otto Kaemmel, Leipzig 1906, S. IV <im folgenden: Jahresbericht 1906>). Er „besuchte von Mich<aelis> 1861 bis Ost<ern 18>68 das Gymnasium in Freiberg und studierte darauf in Leipzig Theologie und orientalische Sprachen. Nachdem er im Sommer 1871 das Examen *pro candidatura* bestanden hatte, widmete er sich ausschließlich dem Studium des Hebräischen und der semitischen Sprachen überhaupt, hörte die Vorlesungen der Prof<essoren> Fleischer und Krehl und machte sich am *Institutum Judaicum* des Prof. Delitzsch mit der jüdischen Literatur bekannt. Ost<ern> 1872 trat er an der Nicolaischule die Stelle eines Hilfslehrers an, promovierte am 2. August zum Dr. phil., wurde Ost<ern> 1873 Oberlehrer und legte im Mai 1874 in Dresden auch die zweite theol<ogische> Prüfung ab. Zu Mich<aelis> 1877 rückte er in das Amt eines ersten Religionslehrers auf, habilitierte sich 1878 an der theolog<ischen> Fakultät der Leipziger Universität für alttestamentliche Exegese und wurde im Febr<uar> 1885 zum a<ußer>o<rdentlichen> Professor ernannt. Er hat im Laufe der Zeit in allen Klassen gelehrt, ist vorübergehend Ordinarius von Sexta und Quinta gewesen und hat außer in Religion und Hebräisch in Deutsch, Latein und Geschichte unterrichtet. In den Jahren 1884 und <18>88 arbeitete er längere Zeit in Rom auf der Vatikanischen Bibliothek, 1886 und <18>94 im Britischen Museum in London und auf der Pariser Nationalbibliothek, um die Veröffentlichung von Werken der syr<ischen> Literatur, besonders der Schriften des Araberbischofs Georg vorzubereiten“ (Bischoff, Ernst Friedr<ich>: Das Lehrerkollegium des Nicolaigymnasiums in Leipzig 1816 – 1896/97, S. 33). Am 24. Oktober 1889 verließ Viktor Ryssel nach über 17jähriger Lehrtätigkeit das Nicolaigymnasium, um einem erst wenige Wochen zuvor an ihn ergangenen Ruf nach Zürich zu folgen, nämlich als ordentlicher Professor für Theologie und orientalische Sprachen an die dortige Universität (vgl.: Jahresbericht 1890, S. IV f.). Diesen Lehrstuhl hatte er bis zu seinem frühen Tod am 5. März 1905 inne, als er an einer schweren Lungenentzündung verstarb (siehe dazu: Jahresbericht 1906, S. IV).

Theodor Scharf

wurde am 18. Januar 1850 in Zitzschen bei Lützen geboren und verstarb am 10. Februar 1931 in Leipzig (siehe dazu: Nikolaitaner-Verein Leipzig e.V., Mitteilungen Nr. 17, Vereinsjahr 1931, o.S. <S. 3>, und Bischoff, Ernst Friedr<ich>: Das Lehrerkollegium des Nicolaigymnasiums in Leipzig 1816 – 1896/97, S. 47). Seine fachliche Vorbildung erhielt er am Seminar in Weißenfels. Im Jahre 1871 sollte Scharf seine erste Lehrerstelle antreten, und zwar an einer (Bürger-)Schule in Merseburg. Bevor er Ostern 1880 an das Nicolaigymnasium in Leipzig wechselte, unterrichtete er dort zum Schluß an der Vereinigten Freischule. Am 1. Juni 1890 wurde Theodor Scharf, der an der Nicolaitana genau ein Jahrzehnt die Fächer Schreiben und Stenographie vertrat, das Direktorat der damals neugegründeten Fortbildungsschule in der Leipziger Ostvorstadt übertragen (alle vorstehenden Angaben beruhen auf: Ebenda, und Jahresbericht 1891, S. XVII). Sein weiterer Berufs- und Lebensweg liegt im historischen Dunkel. Es konnte nur noch ermittelt werden, daß er auch zuletzt, das heißt unmittelbar bevor er in den Ruhestand ging, Direktor einer (der nämlichen ?) Leipziger Berufsschule war (vgl.: Nikolaitaner-Verein Leipzig e.V., Mitteilungen Nr. 17, Vereinsjahr 1931, o. S. <S. 3>).

Richard Schütz

wurde am 22. Januar 1843 in Volkmarsdorf bei Leipzig geboren und verstarb ebendort am 24. Dezember 1911 (siehe: Jahresbericht 1912, S. XIV). Er „besuchte die Volksschule in Volkmarsdorf und die Sonntagsschule der Polytechnischen Gesellschaft in Leipzig, erlernte in Leipzig die Uhrmacherkunst, arbeitete in Heidelberg, Straßburg und Nanzig, war seit 1865 Vereinsturnlehrer in Volkmarsdorf, bestand am 4. Juli 1868 die Vorturnerprüfung im Allg<emeinen> Turnvereine in Leipzig und wurde 1869 als Turnlehrer dieses Vereins angestellt. In dieser Stellung unterrichtete er unter Anleitung des Direktors Prof. Dr. Lion in den beiden städt<ischen> Gymnasien, dem Realgymnasium, den berechtigten Privatschulen und den Volksschulen, bis er Ost<ern> 1872 zunächst provisorisch als Turnlehrer an die Nicolaischule berufen wurde. Nachdem ihm laut Verordnung vom 10. März 1877 Dispens von der Fachlehrerprüfung für Turnen erteilt worden war, erfolgte am 1. Aug<ust> 1880 seine ständige Anstellung und am 17. Nov<ember> 1891 seine Ernennung zum Oberturnlehrer“ (Bischoff, Ernst Friedr<ich>: Das Lehrerkollegium des Nicolaigymnasiums in Leipzig 1816 – 1896/97, S. 34). Nach 33jähriger Tätigkeit als Turnlehrer war Richard Schütz aus gesundheitlichen Gründen gezwungen, um seine vorzeitige Pensionierung nachzusuchen, woraufhin er am 26. September 1902 in den Ruhestand versetzt wurde. Seine Verdienste um die „ernste, planmäßige Pflege der Leibesübungen“ an der Nicolaischule (Hoffmann, Max: Zahme Xenien zum 7. Juni 1883. In: Nikolaitaner-Blätter, 6. Jg., H. 1–2 <= 16.–17. Folge>, Juni 1943, S. 12, Anmerkung 12) fanden eine angemessene Würdigung, indem ihm am gleichen Tag der Leipziger Oberbürgermeister Dr. Dittrich, der dem Gymnasium vorstand, eine hohe sächsische Auszeichnung überreichte, nämlich das Ritterkreuz II. Klasse vom Albrechtsorden. Wie tief Richard Schütz mit der Nicolaitana innerlich verbunden war, widerspiegelte sich auch darin, daß er anläßlich seines Ausscheidens aus dem Schuldienst eine Prämienstiftung errichtete, die das Interesse am Turnunterricht und dabei vornehmlich das am Geräteturnen fördern wollte bzw. sollte (alle vorstehenden Angaben beruhen auf: Jahresbericht 1903, S. V, und Jahresbericht 1912, S. XIV).

Curt Steffen

wurde am 30. Dezember 1847 in Dresden geboren und verstarb am 3. April 1910 in Leipzig (siehe: Jahresbericht 1911, S. IX und XIV). Er „besuchte von Ost<ern> 1863 bis Mich<aelis 18>65 die Fürstenschule in Meißen und von da bis Ost<ern 18>68 die Kreuzschule in Dresden, studierte darauf in Leipzig Philologie und wurde Ost<ern> 1872 als Hilfslehrer an die Nicolaischule berufen. Nachdem er am 15. Okt<ober> von der Leipziger philos<ophischen> Fakultät zum Dr. phil. promoviert worden war und am 18. Febr<uar> 1873 die Staatsprüfung bestanden hatte, wurde er Ost<ern> 1873 zum Oberlehrer befördert“ (Bischoff, Ernst Friedr<ich>: Das Lehrerkollegium des Nicolaigymnasiums in Leipzig 1816 – 1896/97, S. 34), überdies verlieh ihm der sächsische König am 22. Oktober 1892 den Professorentitel (siehe dazu: Ebenda). Curt Steffen unterrichtete im Laufe der Zeit in Deutsch, Latein, Griechisch, Geschichte und Erdkunde. Allerdings fand seine Lehrtätigkeit an der Nicolaitana ein frühes Ende: Steffen erkrankte so schwer, daß er Ostern 1900 gezwungen war, sich in den Wartestand versetzen zu lassen (vgl.: Jahresbericht 1900, S. VIII), und daß er genau ein Jahr später um seine vorzeitige Pensionierung ersuchen mußte (siehe: Jahresbericht des Nicolaigymnasiums in Leipzig als Einladungsschrift zur feierlichen Entlassung der Abiturienten Sonnabend den 16. März sowie zu den öffentlichen Klassenprüfungen Mittwoch den 27. März im Namen des Lehrerkollegiums hrsg. v. Otto Kaemmel, Leipzig 1901, S. VIII <im folgenden: Jahresbericht 1901>). Am 1. April 1901, das heißt an dem Tag, als er aus dem Schuldienst schied, sollte ihm für sein verdienstvolles Wirken als Lehrer auch eine hohe königliche Auszeichnung überreicht werden, nämlich das Ritterkreuz I. Klasse vom Albrechtsorden (vgl. hierzu: Jahresbericht 1911, S. XV).

Georg Steffen

wurde am 20. September 1850 in Dresden geboren und verstarb am 8. Februar 1910 in Leipzig (siehe: Jahresbericht des städtischen Gymnasiums zu St. Nicolai – Nikolaischule – in Leipzig als Einladungsschrift zur feierlichen Entlassung der Abiturienten Freitag den 11. März sowie zu den öffentlichen Klassenprüfungen Mittwoch den 16. März im Namen des Lehrerkollegiums hrsg. v. Richard Meister, Leipzig 1910, S. III <im folgenden: Jahresbericht 1910>). Er besuchte zunächst die Fürsten(Landes)-schule in Meißen, das heißt von Ostern 1865 bis Ostern 1868, und sodann bis 1871 die Dresdener Kreuzschule. Nach dem Abitur schrieb sich Georg Steffen in die Matrikel der Universitäten zu Leipzig und zu Berlin ein, um sowohl hier als auch dort philologische und historische Studien zu betreiben. Auf deren Grundlage verfaßte er eine Dissertation zum Thema „De canone qui dicitur Aristophanis et Aristarchi“, die er am 14. Januar 1876 an der Alma mater Lipsiensis verteidigte. Außer der Doktorwürde erwarb Steffen noch im gleichen Jahr die Lehrbefähigung für höhere Schulen. Fortan unterrichtete er in Latein, Griechisch und vornehmlich in Geschichte, aber auch zeitweise in Deutsch. Seine erste Anstellung sollte er an einem Mannheimer Gymnasium finden, wo er von Ostern 1876 bis Ostern 1877 lehrte. Am 1. April desselben

Jahres wurde dann Georg Steffen als Hilfslehrer an die Nikolaischule berufen, ein Jahr später zum Oberlehrer befördert und schließlich am 23. Februar 1900 zum Professor ernannt. Alles in allem lehrte er 32 Jahre an der Nicolaitana, bevor ihn seine schwere Krankheit zwang, Ostern 1909 in den vorzeitigen Ruhestand zu treten (zu allen vorstehenden Angaben vgl.: Jahresbericht 1911, S. XIV; Stadtarchiv Leipzig, Bestand Schulamt, Kap. II, Nr. 44, Bl. 1 ff., und Bischoff, Ernst Friedr<ich>: Das Lehrerkolllegium des Nicolaigymnasiums in Leipzig 1816 – 1896/97, S. 42 f.). Allerdings ging er nicht nur in seinem Beruf auf, vielmehr gehörte Steffen zu jenen Lehrern, die auch politisch aktiv waren, so stand er einige Jahre dem Konservativen Verein in Leipzig vor und gehörte zudem dessen Landesvorstand an. Daneben hatte er mehrere Wahlperioden ein Stadtverordnetenmandat inne (vgl.: Ebenda, und Jahresbericht 1911, S. XIV).

Ernst Tischer

wurde am 28. Juli 1855 in Oberfriedersdorf geboren und verstarb am 30. März 1932 in Leipzig (siehe: Stadtarchiv Leipzig, Bestand Schulamt, Kap. II, Nr. 62, Deckblatt, und Nikolaitaner-Verein. E. V. Mitteilungen, Nr. 18, Bericht über das 14. Vereinsjahr 1932. Erstattet vom Vorstand, o.S. <S. 3>). Er „lernte nach Absolvierung der Volksschule die Kunstweberei, war dann Werkführer in einer Damastfabrik Schlesiens und ging 1872 auf Reisen, die ihn in das Rheinland, nach Baden, der Schweiz, Frankreich und England führten. Im Winter 1874 nach Deutschland zurückgekehrt, besuchte er das Johanneum in Zittau, studierte hierauf von Ost<ern> 1877 bis 1881 in Leipzig Mathematik, Physik und Philosophie, bestand am 9. Nov<ember> 1881 die Staatsprüfung fürs höh<ere> Schulamt und promovierte am 28. Juli 1882 mit einer experimentellen psychophysischen Untersuchung zum Dr. phil. Im Dez<ember> 1881 wurde er dem Realgymnasium in Leipzig als Probelehrer zugewiesen“ (Bischoff, Ernst Friedr<ich>: Das Lehrerkollegium des Nicolaigymnasiums in Leipzig 1816 – 1896/97, S. 49. Diese Angaben finden sich auch in: Stadtarchiv Leipzig, Bestand Schulamt, Kap. II, Nr. 62, Bl. 1 und 1 R) und am 1. April 1883 als Hilfslehrer am Nicolaigymnasium angestellt. Hier sollte Ernst Tischer zeit seines Berufslebens, daß heißt bis zu seiner Pensionierung am 1. April 1922, unterrichten, wobei sich seine Lehrerlaufbahn im einzelnen so gestaltete: Nachdem er am 1. April 1885 zum Oberlehrer befördert worden war, verlieh ihm der sächsische König am 14. Februar 1904 per Dekret den Professorentitel. Ein Jahrzehnt später, und zwar am 17. Dezember 1914 wurde Ernst Tischer zum Studienrat und schließlich am 28. April 1921 zum Oberstudienrat ernannt (vgl. zu allen vorstehenden Angaben: Ebenda, Bl. 1 und 203). Seine Lehrgebiete waren Mathematik, Physik, Erdkunde, Stenographie und Turnen (siehe: Bischoff, Ernst Friedr<ich>: Das Lehrerkollegium des Nicolaigymnasiums in Leipzig 1816 – 1896/97, S. 49).

Friedrich Traumüller

wurde am 12. März 1845 in Vonhausen (Großherzog-tum Hessen) als Sohn eines Volksschullehrers geboren und verstarb am 8. Oktober 1906 in Leipzig (vgl.: Jahresbericht des städtischen Gymnasiums zu St. Nicolai – Nikolaischule – in Leipzig als Einladungsschrift zur feierlichen Entlassung der Abiturienten Freitag den 15. März sowie zu den öffentlichen Klassenprüfungen Mittwoch den 20. März im Namen des Lehrerkollegiums hrsg. v. Otto Kaemmel, Leipzig 1907, S. V <im folgenden: Jahresbericht 1907>). Er „besuchte zuerst die Schule seines Vaters, dann das Gymnasium in Büdingen bis Obersekunda und 1863 – <18>65 das Schullehrerseminar in Friedberg i<n> d<er> Wetterau. Im Frühjahr 1865 wurde er seinem erkrankten Vater auf ein Jahr als Schulgehilfe beigegeben und bereitete sich zugleich durch Privatunterricht für die Reifeprüfung vor. Im Sommer 1866 übernahm er eine Hauslehrerstelle in der Familie des norddeutschen Konsuls A. Bauer in Batavia, die er bis zum Frühjahr 1870 innehatte. Um diese Zeit kehrte er nach Deutschland zurück, um zunächst in Gießen Naturwissenschaften und Mathematik zu studieren und die Vorbereitung für die Maturitätsprüfung zu vollenden. Nachdem er die Reifeprüfung im Herbst 1871 am Gymnasium in Darmstadt abgelegt hatte, bezog er die Universität Leipzig, setzte seine Studien im Herbst 1872 in Gießen fort und unterzog sich dort der für das höhere Lehramt vorgeschriebenen Philosophischen Vorprüfung am 23. Dez<ember> 1872. Die Fachprüfung für Naturwissenschaften und Mathematik bestand er am 14. Aug<ust> 1874 und erwarb sich nach der Staatsprüfung auf Grund einer Arbeit über die Gesetzmäßigkeiten, die sich bei chemischen Verbindungen zeigen, den Doktorgrad" (siehe: Bischoff, Ernst Friedr<ich>: Das Lehrerkollegium des Nicolaigymnasiums in Leipzig 1816 – 1896/97, S. 40). Wenige Monate später, das heißt am 1. Oktober 1874, wurde Friedrich Traumüller zum Oberlehrer am Nicolaigymnasium berufen, wo er über 32 Jahre hinweg in Natur- und Erdkunde, in Mathematik und Physik lehrte, außerdem erteilte er vorübergehend Schreibunterricht. Seine langjährigen Lehrerfahrungen schlugen sich in mehreren Veröffentlichungen nieder, zugleich verfaßte er mehrere naturwissenschaftliche Aufsätze und gab schließlich mit E. Gerland im Jahre 1899 eine „Geschichte der physikalischen Experimentierkunst" heraus (siehe: Jahresbericht 1907, S. XII ff. Seine Publikationsliste wurde abgedruckt in: Bischoff, Ernst Friedr<ich>: Das Lehrerkollegium des Nicolaigymnasiums in Leipzig 1816 – 1896/97, S. 40). Auf Grund seiner Verdienste durfte Traumüller seit dem 28. Oktober 1895 den Ehrentitel eines Professors führen (siehe: Ebenda).

Johannes Voigt

wurde am 2. Dezember 1854 in Leipzig als Sohn eines Kaufmanns geboren und verstarb hier am 12. November 1915 (siehe hierzu: Stadtarchiv Leipzig, Bestand Schulamt, Findbuch zu Kapitel II, und die darin zu findende Eintragung seiner Lebensdaten). Er genoß „den ersten Unterricht im Teichmannschen Institut. Von Ost<ern> 1868 an besuchte er die Nicolaischule, legte Ost<ern> 1873 die Reifeprüfung ab, studierte sodann zwei Semester in Straßburg, darauf zehn in Leipzig Philologie, erwarb sich am 5. Dez<ember> 1878 in Leipzig die philosophische Doktorwürde und bestand am 29. Jan<uar> 1879 die Staatsprüfung. Nachdem er darauf noch ein Semester in Tübingen studiert hatte, begann er laut Verordn<ung> vom 19. August im Sept<ember> 1879 an der Nicolaischule sein Probejahr. Ost<ern> 1880 wurde er als Hilfslehrer angestellt und Mich<aelis> 1881 zum Oberlehrer befördert" (Bischoff, Ernst Friedr<ich>: Das Lehrerkollegium des Nicolaigymnasiums in Leipzig 1816 – 1896/97, S. 46). Johannes Voigt lehrte vor allem in Geschichte, aber auch in Latein und Französisch, daneben hatte er in seinen frühen Lehrerjahren in Deutsch und Griechisch unterrichtet (vgl.: Ebenda). Auf Grund seiner ebenso langjährigen wie erfolgreichen Lehrtätigkeit am Nicolaigymnasium wurde ihm am 18. Oktober 1902 der Professorentitel (siehe hierzu: Jahresbericht des Nicolaigymnasiums in Leipzig als Einladungsschrift zur feierlichen Entlassung der Abiturienten Freitag den 14. März sowie zu den öffentlichen Klassenprüfungen Mittwoch den 19. März im Namen des Lehrerkollegiums hrsg. v. Otto Kaemmel, Leipzig 1902, S. IV <im folgenden: Jahresbericht 1902>) und schließlich am 15. Dezember 1913 der Titel resp. Rang eines Studienrates verliehen (vgl.: Jahresbericht des städtischen Gymnasiums zu St. Nicolai – Nikolaischule – in Leipzig als Einladungsschrift zur feierlichen Entlassung der Abiturienten Sonnabend den 7. März sowie zu den öffentlichen Klassenprüfungen Mittwoch den 1. April im Namen des Lehrerkollegiums hrsg. v. Oskar Dähnhardt, Leipzig 1914, S. 16 <im folgenden: Jahresbericht 1914>).

VII. Die öffentlichen Klassenprüfungen

(in Klammern der Name des jeweils prüfenden Lehrers)[1]

Schuljahr	Prüfungsdatum	Lehrfach Lateinisch	Griechisch	Französich
1881/82	24.3.1882	x (Kälker)	–	–
1882/83	9.3.1883	–	–	x (Voigt)
1883/84	27.3.1884	–	–	–
1884/85	19.3.1885	–	–	–
1885/86	15.4.1886	–	–	–
1886/87	31.3.1887	–	x (Steffen,G.)	–
1887/88	20.3.1888	–	–	–
1888/89	10.4.1889	x (Döring)	–	–

1 Zusammengestellt nach Programm 1882, S. XXIV; Programm 1883, S. XXVI; Programm 1884, S. XXX; Programm 1885, S. XLIV; Programm 1886, S. XX; Jahresbericht 1887, S. XVII; Jahresbericht 1888, S. XIX, und Jahresbericht 1889, S. 26.

Arithmetik	Mathematik	Geschichte	Geographie	Turnen
–	–	x (Koch)	x (Kirchner)	x (Schütz)
x (v. Vieth)	–	–	–	–
–	–	x (Glafey)	–	–
–	x (Traumüller)	x (Glafey)	–	–
–	x (Tischer)	–	–	–
–	–	–	–	–
–	x (Tischer)	–	–	–
–	–	–	–	–

VIII. Themen der in den Jahren 1886 bis 1890 verfaßten Aufsätze[1]

Schuljahr	**Fach** **Latein**	**Deutsch**
1886/87	–	1. Die Schweden in Rippoldsau. Erzählung nach Scheffels gleichnamigem Gedichte; 2. Der Lebenslauf eines Stromes. Eine Allegorie; 3. Der Rangstreit der Schulbücher; 4. Ein Gespräch über Hyperbeln (Prüfungsarbeit); 5. „Nicht so vieles Federlesen! Laß mich immer nur herein: Denn ich bin ein Mensch gewesen, und das heißt ein Kämpfer zu sein“ (Chrie); 6. Wie ist es in Schillers Wilhelm Tell zu erklären, daß Gessler den Tell zum Apfelschusse zwingt? 7. Wie ist in Schillers Jungfrau von Orleans das Verhalten Johannas im Prolog zu verstehen?; 8. Wodurch wird in Schillers Jungfrau von Orleans die Peripetie des Stückes herbeigeführt? (Prüfungsarbeit).
1887/88	1. Qua ratione Pisistratus Atheniensium dominatione potitus sit; 2. De Horatiorum cum Curiatiis pugna; 3. De Inone et Athamante; 4. De gruibus necem Ibyci poetae vindicantibus; 5. Coenus; 6. Quae Ulixi acciderint, cum in insula Aeaea versaretur (Prüfungsaufsatz).	1. Bilder deutscher Treue aus Uhland; 2. 7 Aufgaben im Anschluß an Kleists Hermannsschlacht zur Auswahl gestellt; 3. Beweinenswerter Philipp, wie Dein Sohn beweinenswert. Mit vorgeschriebenem Gedankengange. 4. Über die Hauptpersonen im Berner Sagenkreise; 5. Über Walthers <von> d<er> V<ogelweide> Sinn für die Natur; 6. Über einige gegen Rom gerichtete Sprüche Walthers von der Vogelweide (Prüfungsarbeit).

1 Zusammengestellt nach Jahresbericht 1887, S. XI; Jahresbericht 1888, S. XII; Jahresbericht 1889, S. 17 f., sowie Jahresbericht 1890, S. XIIII.

Schuljahr	Fach Latein	Deutsch
1888/89	1. Ciceronis consulis quomodo Sallustius mentionem fecerit; 2. Milo P. Clodii interfector iure comparetur cum Servilio Ahala et L. Opimio necne; 3. De ingenio ac moribus Cn. Marcii Coriolani; 4. Achillem magnanimum fuisse nego; 5. De expeditione Cyri Minoris contra Artaxerxem fratrem (Klassenarbeit); 6. Quo iure Herodotus dixerit in primis Atheniensibus laudi habendum esse, quod Graeci Persas vicerint (Prüfungsarbeit)	1. Inwiefern hat Goethe recht, wenn er behauptet, das Beste, was wir von der Geschichte haben, sei die Begeisterung? 2. Klopstock als Verherrlicher seiner Jugendfreunde; 3. Tellheim, Werner und Riccaut, die drei Vertreter des Soldatenstandes in Lessings Minna von Barnhelm; 4. Wie weit reicht die Freiheit des Dichters bei der Behandlung eines geschichtlichen Stoffes? 5. Märchen, noch so wunderbar, Dichterkünste machen's wahr (Prüfungsarbeit);
1889/90	1. Boudicca Britannos ad rebellionem excitat (nach Tacit. Agr. c. 15); 2. Laudes Iulii Agricolae, 3. De Scribonii Libonis iudicio (Tac. ann. II 27–32). 4. De Horatio libertatis suae studiosissimo	1. Die Einwirkung des Schicksals des Menschen auf seine Seele, geschildert nach Goethes „Gesang der Geister über den Wassern"; 2. Inwiefern kann auch Götz von Berlichingen zu den „Bruchstücken einer großen Konfession" gerechnet werden? 3. Die Wechselbeziehungen zwischen der Naturbetrachtung Werthers und seinen Seelenstimmungen (Prüfungsarbeit). 4. In welcher Beziehung stehen die (doppelten) Überschriften in Goethes Hermann und Dorothea zum Inhalte der einzelnen Gesänge? 5. Der Charakter des Pylades in Goethes Iphigenie.
	Reifeprüfung a. Quantum studium Cicero contulerit ad excolendam dicendi artem; b. Quibus rebus Cicero de populo Romano bene meruerit (für einen Fremden); c. Cicero ut vita clarus ita ingenio maximus.	*Reifeprüfung* Worauf beruht in Goethes Tasso die Versöhnung zwischen Dichter und Weltmann?

IX. I. Die Abiturklasse

Lfd. Nr.	Name und Vornamen[1]	Geburtsdatum und -ort[2]	Sterbedatum und -ort[3]	Abiturnote[4] in Sprachen und Wissenschaften	in Betragen
1	Bach, Ernst	18.12.1869 in Possenhain	16.05.1920 in Leipzig[9]	II[b]	I
2	Bechler, Wilhelm	01.07.1869 in Lengenfeld/ Vogtland	11.03.1929 in Goslar[10]	II[b]	II
3	Böhme, Rudolf	25.08.1870 in Leipzig	01.03.1946 in Leipzig[11]	III	I
4	Drechsel, M a x Friedrich Wilhelm	22.04.1871 in Grimma	?[14]	I[b]	II[a]
5	Dürr, Georg	20.05.1870 in Leipzig-Connewitz	?[18]	II[b]	I[b]
6	Freimann, Josef	14.07.1870 in Leipzig-Eutritzsch	?[20]	II	II[b]

1 Jahresbericht 1890, S. XX.
2 Voigt, Hans/Oskar Scholze: Die Abiturienten der Nikolaischule zu Leipzig 1830 – 1911. Zur Feier des 400jährigen Bestehens des Schule zusammengestellt, a.a.O., S. 67.
3 Siehe hierzu vor allem: Stadtarchiv Leipzig, Bestand Nikolaischule, Nr. 233, Bl. 35 f.
4 Siehe: Jahresbericht 1890, S. XX; Sächsisches Hauptstaatsarchiv Dresden, Ministerium für Volksbildung, Nr. 11 572, Bl. 261 f., und Stiftung „Archiv der Parteien und Massenorganisationen der DDR“ im Bundesarchiv, Zentrales Parteiarchiv, NY 4001, Nr. 1, Bl. 42.
5 Jahresbericht 1890, S. XX:
6 Voigt, Hans/Oskar Scholze: Die Abiturienten der Nikolaischule zu Leipzig 1830 – 1911. Zur Feier des 400jährigen Bestehens der Schule zusammmengestellt, a.a.O., S. 67.
7 Ebenda.
8 Die jeweils vorangestellte Jahreszahl gibt in der Regel nur an, von wann die einzelne Nachricht stammt.
9 Stadtarchiv Leipzig, Bestand Nikolaischule, Nr. 233, Bl. 36.
10 Ebenda.
11 Sächsisches Staatsarchiv Leipzig, Polizeipräsidium Leipzig PP – M 85.
12 Mitteilungen des Nikolaitaner-Vereins. E. V. Leipzig, Nr. 3: Fortsetzung des Mitgliederverzeichnisses (bis Nr. 373). Hrsg. vom Vorstand, o.O. o.J.

Angestrebte Studienrichtung[5] resp. Titel[6]	Im Jahre 1912 erreichter akademischer Grad	Im Jahre 1912 ausgeübter Beruf[7]	Verstreute Nachrichten zum weiteren Lebensweg[8]
Jura	–	Amtsgerichtsrat in Leipzig	–
Medizin	Dr. phil.	Montanwachsfabrikant in Völpke (Neuhaldensleben)	–
Jura	Dr. jur.	Gerichtsassesor in Leipzig	1920: Mitglied des Nikolaitaner-Vereins[12] 1936: Amtsgerichtsrat i.R. in Leipzig [13]
Medizin	Dr. jur.	Regierungsrat bei der Kgl. Kreishauptmannschaft	1919: Amtshauptmann in Döbeln[15] 1919: Mitglied des Nikolaitaner-Vereins[16] 1936: Rentier in Dresden[17]
Ingenieur	–	Zivilingenieur in Brüssel	1936: Zivilingenieur in S'Gravenhage[19]
Medizin	Dr. med.	Praktischer Arzt in Leipzig-Eutritzsch	23.07.1941: Als Jude mit Ehefrau in die USA ausgewandert[21]

13 Stadtarchiv Leipzig, Bestand Nikolaischule, Nr. 233, Bl. 36.

14 Es konnte noch nicht ermittelt werden, ob bzw. wann Max Drechsel in Dresden verstarb, zumal sämtliche Unterlagen der dortigen Urkunden- resp. Meldestelle während des zweiten Weltkrieges verlorengegangen sind.

15 Verzeichnis der Mitglieder des Niokolaitaner-Vereins, e. V., Leipzig. Stand von Weihnachten 1919, o. O (Leipzig) o. J., S. 6.

16 Ebenda.

17 Stadtarchiv Leipzig, Bestand Nikolaischule, Nr. 233, Bl. 36.

18 Der Autor suchte auch das Schicksal von Georg Dürr zu erhellen, und zwar richtete er Anfragen an die Stadtarchive von Brüssel und S´Gravenhage. Leider stehen die Antworten noch aus.

19 Stadtarchiv Leipzig, Bestand Nikolaischule, Nr. 233, Bl. 35.

20 Seine späten Jahre bleiben im historischen Dunkel, und das um so mehr, als sich auch in der biographischen Datenbank zur deutschsprachigen Emigration, die das Münchener Institut für Zeitgeschichte verwaltet, keine Angaben zu Josef Freimann finden lassen. Siehe dazu: Brief Karin Popps, Mitarbeiterin des Institutsarchivs, an den Verfasser, 30. Juni 1994.

21 Sächsisches Staatsarchiv Leipzig, Polizeipräsidium Leipzig, PP – M 256.

Lfd. Nr.	Name und Vornamen	Geburtsdatum und -ort	Sterbedatum und -ort	Abiturnote in Sprachen und Wissenschaften	in Betragen
7	Garten, E. Heinrich Siegfried	29.07.1871 in Kieritzsch	07.08.1923 in Leipzig[22]	II[b]	I[b]
8	Gebhardt, Johannes	27.07.1870 in Leipzig	25.07.1943 in Leipzig[24]	II	I[b]
9	Hahn, Ludwig	16.07.1870 in Leipzig	08.01.1943 in Leipzig[28]	II[b]	I[b]
10	Häßner, Franz	07.12.1869 in Leipzig	24.12.1948 in Dresden[29]	III[a]	I
11	Klare, Walther	06.01.1871 in Leipzig	24.02.1937 in Dresden[31]	II	I
12	Liebknecht, Karl	13.8.1871 in Leipzig	15.01.1919 in Berlin[33]	II	I[b]
13	Müller, Martin Paul	09.08.1869 in Leizig	08.12.1928 in Leipzig[34]	III	I
14	Röhling, Heinrich	28.12.1870 in Leipzig	03.10.1950 in Leipzig[35]	II[b]	I
15	Runge, Rudolf	16.05.1871 in Reudnitz	31.03.1948 in Leipzig[39]	II	I[b]

22 Thomas, Karl: Nachruf auf Siegfried Garten. Gesprochen in der öffentlichen Sitzung beider Klassen am 1. Juli 1924. In: Berichte über die Verhandlungen der Sächsischen Akademie der Wissenschaften zu Leipzig. Mathematisch-physische Klasse, 76. Bd., H. 2, a.a.O., S. 162 ff. Siehe auch: J. C. Poggendorf's biographisch-literarisches Handwörterbuch für Mathematik, Astronomie, Physik, Chemie und verwandte Wissenschaftsgebiete. Hrsg. unter Mitwirkung der Preußischen Akademie der Wissenschaften in Berlin, der Gesellschaft der Wissenschaften zu Göttingen, der Heidelberger Akademie der Wissenschaften, der Bayrischen Akademie der Wissenschaften in München und der Akademie der Wissenschaften in Wien von der Sächsischen Akademie der Wissenschaften zu Leipzig. Redigiert von P. Weinmeister, Bd. 5: 1904 bis 1922, I. Abteilung: A – K, Leipzig – Berlin 1926, S. 413 (im folgenden: J. C. Poggendorf´s biographisch-literarisches Handwörterbuch für Mathematik, Astronomie, Physik, Chemie und verwandte Wissenschaftsgebiete); ebenda, Bd. 6: 1923 bis 1931, II. Teil: F – K, Berlin 1937, S. 854, und ebenda, Bd. VIII a, Teil 2: F – K. Berichtsjahre 1932 bis 1953, Berlin 1958, S. 164 f.

23 Thomas, Karl: Nachruf auf Siegfried Garten. Gesprochen in der öffentlichen Sitzung beider Klassen am 1. Juli 1924. In: Berichte über die Verhandlungen der Sächsischen Akademie der Wissenschaften zu Leipzig. Mathematisch-physische Klasse, 76. Bd., H. 2, a.a.O., S. 163.

24 Nikolaitaner-Blätter, 6. Jg., H. 3 (= 18. Folge), Dezember 1943, S. 6.

25 Mitteilungen des Nikolaitaner-Vereins. E. V., Nr. 3: Fortsetzung des Mitgliederverzeichnisses (bis Nr. 373). Hrsg. vom Vorstand, o.O. (Leipzig) o. J..

26 Ebenda.

Angestrebte Studienrichtung[5] resp. Titel[6]	Im Jahre 1912 erreichter akademischer Grad	Im Jahre 1912 ausgeübter Beruf[7]	Verstreute Nachrichten zum weiteren Lebensweg[8]
Medizin	Dr. med., ord. Professor für Physiologie	Direktor des Physiologischen instituts der Universität Gießen	1916: Ordinarius am Physiologischen Institut der Universität Dresden[23]
Theologie	Cand. rev. min.	Oberlehrer am Schillergymnasium in Leipzig	1920: Professor und Studienrat[25] 1920: Mitglied des Nikolaitaner-Vereins[26] 1926: Oberstudienrat[27]
Medizin	Dr. med.	Praktischer Arzt in Leipzig	–
Theologie	–	Diakonus in Cunewalde (Oberlausitz)	1936: Pfarrer i.R. in Eßdorf bei Dresden[30]
Jura	Dr. jur.	Landgerichtsrat in Leipzig	1936: Senatspräsident am Oberlandesgericht i.R. in Dresden[32]
Medizin	Dr. jur.	Rechtsanwalt in Berlin	–
Medizin	Dr. med.	Inhaber einer orthopädischen Heilanstalt, Spezialarzt für Chirurgie und Orthopädie	–
Theologie	–	Pfarrer der Evangelischen Gemeinde in Wien	1919: Mitglied des Nikolaitaner-Vereins[36] 1936: Pfarrer in Leipzig[37] 1938: Pfarrer i.R.[38]
Medizin	Dr. med.	Praktischer Arzt in Leipzig	–

27 Nikolaitaner-Verein Leipzig e. V. Mitglieder-Verzeichnis nach dem Bestande von Ende 1926, o.O. (Leipzig) o.J., S. 9.
28 Nikolaitaner-Blätter, 6. Jg., H. 1–2 (= 16.–17. Folge), Juni 1943, S. 35.
29 Diese Information verdanke ich dem Evangelischen Landeskirchenamt Sachsen. Mündliche Mitteilung an den Verfasser, 27. September 1994.
30 Siehe: Stadtarchiv Leipzig, Bestand Nikolaischule, Nr. 233, Bl. 36, und Schreiben des Evangelisch-Lutherischen Pfarramts Cunewalde an den Verfasser, 11. März 1994.
31 Stadtarchiv Leipzig, Bestand Nikolaischule, Nr. 233, Bl. 36.
32 Stadtarchiv Leipzig, Bestand Nikolaischule, Nr. 233, Bl. 36.
33 Stiftung „Archiv der Parteien und Massenorganisationen der DDR“ im Bundesarchiv, Zentrales Parteiarchiv, NY 4001, Nr. 19.
34 Stadtarchiv Leipzig, Bestand Nikolaischule, Nr. 233, Bl. 36.
35 Sächsisches Staatsarchiv Leipzig, Polizeipräsidium Leipzig, PP – M 1009.
36 Verzeichnis der Mitglieder des Nikolaitaner-Vereins, e. V., Leipzig. Stand von Weihnachten 1919, o.O. (Leipzig) o. J., S. 5.
37 Stadtarchiv Leipzig, Bestand Nikolaischule, Nr. 233, Bl. 36.
38 Nikolaitaner-Blätter, 1. Jg., H. 2, Juli 1938, S. 3.
39 Sächsisches Staatsarchiv Leipzig, Polizeipräsidium Leipzig, PP – M 1029.

Lfd. Nr.	Name und Vornamen	Geburtsdatum und -ort	Sterbedatum und -ort	Abiturnote in Sprachen und Wissenschaften	in Betragen
16	Schüffner, Hermann	08.06.1869 in Gernheim	24.11.1945 in Leipzig[40]	III[a]	I
17	Schuster, Friedrich Adolf	14.11.1869 in Zwickau	26.01.1947 in Leipzig[43]	III[a]	I[b]
18	Sevin, August	03.02.1870 in Leipzig	10.09.1900 in Blankenburg[45]	III[b]	I[b]
19	Stumme, Gerhard Emmerich	16.02.1871 in Leipzig	?[46]	II[b]	I[b]
20	Uhlig, Paul	08.08.1870 in Mühlberg an der Elbe	21.06.1936 in Dortmund (?)[47]	II	I
21	Westhaußer, Felix W.	16.08.1871 in Leipzig	?[49]	II	I
22	Wittmaack, Hermann	02.10.1871 in Berlin	?[52]	II[b]	II[a]

40 Ebenda, PP – M 1137.

41 Mündliche Mitteilung des Evangelisch-Lutherischen Pfarramts Ebersgrün/Vogtland an den Verfasser, 10. März 1994, und Sächsisches Staatsarchiv Leipzig, Polizeipräsidium Leipzig, PP – M 1137.

42 Ebenda.

43 Sächsisches Staatsarchiv Leipzig, Polizeipräsidium Leipzig, PP – M 1173.

44 Stadtarchiv Leipzig, Bestand Nikolaischule, Nr. 233, Bl. 36 R.

45 Jahresbericht 1901, S. V.

46 Wie mir Herr Dr. Handke, Mitarbeiter des Sächsischen Staatsarchivs Leipzig, mündlich mitteilte, ist die Meldekarte von Gerhard Stumme verlorengegangen, so daß sich dessen Sterbedatum und –ort nicht mehr ermitteln lassen.

Angestrebte Studien-richtung[5] resp. Titel[6]	Im Jahre 1912 erreichter akademischer Grad	Im Jahre 1912 ausgeübter Beruf[7]	Verstreute Nachrichten zum weiteren Lebensweg[8]
Theologie	–	Pfarrer in Ebersgrün/ Vogtland	Bis 1934: Pfarrer in Ebersgrün/Vogtland[41] Seit 1934: Pfarrer i.R. in Leipzig[42]
Postfach	–	Postinspektor in in Crimmitschau	1936: Postdirektor i.R. in Leipzig[44]
Jura	–	Bezirksassesor in Dresden	–
Medizin	Dr. med.	Spezialarzt für Chirurgie und Orthopädie in Leipzig	–
Postfach	–	Postdirektor in Neustadt/Sachsen	1936: Oberpostrat in Dortmund[48]
Kaufmann	Dr. phil.	Assistent an der landwirtschaftlichen Hochschule in Hohenheim bei Stuttgart	1922: Chemiker in Wien[50] 1936: Chemiker und technischer Leiter der Verbandsstoffabrik Soms und Peschke in Wien[51]
Jura	Dr. jur.	Regierungsamtmann bei der Kreishauptmannschaft in Zwickau	1936: Oberverwaltungsgerichtsrat i.R. in Dresden[53]

47 Stadtarchiv Leipzig, Bestand Nikolaischule, Nr. 233, Bl. 36 R.

48 Verzeichnis der Mitglieder des Nikolaitaner-Vereins, e. V., Leipzig. Stand von Weihnachten 1919, o. O. (Leipzig) o. J., S. 5.

49 Seine Lebensspur verliert sich nach 1936.

50 J. C. Poggendorf's biographisch-literarisches Handwörterbuch für Mathematik, Astronomie, Physik, Chemie und verwandte Wissenschaftsgebiete, Bd. 5: 1904 bis 1922, II. Abteilung: L – Z, Leipzig – Berlin 1926, S. 1358.

51 Stadtarchiv Leipzig, Bestand Nikolaischule, Nr. 233, Bl. 36 R.

52 Es konnte bislang nicht festgestellt werden, ob resp. wann Hermann Wittmack in Dresden verstarb, zumal sämtliche Unterlagen der dortigen Urkunden bzw. Meldestelle am Ende des Zweiten Weltkrieges verlorengegangen sind.

53 Siehe auch: Nikolaitaner-Blätter, 2. Jg., H. 1, April 1939, S. 22.

IX.II. Das Protokoll der mündlichen Reifeprüfung [1]

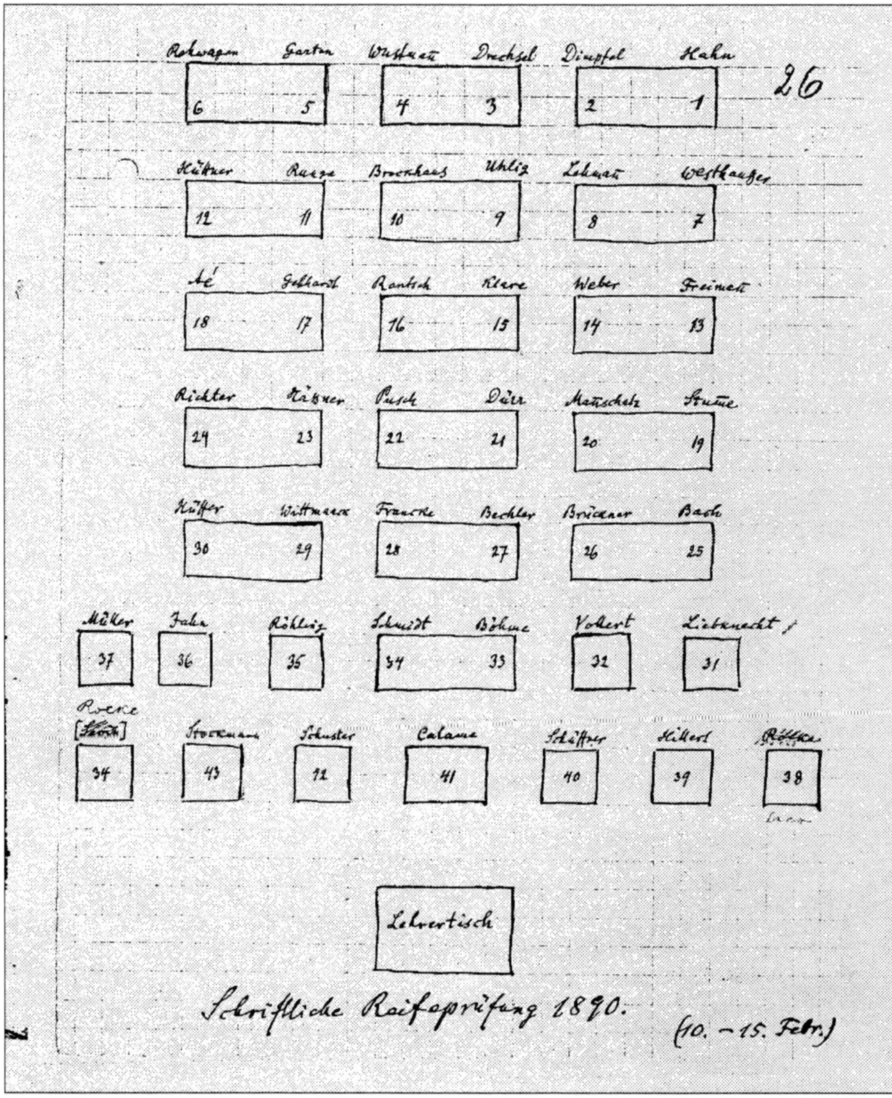

Der Sitzplan für die schriftliche Reifeprüfung 1890.

1 Stiftung „Archiv der Parteien und Massenorganisationen der DDR" im Bundesarchiv, Zentrales Parteiarchiv, NY 4001, Nr. 1, Bl. 34 R ff. An dieser Stelle möchte ich auch Frau Prof. Dr. Gerhild Schwendler sehr herzlich danken, die mir bei der Entzifferung einiger schwer leserlicher Handschriften half; zugleich sei angemerkt, daß die Orthographie und Zeichensetzung der heutigen Schreibweise weitgehend angeglichen wurde.

Nicolai-Gymnasium Leipzig

Protokolle der mündlichen Reifeprüfung 1890

–

Donnerstag 13. März 1890
[…]
[…]
[…]

Anwesend die Mitglieder der Kommission[2] wie vormittags, ausgen<ommen> die mathemat<ischen> Kollegen Dr. Traumüller, Riedel, Dr. Tischer

Nachm<ittags> 3 Uhr erschien die Abteilung C, bestehend aus den 7 letzten der I^{aa} (Liebknecht bis Schüffner) und den letzten 6 der I^{ab} (Hüffer bis Hillert[3]). Den Anfang machte die Prüfung in der

1. Geschichte.

Besprechung der heiligen Kriege in Griechenland mit Ausführung der jeweiligen polit<ischen> Verhältnisse (bes<onders> Eingreifen Philipps I von Makedonien in den 3. u<nd> 4. heiligen Krieg); Überflutung der Balkanhalbinsel bis nach Delphi durch die Kelten i<m> J<ahre> 280 ff. (Lage Makedoniens und Thrakiens). Eindringen der Gallier nach Italien z<ur> Z<eit> des vejent<ischen> Krieges und Gang der Kämpfe zwischen Römern u<nd> Galliern bis zur Eroberung von Callia Transalpina z<ur> Z<eit> der Grachen. Besprechung der grachischen Bewegung. Geschichte der Westgoten bis zum Untergang ihres span<ischen> Reiches durch die Araber. Die Entwicklung des arabischen Weltreichs; Auftreten der Türken (Seldschuken) in demselben und die Kreuzzüge. Dieselben behandelt unter Betonung der sie leitenden Fürsten (z. B. Konrad III., Philipp II. August v<on> Frankreich usw.). Die Osmanen, ihre Kämpfe mit dem Abendland u<nd> ihr Einfluß auf den Gang der deutschen Reformation. Die Türkenkriege bis z<ur> Z<eit> des 17. Jahrhunderts im Zusammenhang mit der westeurop<äischen> Politik jener Zeit.

Steffen II[4]

2 Der Prüfungskommission gehörten folgende Mitglieder an: Königlicher Prüfungskommissar Geheimer Hofrat Prof. Dr. Heinze; Rektor Prof. Dr. Karl Mayhoff; Konrektor Prof. Adalbert Gebhardt; Prof. Dr. Bernhard Döring; Prof. Dr. Karl Hultgren; Prof. Dr. Otto Knauer; Prof. Dr. Emil Preuß; Dr. Richard Meister; Dr. Georg Steffen; Dr. Kurt Steffen; Dr. Ernst Tischer; Dr. Friedrich Traumüller; Ernst Riedel (siehe: Ebenda, Bl. 34)

3 Allerdings trat Oskar Hillert auf Grund mangelnder Leistungen vor Abschluß der mündlichen Prüfung vom Abitur zurück (vgl.: Sächsisches Hauptstaatsarchiv Dresden, Ministerium für Volksbildung, Nr. 11 572, Bl. 262).

Um 1/4 5 Uhr folgte die Prüfung im

2. Lateinischen.

Der Rektor legte aus Tacit<us> dial<ogus> de orat<oribus>[5] die Stelle c. 28 ff. vor , welche bis c. 31 <med>ium übersetzt wurde. Vorangingen einige Fragen nach Tacitus <,> Autorschaft dieser Schrift, seinem Stil, seinen historischen Schriften, wobei auch ...[6], Quintilian und der jüngere Plinius flüchtig erwähnt wurden.

Mayhoff

Nach einer von 1/4 6 bis 1/2 6 Uhr reichenden Pause wurde die Prüfung im

3. Griechischen

vorgenommen.

Nachdem einige Fragen literaturgeschichtlichen Inhalts (besonders aus dem Gebiete der Geschichtsschreibung) behandelt worden waren, wurde Andseider[7] de myst<eriis> § 36–37. 43–46. 48–53 übersetzt.

Preuß

[...]
[...]
[...]

4 Mit Steffen II wurde Georg Steffen bezeichnet, weil er nach seinem Namensvetter (Kurt Steffen = Steffen I) in das Lehrerkollegium der Nicolaitana eingetreten war (siehe hierzu: Bischoff, Ernst Friedr<ich>: Das Lehrerkollegium des Nicolaigymnasiums in Leipzig 1816 – 1896/97, S. 34 und 42).

5 Leider konnte die der Prüfung zugrunde liegende Ausgabe nicht mehr ermittelt werden. Siehe deshalb aus späterer Zeit: P. Cornelii Taciti: Dialogus de oratoribus. Mit Prolegomena, Text und adnotatio critica, exegetischen und kritischen Kommentar, Bibliographie und index nominum et rerum v. Alfred Gudermann, Leipzig–Berlin 1914.

6 Mayhoff fügte nachträglich den Namen einer weiteren römischen Persönlichkeit in das Prüfungsprotokoll ein, wobei er die Buchstaben nahezu unleserlich schrieb. Aller Wahrscheinlichkeit nach führte er außer Quintilian und dem jüngeren Plinius noch Seneca an.

7 Das ist die latinisierte Namensform von Andokides. Vgl.: Paulys Real-Encyclopädie der klassischen Altertumswissenschaft. Neue Bearbeitung. Unter Mitwirkung zahlreicher Fachgenossen hrsg. v. Georg Wissowa, 2. Halbbd., Stuttgart 1894, Sp. 2124 ff.

<Sonnabend 15. März>
[...]
[...]
[...]

Es erschienenen noch H<err> Prof. Dr. Preuß, H<err> Oberlehrer Berlit, Riedel, Dr. Tischer. Später H<err> Konrektor Prof. Dr. Gebhardt, H<err> Dr. Brugmann, Dr. Traumüller, Prof. Dr. Döring

Um 9 Uhr 50 Min<uten> wurden noch Liebknecht und Hüffer in den Saal beschieden, die nicht an der Religionsprüfung teilgenommen hatten[8]; dann wurde die Prüfung im

2. Französischen

vorgenommen. Sie erstreckte sich zuerst auf die Literatur des 17. Jahrh<under>ts, soweit sie in der Schule behandelt wurde, dann auf Voltaire, Lesage, ferner auf Frau v<on> Staël, H. de Maistre und endlich auf französische Historiker des 19. Jahrhunderts, darunter bes<onders> Guizot (außer Thierry und Lamertine), worauf aus der Histoire de de la civilisation en Europe von Guizot ein Stück übersetzt wurde (Ploetz Manuel p. 488 ff.).

Um $^3/_4$ 11 Uhr war die Prüfung beendet, unmittelbar darauf wurden die Zensuren für Religion und Französisch festgestellt.

Nach einer halbstündigen Pause wurde einige Minuten nach 1/4 12 Uhr die Prüfung fortgesetzt, indem H<err> Konrektor Prof. Dr. Gebhardt in der

8 Siehe: Paragraph 7 der Verordnung zur Ausführung des Gesetzes vom 22. August 1876 über die Gymnasien, Realschulen und Seminare vom 29. Janurar 1877. In: Codex des im Königreich Sachsen geltenden Kirchen- und Schul-Rechts mit Einschluß des Eherechts und des Rechtes der frommen und milden Stiftungen. Supplementband zur zweiten Auflage. Im Auftrage des Königlichen Ministeriums des Cultus und öffentlichen Unterrichts bearb. v. Paul von Seydewitz, a.a.O., S. 478.

3. Mathematik und Physik

prüfte.

Während der Prüfung wurde (um 3/4 12 Uhr) Sevin plötzlich unwohl, so daß er hinausgeführt werden mußte

Schiefe Ebene. Einiges aus der Akustik (Eigenschaften des Tons, dectonische Tonleiter) und aus der Optik.
(Reflexionsgesetz; Brechungsgesetz; totale Reflexion; Bestimmung des Brechungsexponenten mittelst des brechenden Winkels eines Prismas und der Minimalablenkung). Auflösung der Gl<eichung>
$\log x^3 - \log 5 = \log 5 + \log 2 \cdot (1 - 2.\log x)$
und der Aufgabe: 3 Zahlen bilden eine geom<etrische> Reihe; ihre Summe ist 19, die Summe ihrer Quadrate 133. Welche Zahlen sind es ? Begründung der Gl<eichung> cot alpha – tg alpha = 2. cot 2 alpha. Endlich Lösung der Aufgabe: Von einer Ellipse sind gegeben alpha, F, P_1, P_2; gesucht G, die Tangenten zu P_1 und P_2.

Hierauf wurden die math<e>m<atischen> u<nd> physikalischen Zensuren festgestellt und in die Tabellen eingetragen, z<um> T<eil> auch schon die Gesamtzensur ermittelt.
[…]
[…]
[…]

IX.III. Die schriftlichen Abiturarbeiten und -aufsätze in Latein, Französisch und Griechisch[1]

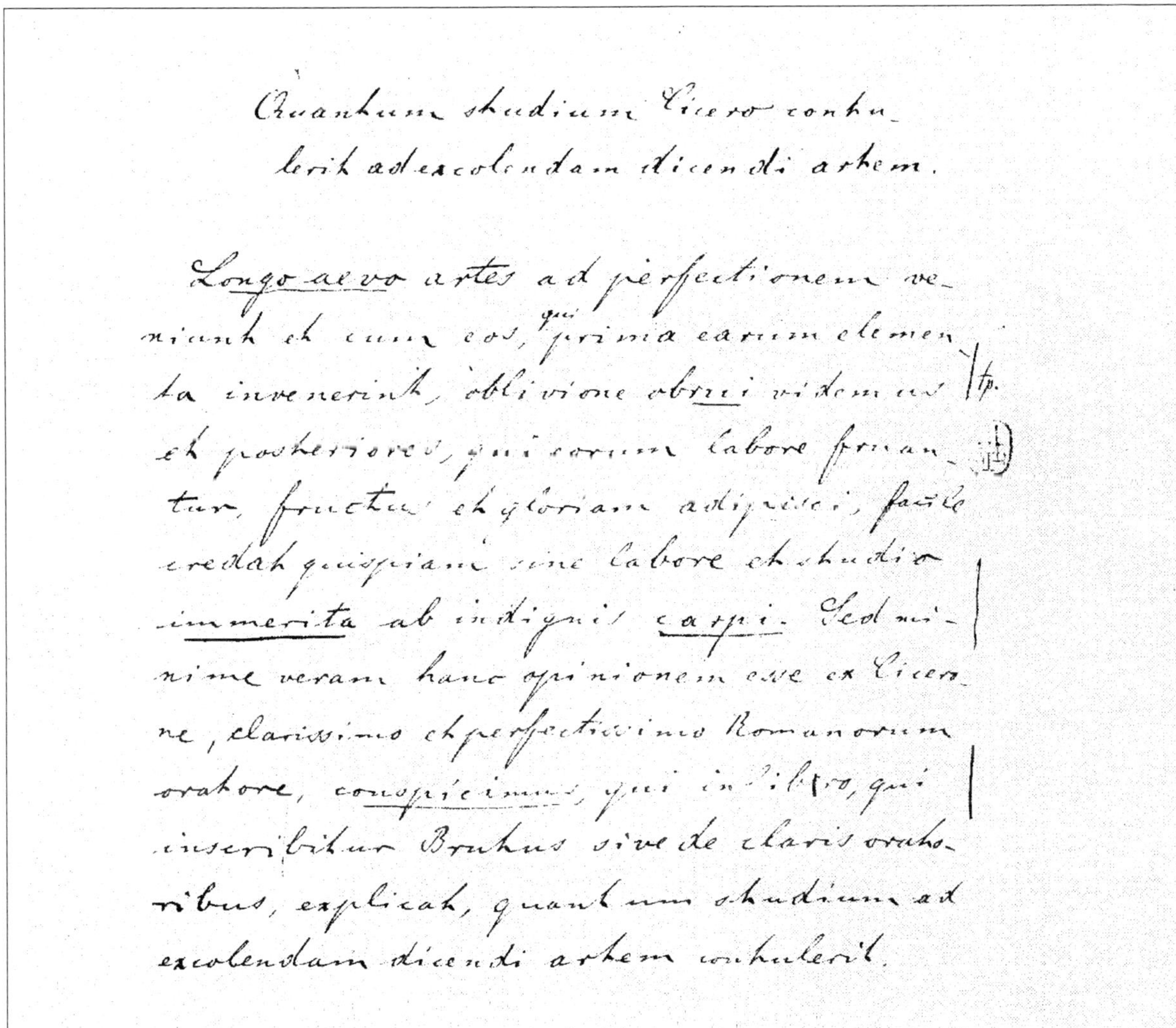

Quantum studium Cicero contu-
lerit ad excolendam dicendi artem.

Longo aevo artes ad perfectionem ve-
niunt et cum eos, qui prima earum elemen-
ta invenerint, oblivione obrui videmus
et posteriores, qui eorum labore fruan-
tur, fructus et gloriam adipisci, facile
credat quispiam sine labore et studio
immerita ab indignis carpi. Sed mi-
nime veram hanc opinionem esse ex Cicero-
ne, clarissimo et perfectissimo Romanorum
oratore, conspicimus, qui in libro, qui
inscribitur Brutus sive de claris orato-
ribus, explicat, quantum studium ad
excolendam dicendi artem contulerit.

1 Es sei an dieser Stelle angemerkt, daß auch die Protokolle der schriftlichen Prüfungen überliefert wurden (siehe: Stiftung „Archiv der Parteien und Massenorganisationen der DDR" im Bundesarchiv, Zentrales Parteiarchiv, NY 4001, Nr. 1, Bl. 28 ff.), doch verzichtet der Verfasser darauf, diese Aufzeichnungen zu edieren, weil sich darin so gut wie keine inhaltlichen Aussagen finden. Überdies erschien es ihm wenig sinnvoll, die von Karl Liebknecht in Lexik und Grammatik der jeweiligen Fremdsprache gemachten Fehler wiederzugeben, das heißt, in der deutschen Übersetzung werden diese Irrtümer ignoriert.

A[a]

L a t e i n i s c h e r R e i f e a u f s a t z[2]
Ostern 1890

K. Liebknecht

Wieviel Eifer Cicero darauf verwandt hat, die Wortkunst zu erlernen.

Die Künste <= Wissenschaften> brauchen lange Zeit zu ihrer Vervollkommnung. Wenn wir diejenigen, die ihre Grundlagen geschaffen haben, in Vergessenheit versinken sehen und bemerken wie spätere, die ihre Arbeit nutzen, deren Früchte und den Ruhm dafür einstreichen, glaubt vielleicht jemand, es werden ohne Arbeit und Bemühung diese Verdienste von Unwürdigen genutzt. Aber daß das nicht im mindesten stimmt, entnehmen wir den Äußerungen von Cicero, dem berühmtesten und volkommensten römischen Redner, der in dem Buch, das er „Brutus oder über berühmte Redner“ nennt, erklärt, wieviel Mühe er darauf verwandt hat, die Redekunst zu erlernen. Es sieht nicht so aus, als habe er den Meistern in der Beredsamkeit schon in frühester Jugend zugehört, aber wir können sicher daraus entnehmen, daß er sich als Junge in allen Fächern die größte Mühe gegeben hat. Zunächst schloß er sich ohne Zweifel dem Mola Rhodius an, jenem berühmten Redner, der sich zu dieser Zeit in Rom aufhielt. Von diesem und von anderen über den Sinn dieser Kunst und über erste Regeln unterwiesen, deklamierte er täglich zusammen mit Freunden und trachtete danach, jene 5 Dinge anzuwenden, die die Elemente der Redekunst genannt werden und viel benutzte er das Griechische, damit es <ihm> größeren Redereichtum gewähre und damit er von den besten Rednern verstanden und verbessert werden könnte. Weil er wußte, daß es zum genauen Erfassen von Gedanken und für die politische Rede sehr nützlich ist, einen kurzen Stil zu gebrauchen, ließ er fast keinen Tag aus, an dem er nicht mit großem Eifer schrieb. Zu ebendieser Deutlichkeit empfahl sich am meisten die Philosophie, da diese lehrte, ebenmäßiger zu denken und das Gedachte klarer und einsichtiger auszusprechen, so daß Cicero die Dialektik zusammengefaßte Redekunst und die Redekunst erweiterte Dialekik nannte. Darin aber war ihm das Glück hold, denn in Rom in seinem Haus wohnte der Stoiker Diodotus und Philo aus Larissa, der Akademiker, ging vertraut <mit ihm> um. Er hielt sich an diese und nahm in sich sozusagen die ersten Samen der Liebe zu jener Philosophie auf, die er bis ins hohe Alter als erster der Römer ausübte. Wenige Jahre später, als er wegen seiner Gesundheit gezwungen war, Rom zu verlassen, hielt er sich 6 Monate in Athen auf, danach reiste er durch ganz Asien und besuchte die in jener Zeit berühmten Philosophen und diskutierte mit ihnen; bei der Rückkehr hielt er sich in Rhodos auf und nutzte wiederum Molon als Lehrer. Auf dieser Reise wurde, wie er selbst sagt, jene Beruhigung der Seele und die Einschränkung der vorher allzu flammenden und überfließenden Rede geboren, so daß er, als er nach Rom zurückkehrte, bald zur Vollendung seiner Kunst <=Wissenschaft> kam.

Doch woher hätte er gewußt, was er anzustreben hatte, wenn es nicht die Beispiele gegeben hätte, denen er folgte? Als Heranwachsender las er wieder und wieder Reden, besonders die des Demosthenes und Thucydides und aller Redner, die unter Griechen und Römern berühmt waren und schon damals erkannte er, welche Unterschiede zwischen jenen Völkern bestünden, und daß die vollkommene Beredsamkeit der Römer nicht dieselbe wie die der Griechen sein würde; außerdem hörte er, wo es sich ergab, auf dem Forum <Romanum> die damals berühmtesten Redner, nämlich Crassus und Antonius, häufig Cotta und Sulpicius. Nachdem diese wenige Jahre später in den

2 Ebenda, Bl. 8 ff. Der lateinische Text wurde von Frau Almuth Märker, Erlangen, ins Deutsche übertragen, wofür ich ihr sehr herzlich danken möchte.

Bürgerkriegen umgekommen waren, war Hortensius, der nicht viel älter als Cicero war, der beherrschende Redner des Forums, mit dem Cicero ganz besonders wetteiferte. Während er über die <Rede> Kunst dieser aller nachdachte, erkannte Cicero bald, wonach er selbst streben müsse. Denn während nämlich Cotta jene attische, Hortensius die asiatische Redeweise anwandten, zweifelte er nicht daran, daß in der Mitte zwischen ihnen die wahre und vollkommene römische Redekunst bestehe.

Er wurde in der Redekunst selbst durch höchsten Eifer hervorragend. Damit er aber die Rollen eines Klägers übernehmen konnte, bemühte er sich schon vorher bei den Scaevola sich Kenntnisse vom Recht zu verschaffen. Und wie er glaubte, daß ein Redner vielfaches Wissen nötig habe, um abwechslungreich zu reden, behandelte er immer besonders die Geschichte, weil das alle Ereignisse einschließt, sowohl Menschen und Schicksal zu kennen lehrt als auch Beispiele bietet, um das zu illustrieren, was Neues entsteht. Von den Griechen schätzte er also Herodot und Thucydides, von den Römern besonders Cato und las sie vollständig. Und dadurch erreichte er schließlich, worum er sich bemühte, nämlich besonders dasjenige, was unter Römern Kennzeichen eines wahren und perfekten Redners ist: daß er die Seelen der Zuhörer belehren, sie dann zu Heiterkeit führen und auf seine Seite ziehen, schließlich, wie er wollte, beeinflussen und bewegen könne.

Wenn wir das bedenken, erfahren wir, wie große Mühe Cicero aufgewendet hat, um Hortensius zu besiegen und größter Redner der Römer zu werden. Und wir sehen das nicht nur an Cicero; sondern, wie auch von Demosthenes berichtet wird, daß er sowohl der berühmteste als auch ein besonders fleißiger Rhetor Griechenlands war, so können auch viele andere angeführt werden, die verdeutlichen würden, daß, obwohl der Zugang zur Vollendung offen ist, sie allein durch höchste Anstrengungen erreicht werden kann und daß, wenn du ohne Mühe von der Natur gute Begabung empfangen hast und sie nicht zu einem durch die Begabung erzielten Verdienst hinführst, die bewundernswerteste Tugend aller großen Menschen Fleiß und Beharrlichkeit ist.

I

Il y a dans le cœur de l'homme tant d'arrogance et de faiblesse réunies, qu'il prétend en même temps à toute la splendeur et à tout le repos, que le succès peut le faire + espérer. Il ne lui suffit pas de surmonter les obstacles, il veut les supprimer, pour n'avoir plus à s'en soucier, et le triomphe même ne le contente pas, s'il ~~n'en~~ peut en jouir insolemment et dans complète sécurité ~~entière~~. +

La monarchie constitutionnelle ne donne point ~~pas~~ ~~du tout~~ satisfaction à ces mauvaises inclinations de la nature humaine. A aucun des pouvoirs ~~forces~~ qu'elle met en présence, elle n'accorde les plaisirs d'une domination sans partage et sans péril. Elle leur impose à tous ~~toutes~~, même à celui ~~celle~~ qui prédomine, le

A[a]

Französische Reifearbeit[3]

Ostern 1890

K. Liebknecht

11 $\frac{49}{}$(4)

Im Herzen des Menschen gibt es so viel Hochmut wie Schwäche, die untrennbar miteinander verbunden sind, so daß er zur gleichen Zeit nach allem Glanz und nach aller Ruhe strebt, auf die der Erfolg ihn hoffen lassen kann. Es genügt ihm nicht, die Hindernisse zu überwinden, er will sie beseitigen, um sich nicht mehr mit ihnen auseinandersetzen zu müssen, und der Triumph selbst stellt ihn nicht zufrieden, wenn er ihn nicht in außerordentlicher Weise und in völliger Sicherheit genießen kann.

Die konstitutionelle Monarchie befriedigt diese schlechte Neigung der menschlichen Natur nicht. Keiner der Gewalten, die sie einander gegenüberstellt, gewährt sie die Freuden einer ungeteilten und gefahrlosen Herrschaft. Sie zwingt ihnen allen, sogar der vorherrschenden Gewalt, das stete Bemühen unerläßlicher Allianzen, gegenseitiger Rücksichtnahmen, häufiger Verhandlungen, indirekter Einflußnahmen und einen sich stets wiederholenden Kampf mit stets neuen Möglichkeiten von Erfolg und Mißerfolg auf. Eben das ist der Preis, um den die konstitutionelle Monarchie den Sieg der Interessen und der Gefühle des Landes sichern kann, das selbst zum Maßhalten in seinen Wünschen, zur Wachsamkeit und zur Geduld in seinen Bestrebungen genötigt ist.

Weder die Monarchie noch das Parlament von England verstanden im 17. Jahrhundert diese Voraussetzungen ihrer gemeinsamen Regierung, und sie fanden sich mit diesen nicht ab: die Krone wollte souverän bleiben und das Parlament souverän werden. Um dieses Ziel zu erreichen, mußte das Parlament die alten Gesetze grundlegend verändern, was zu einer großen Spaltung zwischen den Reformern führte. Die einen verteidigten die gesetzliche Ordnung, während die anderen die Pfade der Revolution betraten. Zu diesem Zeitpunkt entstanden die zwei großen Parteien, die die Geschichte Englands mehr als zwei Jahrhunderte lang gelenkt haben: die Torrys und die Whigs, die Erhalter und die Erneuerer.

3 Ebenda, Bl. 5 ff. Für die Übersetzung des französischen Textes bin ich sowohl Frau Marion Marquardt, Poitiers, als auch Herrn Daniel Greib, Straßburg, zu Dank verpflichtet.

4 Dieser von fremder Hand gemachte Vermerk bedeutet nichts anderes, als daß Karl Liebknecht seine schriftliche Arbeit in Französisch um diese Uhrzeit abgab.

Ἀντισθένης Καλλικλεῖ χαίρειν.

Εἰ μὲν νεώτερος ἦν, οὐκ ἂν ἐπιστολήν σοι ἔπεμ-
πον, ἀλλ᾽ αὐτὸς πρὸς σὲ πλεύσας ἐπεί σοι διελε-
γόμην ἄν. νῦν δὲ ἐπεὶ ἄρτι γηράσκων ἀπείρω-
κα τοῦ πλεῖν, πειράσομαι ἐπιστολῇ πρὸς σοί, ἃ ἐρω-
τᾷς, ἀποκρίνεσθαι. ἔγραψάς μοι περὶ Ἀλκιβιά-
δου πιστότερόν τι πυνθάνεσθαι βούλεσθαι· ἀκη- ἀκοῦσαι!
κόειν μὲν τῶν σῶν παίδων ἐκ τῆς Σικελίας αὐτὸν
ὑπὸ τοῦ δήμου ἀνακληθῆναι ὡς ἀπολογησόμε-
νον τῆς τῶν μυστηρίων ὕβρεως· εἰ δὲ ἐς Ἀ-
θήνας ἀφίκοιτο καὶ ἅτινα ἔπειτα γένοιτο, ταῦτα
οὐκ εἰδέναι. θαυμάσει, φίλτατε, ἐὰν μάθῃς
ὅπως τὸ πρᾶγμα ἀπέβη. ἴσθι τὸν Ἀλκιβιάδην τῷ
τοῦ δήμου κελεύσματι μὴ πεισθέντα. ἔφυγε, καὶ
φοβητέον ἐστίν, μὴ τὴν αὐτοῦ πατρίδα ὡς μά-
λιστα βλάψῃ. ἄκουσον οὖν ἃ ἐγένετο (ὧν τῶν
γιγνομένων) κ. ἔτυχον ἐξ οὗ πολὺς χρόνος ἐκ τοῦ

A[a]

Griechische Reifearbeit[5]

Ostern 1890

K. Liebknecht

Antisthenes grüßt Kallikles

Wenn ich jünger wäre, würde ich Dir keinen Brief schicken, sondern selbst mit dem Schiff zu Dir kommen und mich dort mit Dir unterhalten. Doch da ich nun ja alt werde, habe ich das Segeln aufgegeben, werde aber versuchen, Dir mit einem Brief auf das, was Du fragst, zu antworten.

Du schriebst mir, daß Du etwas Genaueres über Alkibiades erfahren möchtest; daß Du zwar von Deinen Kindern gehört hast, daß er vom Volk aus Sizilien zurückgerufen wurde, um sich wegen der Mysterienfrevel zu verteidigen, daß Du aber nicht weißt, ob er in Athen angekommen ist und was sich dann ereignet hat.

Du wirst staunen, bester Freund, wenn Du erfährst, wie die Sache ausgegangen ist. Wisse, daß Alkibiades dem Befehl des Volkes nicht gehorchte und geflohen ist, und es ist zu befürchten, daß er seinem Vaterland überaus großen Schaden zugefügt hat. Höre nun, was passiert ist.

Zufällig ging ich – es ist seitdem nicht viel Zeit vergangen – in den Piräus, als ein Sklave, von dem ich wußte, daß er der des Demosthenes ist, angelaufen kam und rief, so laut er konnte: „Die Salaminia! Die Salaminia!“ Daß ebendieses Schiff ausgeschickt wurde, um den Alkibiades zu holen, hast Du, wie ich glaube, von Deinen Kindern erfahren. „Ist das Schiff schon angekommen ?“, fragte ich den Sklaven. „Noch nicht“, sagte er, „aber man sieht, daß es in den Hafen einläuft.“ Kaum hatte ich das gehört, begann ich so zu laufen, wie es mir, einem alten Mann, überhaupt möglich ist. Ich wollte nämlich den Alkibiades ankommen sehen, nahm ich doch stets mit Betrübnis wahr, wie er die Bürger mißachtete und verhöhnte. Jetzt aber, so vermutete ich, würde er nicht mehr lachen, sondern unter Tränen jeden, den auch immer er erblikken würde, bitten, ihm zu helfen und beizustehen. Und unzählige andere dachten genauso wie ich. Wenn Du gesehen hättest, daß selbst Männer, Frauen und Kinder liefen, als ob sie alle von irgendeinem Dämon aus der Stadt getrieben würden! Auch jetzt noch lache ich, wenn ich mich an diesen Anblick erinnere. Aber wir alle wurden in unserer Hoffnung getäuscht. Denn es war zwar die Salaminia da, Alkibiades aber befand sich nicht auf dem Schiff ! Von einem der Seeleute erfuhr ich, was geschehen war. Zunächst hatte Alkibiades sich nicht geweigert mitzukommen. Furchtlos ging er auf seine Triere und sagte, er habe bereitwillig den Entschluß gefaßt, sich vor Gericht gegen die Beschuldigungen zu verteidigen, die ihm in Athen zur Last gelegt worden waren. Als sie aber mit dem Schiff in Thurioi angekommen waren, floh er nachts heimlich, ohne daß die Leute auf dem Schiff es bemerkten, zusammen mit anderen, die wegen desselben Frevels wie er angeklagt waren und sich stets bei ihm befanden, vom Schiff. Denn sie hatten die Befürchtung, daß sie, nach Hause zurückgekehrt, zum Tod verurteilt werden würden. Obgleich diejenigen, die ihn – wenn nötig, in Fesseln – zurückbringen sollten, bei Tagesanbruch, als die Flucht des Alkibiades bemerkt worden war, von allen Seiten getadelt wurden, wurde er doch nirgendwo gefunden. Offensichtlich hatte er auch dort viele getroffen, die bereit waren, ihm zu helfen. Aber das Volk von Athen wird nicht dulden, daß es von diesem Mann verhöhnt worden ist, sondern wird überlegen, wie es ihn überwältigen kann.

Diese Dinge habe ich Dir über Alkibiades zu erzählen. Wenn er dafür ebenso betraft wird wie für das, was er getan hat, ist es nur recht und billig.

Leb wohl.

5 Ebenda, Bl. 1 ff. Für die Übersetzung danke ich Frau Judith Steiniger, Leipzig.

Multis locis et faceta varietate verborum
Horatius ruris amantissimum se esse fassus
est, ita ut vere solum vitam rusticam poeta |
vitalem existimasse dici possit. | Valde de-
lectabatur amoenitate regionum, apricis
agris et pratis, molli frondium comarum umbra, leni
sono rivorum profluentium sub saxis musco
circumlitis. Ruri hiems magis tepere, || pl.
pl. aestas minus fervere, aurae suaviores, aquae
liquidiores mp, herbae laetiores esse ei videbantur, |
aperto denique animo intactae et integrae
rerum naturae aspectu fruebatur. (F)
Moribusque quoque hominum rusticis ita gau- || Wellzug
debat, ut servorum et vicinorum fami-
liaritatem, liberam insanis delicatae
urbanitatis legibus, summa voluptate hau- || dicht.
riret. Cum apud eos versabatur, multum

12[21(7)]

I A[a]

Lateinische Reifearbeit[6]

Ostern 1890 K. Liebknecht

An vielen Stellen und mit feiner Wortvielfalt bekannte Horaz, ein sehr großer Liebhaber des Landes zu sein, so daß wahrlich gesagt werden kann, er habe allein das bäuerliche Landleben für einen Dichter als vital erachtet. Gar sehr erfreute er sich an der Anmut der Landschaft, an sonnenbeschienenen Äckern und Wiesen, am sanften Blätterschatten, am leisen Plätschern der Flüsse, die unter von Moos umgebenen Steinen hervorflossen. Auf dem Land schienen ihm der Winter milder, der Sommer weniger heiß, die Luft angenehmer, das Wasser klarer, die Pflanzen gedeihlicher zu sein, und er genoß, nachdem sich ihm endlich die Seele geöffnet hatte, den Anblick der unberührten und heilen Natur der Dinge. Auch freute er sich der Sitten der Menschen auf dem Land, so daß er mit höchster Begierde eine Vertrautheit mit den Nachbarn schöpfte, die frei von unseligen Gesetzen feiner Verstädterung war. Wenn er sich bei ihnen aufhielt, schien es ihm, daß er um vieles erhabener über den Schmutz der Habgier, über die Verschwendung von Reichtümern und über andere eitle und niedere Bestrebungen sei, in denen er die Menschen der Stadt gefangen sah. Da die Bauern mit geringem Lebensunterhalt, der durch harte Mühe erworben war, zufrieden waren und da sie mit ehrfurchtsvollen Gemütern die reinen und ehrenhaften Sitten der Älteren bewahrten, waren sie weit entfernt von den Lastern, von denen er glaubte, sie müßten gemieden werden, und hatten sie Anteil an den Tugenden, von denen er glaubte, sie müßten angestrebt werden. Ohne Kenntnis der Philosophen wurden sie durch die Lage ihres Lebens selbst und durch ein gewisses angeborenes Bewußtsein für das Richtige dadurch geleitet, daß sie die Gebote der wahren Weisheit befolgten und ein Leben, das nicht im Widerspruch zur Natur stand und, soweit es den Menschen gegeben ist, ein glückliches Leben führten. Ganz besonders aber ergötzte sich Horaz an erfreulichster Eisamkeit und Freiheit, die zu genießen ihm in der Zurückgezogenheit seines Landgutes erlaubt war. Er sagt, daß er lebe und König sei, sobald er Rom verließ. Auf seinem sabinischen Äckerchen war er sich selbst zurückgegeben. Obwohl er ganz gewiß nicht derjenige war, der sich völlig aufs Land zurückziehen wollte und jeglichen Umgang mit seinen gebildeten Freunden entbehren könnte, gab es – abgesehen von jenen wenigen, durch deren Liebe und Freundschaft er mit Freude erfüllt war, in der Stadt <Rom> genügend viele derer, deren Nähe er sich zu entziehen suchte. Der offene oder verborgene Haß derer, die ihm sein Glück neideten, und die Böswilligkeit der Kritiker oder der Nachahmer, die über seinen Ruhm herzogen, kränkte ihn und obwohl er selbst zu vermeiden trachtete, daß er durch haßerfüllte Sorgen und Beschäftigungen seine Seelenruhe aufwühlte, konnte er es doch nicht verhindern, daß einige in nichtsnutziger Rücksichtslosigkeit handelten, sei es, daß sie ihn dem Mäzenas empfehlen wollten, sei es, daß sie ihn zu langen Rezitationen einluden, sei es, daß sie andere völlig langweilige Dienste forderten. Sobald er also vom Getriebe der Hauptstadt und von mancherlei Beschäftigungen erschöpft war, wurde er von größter Sehnsucht nach dem Land entflammt und durch einen gewissen Zwang seiner Natur dazu getrieben, daß er manchmal durch die Einsamkeit des Landes die Kräfte von Körper und Seele wieder labte. Dort konnte er sich selbst laben, und es war ihm erlaubt, voller Muße in den Wäldern spazierend oder innerhalb der Mauern <eines Hauses> meditierend, lesend, schreibend den Tag zu verbringen und, wie er selbst sagt, bald durch die Bücher der Alten, bald durch Schlaf und träge Stunden das erfreuliche Vergessen seines emsigen Lebens hervorzurufen.

---

6 Ebenda, Bl. 15 ff. Auch dieser lateinische Text wurde von Frau Almuth Märker, Erlangen, ins Deutsche übersetzt.

7 Der von fremder Hand stammende Vermerk gibt den Zeitpunkt der Abgabe der Arbeit an.

IX. IV. Die von Karl Liebknecht und seinen Mitschülern erreichte Abiturleistungen[1]

Name und Vorname	**Fach**					
	Religion			**Deutsch**		
	Klassen-zensur	**Prüfung**	**Gesamt-zensur**	**Klassen-zensur**	**Aufsatz**	**Gesamt-zensur**
Bach, Ernst	2^a	2^a	2^a	$2^b/2$	2^b	2^b
Bechler, Wilhelm	2	$2^b/3^a$	2^b	$3a/2^b$	3	3^a
Böhme, Rudolf	2^b	2^b	2^b	3^b	4	3^b
Drechsel, Max	1^b	1^b	1^b	$2^a/1^b$	2^a	2^a
Dürr, Georg	–	–	–	$2^b/3^a$	$3^a/2^b$	3^a
Freimann, Josef	–	–	–	2^b	2^b	2^b
Garten, Siegfried	3	2	3^a	2^b	$3^a/3$	3^a
Gebhardt, Johannes	2^b	2^b	2^b	2^b	2^b	2^b
Hahn,Ludwig	1^b	2^a	1^b	2^a	$1^b/2^a$	2^a
Häßner, Franz	3^a	2	2^b	$3^b/3$	3^b	3^b
Klare, Walther	2^a	2	2^a	$2^a/2$	1^b	2^a
Liebknecht, Karl	–	–	–	2^a	2	2
Müller, Martin	3^a	3^b	3	3^b	4	3^b
Röhling, Heinrich	2^a	2^a	2^a	$2^b/3^a$	2^b	2^b
Runge, Rudolf	3^a	2^a	2^b	3^a	3	3^a
Schüffner, Hermann	2^b	2^b	2^b	3^a	3^a	3^a
Schuster, Friedrich	3^a	3	3	2^b	3^a	3^a
Sevin, August	3^a	2^a	2^b	2^b	3^a	3^a
Stumme, Gerhard	2^a	2	2^a	$3/3^a$	$3^b/3$	3
Uhlig, Paul	2^a	2	2^a	$2^a/2$	2^a	2^a
Westhaußer, Felix	2^b	2^a	2	2^a	2	2
Wittmack, Hermann	2^b	$2/2^a$	2^b	$2^a/1^b$	$2^b/2$	2

1 Vgl.: Stiftung „Archiv der Parteien und Massenorganisationen der DDR“ im Bundesarchiv, Zentrales Parteiarchiv, NY 4001, Bl. 42. Siehe auch: Sächsisches Hauptstaatsarchiv Dresden, Ministerium für Volksbildung, Nr. 11 572, Bl. 261.

Name und Vorname	Fach Lateinisch					Griechisch			
	Klassenzensur	Aufsatz	Extemporale	Mündl. Prüfung	Gesamtzensur	Klassenzensur	Scriptum	Mündl. Prüfung	Gesamtzensur
Bach, Ernst	2^b	3	$3^a/2^b$	2^b	3^a	3^a	3^b	2	3^a
Bechler, Wilhelm	$3^a/2^b$	$3^a/3$	3^a	$3^a/3$	3^a	3^a	$3^a/3$	3^a	3^a
Böhme, Rudolf	$3/3^a$	3	$3/3^b$	3	3	$2^b/3^a$	$2^b/3^a$	2^b	2^b
Drechsel, Max	2^a	2^a	$1^b/2^a$	1	1^b	$2^a/1^b$	1^b	$1^b/1$	1^b
Dürr, Georg	2	$2^b/3^a$	$2/2^b$	2	2	3^a	1^b	2	2^b
Freimann, Josef	2	$2^b/2$	2	$2/2^a$	2	2	$2^b/3^a$	2^a	2
Garten, Siegfried	$2/2^b$	2^b	2	$2^b/2$	2^b	$2^a/2$	$1^b/2^a$	2^b	2
Gebhardt, Johannes	$2/2^b$	2^b	2	2^a	2	2^b	$3^a/3$	2	2^b
Hahn,Ludwig	$2/2^a$	$2^b/3^a$	2^b	2^a	2	2	2^a	$2^a/1^b$	2^a
Häßner, Franz	3^a	3	$3/3^a$	$3^a/2^b$	3^a	$3/3^a$	3^a	3^a	3^a
Klare, Walther	$2/2^a$	$2^b/2$	1^b	2^b	2	2	1^b	$2/2^a$	2^a
Liebknecht, Karl	$2/2^b$	2^b	2	$2/2^b$	2	2^b	$1^b/2^a$	2^b	2
Müller, Martin	$3/3^a$	3	3	3	3	3^a	2	$3^a/2^b$	2^b
Röhling, Heinrich	3^a	3^a	$2^b/3^a$	2^b	3^a	$3^a/2^b$	2	2	2^b
Runge, Rudolf	$2^b/2$	$2^b/3^a$	2^b	2	2^b	2	1^b	2	2^a
Schüffner, Hermann	$3/3^a$	3	3^b	3^a	3	3^b	$3^a/3$	3^a	3
Schuster, Friedrich	$2^b/3^a$	$2^b/3^a$	3^a	3^b	3^a	3^a	2^b	$2^a/3$	3^a
Sevin, August	3^a	3	3^a	2^b	3^a	$3/3^b$	$3^a/3$	3	3
Stumme, Gerhard	$2^b/3^a$	$2^b/3^a$	$2^b/3^a$	3^a	3^a	3^a	$3^a/3$	$2^b/2$	3^a
Uhlig, Paul	$2^a/2$	2	2	2	2	$2^a/2$	2^b	2	2
Westhaußer, Felix	2	$2/2^b$	2^a	2	2	2	3^a	2^a	2
Wittmack, Hermann	3^a	3	$3/3^a$	3^a	3^a	3^a	2	3^a	2^b

Name und Vorname	Fach Französisch Klassenzensur	Scriptum	Mündl. Prüfung	Gesamtzensur	Hebräisch Klassenzensur	Prüfung	Gesamtzensur
Bach, Ernst	$2^b/3^a$	2^b	2^b	2^b	–	–	–
Bechler, Wilhelm	2^b	$3^a/3$	2^b	3^a	–	–	–
Böhme, Rudolf	$3/3^b$	3^a	2^b	3^a	2	2	2
Drechsel, Max	2^a	1^b	1^b	1^b	–	–	–
Dürr, Georg	3^a	3^a	2	2^b	–	–	–
Freimann, Josef	2	2	2^a	2	–	–	–
Garten, Siegfried	2^b	2^b	2	2^b	–	–	–
Gebhardt, Johannes	2^b	2	2	2	–	–	–
Hahn,Ludwig	2^b	2	2^a	2	–	–	–
Häßner, Franz	3^a	$2^b/3^a$	3^a	3^a	1^b	2^a	1^b
Klare, Walther	2^b	2	2	2	–	–	–
Liebknecht, Karl	2^b	2	2^a	2	–	–	–
Müller, Martin	3	$3/3^b$	2	3^a	–	–	–
Röhling, Heinrich	$3^a/3$	2^b	2^b	2^b	2^a	2^b	2
Runge, Rudolf	2	2	2^a	2	–	–	–
Schüffner, Hermann	3^b	$2^b/3^a$	2	3^a	3^a	3	3^a
Schuster, Friedrich	$3^a/3$	3^a	$2/2^a$	2^b	–	–	–
Sevin, August	3	$3/3^b$	2	3^a	–	–	–
Stumme, Gerhard	3	2^b	2	2^b	–	–	–
Uhlig, Paul	2	2	2	2	–	–	–
Westhaußer, Felix	2	2^a	2^b	2	–	–	–
Wittmack, Hermann	3^a	$3^b/4^a$	3	3	–	–	–

Name und Vorname	Fach Geschichte Klassen-zensur	Prüfung	Gesamt-zensur	Mathematik Klassen-zensur	Schriftl. Prüfung	Mündl. Prüfung	Gesamt-zensur
Bach, Ernst	1^b	2	2^a	$3^a/3$	$3^a/3$	3^a	3^a
Bechler, Wilhelm	3^a	2^b	3^a	$2/2^b$	$2^b/3^a$	2	2
Böhme, Rudolf	2^b	2^b	2^b	3	3^b	2^b	3
Drechsel, Max	1^b	1	1	$2^a/(1^b)$	2a	$2/2^b$	2^a
Dürr, Georg	1^b	2	2^a	2	$2^b/3^a$	2^b	2^b
Freimann, Josef	1^b	1^b	1^b	$3/3^b$	$3/3^b$	3	3
Garten, Siegfried	2^a	2^a	2^a	$2^b/2$	$2/2^a$	2^a	2
Gebhardt, Johannes	2	3	2^b	$2^a/2$	1^b	2^a	2^a
Hahn,Ludwig	1^b	2^a	1^b	$2/2^a$	2^b	2^a	2
Häßner, Franz	2	2^b	2	$2/2^a$	$2^a/2$	$2^a/2$	2^a
Klare, Walther	2	3	2^b	$2^a/2$	3^a	2^b	2^b
Liebknecht, Karl	3^a	3^a	3^a	$2^b/3^a$	3^a	2	2^b
Müller, Martin	$3/3^b$	3	3	2	3^a	3^a	2^b
Röhling, Heinrich	3	2^a	2^b	$2/2^a$	2^b	3^a	2^b
Runge, Rudolf	2	2^a	2^a	2^a	$2/2^b$	2^a	2^a
Schüffner, Hermann	2	2^b	2^b	3^a	$3^b/4^a$	3	3
Schuster, Friedrich	3^b	3^b	3^b	$3/3^a$	3^b	3^a	3
Sevin, August	2^b	2^b	2^b	3^a	3^b	3	3
Stumme, Gerhard	1^b	2^b	2^a	3^a	$2^b/3^a$	$2^b/3^a$	2^b
Uhlig, Paul	1^b	$2^a/2$	2^a	$2^b/3^a$	$2^b/3^a$	2^b	2^b
Westhaußer, Felix	2^b	2	2	$2^b/(2)$	2^b	$2/2^b$	2^b
Wittmack, Hermann	2^b	3^a	2^b	$2^b/3^a$	3	$2^b/3^a$	3^a

Name und Vorname	Fach Physik Klassen-zensur	Prüfung	Gesamt-zensur	Zensur in den Wissenschaften	Sitten	
Bach, Ernst	3^a	2^b	2^b	2^b	(1^b, 1^b, 1, 1)	1
Bechler, Wilhelm	2/2^a	2	2	2^b	(1^b, 1^b, 1^b, 3^b)	2
Böhme, Rudolf	3^a	3^a	3^a	3	(1, 1, 1, 1)	1
Drechsel, Max	2^a	2^a	2^a	1^b	(1, 1^b,1, 3^a)	2^a
Dürr, Georg	2^a/2	2^a/2	2^a	2^b	(1^b, 2^a, 1^b, 1^b)	1^b
Freimann, Josef	2	2^b/2	2	2	(1,1^b, 1, 4)	2^b
Garten, Siegfried	2^a	2^a	2^a	2^b	(1^b, 1^b, 1^b, 1^b)	1^b
Gebhardt, Johannes	2^a	2^a	2^a	2	(1^b, 2^a, 1, 1)	1^b
Hahn,Ludwig	2	2^a	2^a	2^a	(1^b, 2^a, 1^b, 1^b)	1^b
Häßner, Franz	2^a	2^a	2^a	3^a	(1, 1^b, 1, 1)	1
Klare, Walther	2/2^b	2^b	2^b	2	(1, 1^b, 1, 1)	1
Liebknecht, Karl	2/2^a	2^a	2^a	2	(1^b, 1^b, 1^b, 1^b)	1^b
Müller, Martin	2	3^a	2^b	3	(1, 1, 1, 1)	1
Röhling, Heinrich	2/2^b	2	2	2^b	(1, 1^b, 1, 1)	1
Runge, Rudolf	2^a	2^a	2^a	2	(1^b, 1^b, 1^b, 1^b)	1^b
Schüffner, Hermann	2^b	2^b	2^b	3^a	(1^b, 1^b, 1, 1)	1
Schuster, Friedrich	3^a	2^b	3^a	3^a	(1^b, 1^b, 1^b, 1^b)	1^b
Sevin, August	3	3^a	3	3^a	(1^b, 1^b, 1^b, 1^b)	1^b
Stumme, Gerhard	2^b	2^b	2^b	2^b	(1^b, 2^a, 1^b, 1^b)	1^b
Uhlig, Paul	2^b/3^a	2^b	2^b	2	(1, 1, 1, 1)	1
Westhaußer, Felix	2^a/2	2^a	2^a	2	(1, 1, 1, 1)	1
Wittmack, Hermann	2^b/2	2^b/3^a	2^b	2^b	(1^b, 2^a, 1^b, 2)	2^a

3. Erinnerungen an den Gymnasiasten Karl Liebknecht

I. Erinnerungen des Klassenkameraden Walter Troitzsch an den Gymnasiasten Karl Liebknecht [1]

Unter den Schülern, die Ostern 1881 in die Sexta des Nikolaigymnasiums aufgenommen wurden, befand sich auch der spätere Rechtsanwalt und Reichstagsabgeordnete Dr. Karl Liebknecht, der im Jahre 1919 ermordet wurde.

Bei Beurteilung der Persönlichkeit Liebknechts wird immer vergessen, was ich so oft schon als sein alter Schulkamerad betont habe, daß Liebknecht während seiner gesamten Gymnasiastenzeit der führenden Hand des Vaters, die gerade in den Jahren für Knaben unbedingt nötig ist, entbehren mußte. Wenige Monate nachdem er in das Gymnasium aufgenommen war, wurde sein Vater auf Grund des Sozialistengesetzes aus Leipzig ausgewiesen und nahm mit August Bebel in Borsdorf Wohnung. Die Familie Liebknecht fuhr jeden Sonnabend nach Borsdorf und blieb dort bis zum Montag, solange nicht der Vater wegen Teilnahme an den Reichstagssitzungen, denen er auch als Ausgewiesener beizuwohnen berechtigt war, abwesend war. Außerdem verlebte die Familie die Schulferien in Borsdorf. Da ich öfters zum Besuche von Verwandten diese Bahnstrecke Sonnabend und zu Beginn der Ferien fuhr, sah ich öfters Liebknechts Vater auf dem Bahnhof. Ich erinnere mich noch heute des starken, kräftigen Mannes mit den ernsten intelligenten Gesichtszügen.

Karl Liebknecht war ein guter Kamerad, jederzeit bereit, den schwächeren Mitschülern zu helfen. Den Lehrern gegenüber ließ er <es> niemals an der gebührenden Achtung fehlen. An Schulfeiern sowie dem am 1. 9. jeden Jahres stattfindenden Schulfest nahm er teil. Er war schon als Schüler ein klarer Kopf, was seine Aufsätze auswiesen, und wissenschaftlich namentlich in den Sprachen sehr begabt. Er verfügte über reiche Allgemeinkenntnisse. Politisch war er sehr zurückhaltend und versuchte niemals von sich aus politische Fragen anzuschneiden. Einmal nur erinnere ich mich, daß er auf Befragen nach den Reichstagswahlen des Jahres 1881 mit Stolz erklärte, daß sein Vater in Mainz und in Offenbach gewählt sei. Er hatte ein großes Gerechtigkeitsgefühl. Dies war auch der Grund eines Zusammenstoßes, den er mit dem unbeliebtesten Lehrer des Kollegiums hatte, in dem ihm offenbar Unrecht geschah. Das war um so verwunderlicher, als der betreffende Lehrer durch seinen Schwiegervater mit bekannten Angehörigen der Sozialdemokratischen Partei verschwägert war. (Dr. Brugmann, unser damaliger Klassenlehrer, war der Schwiegersohn des Dr. med. Freytag, des Bruders der beiden als glänzendste Verteidiger bekannten Leipziger Rechtsanwälte Otto Emil und Bernhard Freytag, die beide der Sozialdemokratischen Partei angehörten).

Karl Liebknecht führte als Schüler den Spitznamen „Dux“ (Führer). Seine alten Mitschüler werden mit Wehmut die Nachricht vom Tode ihres ehemaligen hochbefähigten und jederzeit hilfsbereiten Kameraden erhalten haben. Ihm diese Zeilen für das Stadtarchiv seiner Vaterstadt zu widmen, ist mir ein dankbares Bedürfnis.

---

1 Die Wiedergabe erfolgt nach einer Fotokopie, die sich im Privatarchiv von Prof. Dr. Heinz Wohlgemuth, Kleinmachnow, befindet. Diese Fassung wurde allem Anschein nach vom Verfasser autorisiert, jedenfalls trägt sie im Orginal folgenden handschriftlichen Vermerk: „von Bürgermeister a. D. Dr. Walter Troitzsch, Lichtenstein/Sa., Michelner Str. 10 b. Böhme“. Des weiteren findet sich im Archiv Wohlgemuth die Ablichtung einer gekürzten bzw. verstümmelten Textfassung, die der damalige Leiter des städtischen Heimatmuseums Wurzen am 11. März 1955 dem einstigen Museum für Geschichte der Leipziger Arbeiterbewegung übersandte. An dieser Stelle sei Herrn Wohlgemuth herzlich gedankt, der die besagten Kopien zur Verfügung stellte, so daß die Erinnerungen von Troitzsch an Karl Liebknecht erstmals in vollem Wortlaut veröffentlicht werden können.

II. Erinnerungen des Schulfreundes Alfred Neu an den Gymnasiasten Karl Liebknecht[1]

(...)

Karl Liebknecht war am gleichen Gymnasium wie ich, nur ein Jahr höher.[2] Durch die Freundschaft unserer Eltern – mein Vater war aktiver Sozialdemokrat, er und Wilhelm Liebknecht gute Freunde – ging sein Sohn Karl bei uns ein und aus. Einmal verlebte er sogar die Ferien bei uns in Reichenbach im Vogtland.

Es war zur Zeit des Sozialistengesetzes, da wohnten die Liebknechts draußen in Borsdorf. So manchen Sonntag haben wir, Karl, ich und andere Freunde vom Nikolai-Gymnasium, bei den Liebknechts verbracht.

(...)

III. Erinnerungen des väterlichen Freundes Franz Mehring an den Gymnasiasten Karl Liebknecht[3]

(...)

Seit ungefähr einem Menschenalter kenne ich ihn. Er muß ein junger Bursche von 17 oder 18 Jahren gewesen sein, als er mich brieflich aus Leipzig um ein Freiexemplar der „Berliner Volks-Zeitung“ bat, für irgendeinen Bund von Schülern, den er gestiftet hatte. Es war in den Tagen des Sozialistengesetzes, wo sich die „Volks-Zeitung“ das radikalste Blatt der deutschen Presse nennen durfte. Ich gewährte ihm gern seine Bitte; denn man war damals in Deutschland noch nicht so voll triefender Weisheit wie heute, man hatte noch eine schwache Ahnung davon, daß Schiller mit 19 Jahren die „Räuber“ geschrieben hatte, daß selbst die holde Torheit einer begeisterten und tapferen Jugend mehr wert ist als die ängstliche Weisheit eines lendenlahmen Alters. (...)

1 Neu, Alfred: Erinnerungen an Karl Liebknecht. In: Azet. Abendzeitung, 15. Januar 1969.)

2 In Wirklichkeit waren es zwei Jahre. Karl Liebknecht besuchte bereits die Untersekunda als Alfred Neu in die Untertertia des Nikolai-Gymnasiums aufgenommen wurde. Siehe: Jahresbericht 1887, S. XV.

3 F. M. <das ist Mehring, Franz>: Karl Liebknecht. In: „Freie Jugend“ , 25. August 1916. Wiederabdruck in: Gesammelte Schriften, Bd. 15, a.a.O., S. 698.

4. Der junge Karl Liebknecht im Spiegel von Briefen[1]

1
Wilhelm Liebknecht an Friedrich Engels, 24. August 1871 (Auszug)[2]

Meine Frau läßt Dich und Marx fragen, ob Ihr Paten meines Jungen sein wollt, dem die Namen Karl, Paul (Stumpf) und Friedrich zugedacht sind ? Da diese Taufe Sonntag über 14 Tage sein soll, laßt mich nicht allzulang warten.

2
Robert Schweichel an Wilhelm Liebknecht, 24. August 1871 (Auszug)[3]

Mein lieber Junge !
Meinen herzlichen Glückwunsch zur Geburt Deines zweiten Buben. Möge er wie auch der ältere[4] zu Deiner u. Deiner lieben Frau Freude glücklich gedeihen u. an den Früchten des Baumes sich einst erlaben, den Du zu pflanzen bemüht bist. Die Gärtnerkunst ist eine mühsame u. fordert viel Geduld, wovon Du noch einen größeren Vorrat brauchen könntest.

3
Wilhelm Liebknecht an Friedrich Adolph Sorge[5], 26. August 1871 (Auszug)[6]

Lieber Junge !
Herzlichen Dank in meinem und meiner Frau' Namen für den freundlichen Glückwunsch. Der Kleine gedeiht sehr gut und wird hoffentlich seinen Paten Marx und Engels[7] Ehre machen. Auch meiner Frau ist recht wohl.

4
Wilhelm Liebknecht an Friedrich Engels, 28. August 1871 (Auszug)[8]

Dank für die Annahme ! Pflichten gibt's da nicht, höchstens, daß Ihr dem jungen Sozialdemokraten etwas Geist von Eurem Geist einzufiltrieren sucht ... Euer Patenkind ist sehr kräfig, so groß, als wäre es ein Vierteljahr alt – sagt die Amme nebst anderen sachverständigen Frauenzimmern. Sieht auch ganz intelligent aus.

---

1 Die Orthographie und Zeichensetzung wurde der heutigen Schreibweise weitgehend angeglichen.

2 Abgedruckt in: Wilhelm Liebknechts Briefwechsel mit deutschen Sozialdemokraten, Bd. I: 1862–1878. Hrsg. und bearbeitet von Georg Eckert, Assen 1973, S.388, Anmerkung 1.

3 Abgedruckt in: Wilhelm Liebknechts Briefwechsel mit deutschen Sozialdemokraten, Bd. I: 1862–1878. Hrsg. und bearbeitet von Georg Eckert, a.a.O., S. 388.

4 Gemeint ist Theodor Carl Ernst Adolf Liebknecht. Siehe: Taufregister der evangelisch-lutherischen „St. Thomas"-Kirchgemeinde Leipzig, Jg. 1870, Bl. 143.

5 Zur Biographie von Friedrich Adolph Sorge vgl.: Geschichte der deutschen Arbeiterbewegung. Biographisches Lexikon, Berlin 1970, S. 436 ff.

6 Rossijskij Centr Chranenija i Izučenija Dokumentov Novejšej Istorii, Moskva, Sign. f. 200, op. 1, d. 397.

7 Siehe: Taufregister der evangelisch lutherischen „St. Thomas"-Kirchgemeinde Leipzig, Jg. 1871, Bl. 243, Nr. 1481. Ein Auszug findet sich in: Archiv „Stiftung der Parteien und Massenorganisationen der DDR" im Bundesarchiv, Zentrales Parteiarchiv, NY 4001, Nr. 2, Bl. 1.

8 Ebenda, NY 4034, Nr. 75.

5
Wilhelm Liebknecht an Friedrich Engels, 16. Januar 1872 (Auszug)[9]

Euer Pate ist sehr gesund, stark und clever for hise age. Ihr braucht Euch seiner auch nicht zu schämen. Gelegentlich lasse ich ihn photographieren.

6
Wilhelm Liebknecht an Alice Liebknecht, 13. Februar 1873 (Auszug)[10]

Das Wetter ist heute wieder sehr stürmisch, sei also ja recht vorsichtig mit den Kleinen[11], daß sie nicht in den Zug kommen ... – Noch einmal: sei recht vorsichtig mit den Kleinen, und auch Du selber und Gertrud müßtet Euch beim Ausziehen in Acht nehmen.

7
Wilhelm Liebknecht an Alice Liebknecht, 3. Mai 1873 (Auszug)[12]

Dear Alice !
By very careful with your little brother. While Mamma is here ... I kiss you all and draw a little Pipi for Karlchen.

Your Papa

8
Wilhelm Liebknecht an Alice Liebknecht, 5. Juli 1873 (Auszug)[13]

Dear Alice !
Our little Karlchen will most likely stop at home tomorrow. I must again give you the old advice, to be very, very careful with him. He must not be left out of sight for a single second ...

My love to you and Gertrud and Karlchen.

9
Wilhelm Liebknecht an Alice Liebknecht, 27. September 1873 (Auszug)[14]

Liebste Alice und liebe Trude[15] !
Wenn Karlchen bei Euch zurückgeblieben ist, so gebt ja recht Acht auf ihn, daß er sich nicht erkältet, und daß ihm kein Unfall zustößt.

10
Wilhelm Liebknecht an Friedrich Adolph Sorge, 1. April 1875 (Auszug)[16]

Du fragst, ob meine Kinder nicht nach Amerika kommen ? Wie kommst Du zu der Frage ? Meine älteste Tochter hat eine Stelle als Kommis in einer Buchhandlung, die 2. ist 11 Jahre alt; die zwei Buben noch so jung (5 und 3), daß man die Flucht vor der Pickelhaube noch nicht ins Auge zu fassen hat; und ehe es nötig, mag ich mich von meinen Kindern nicht trennen. In zirka 12 Jahren kannst Du Dich aber auf die 2 Buben gefaßt machen.

---

9 fehlt !!!!
10 Rossijskij Centr Chranenija i Izučenija Dokumentov Novejšej Istorii, Moskva, Sign. f. 200, op. 1, d. 416.
11 Gemeint sind Theodor und Karl Liebknecht.
12 Rossijskij Centr Chranenija i Izučenija Dokumentov Novejšej Istorii, Moskva, Sig. f. 200, op. 1, d. 420.
13 Rossijskij Centr Chranenija i Izučenija Dokumentov Novejšej Istorii, Moskva, Sign. f. 200, op. 1, d. 421.
14 Rossijskij Centr Chranenija i Izučenija Dokumentov Novejšej Istorii, Moskva, Sign. f. 200, op. 1, d. 423.
15 Gemeint ist Gertrud, die jüngste Tochter Wilhelm Liebknechts.
16 Rossijskij Centr Chranenija i Izučenija Dokumentov Novejšej Istorii, Moskva, Sign. f. 200, op. 1, d. 445.

11
Theodor und Karl Liebknecht an Natalie Liebknecht, 1. Oktober 1886[17]

Liebe Mama !

Nach äußerst langweiliger Fahrt sind wir pünktlich aber frisch angekommen. Auf dem Bahnhof wurden wir von Bahlmann abgeholt und haben jetzt eben das Mittagessen beendigt. Zu Bebels kommen wir heute nicht mehr, da sie mit Singers einen Ausflug unternommen haben. Viele Grüße von Bahlmanns und Küße von uns.

Theodor und Karl
Höchsteigenhändig gedruckt[18]
beglaubigt
Ignatz Bahlmann

12
Ignatz Bahlmann an Natalie Liebknecht, 3. Oktober 1886 (Auszug)[19]

Ihre Söhne sind heute vormittag 11 Uhr mit Bebels und Singer per Dampfschiff nach Pillnitz hinausgefahren zu einem Ausflug auf den Borsberg[20]. Zwischen 7 und 8 Uhr erwarten wir sie zurück. Das Wetter ist prachtvoll, und es scheint immer so bleiben zu wollen. – Gestern besuchten Ihre Söhne die Gemäldegalerie, die zoologische und anthropologische Sammlung und das Rietschelmuseum. Vorgestern waren sie im zoologischen Garten und im sog. Großen Garten. Hoffentlich haben die jungen Herrn in den Wissenschaften hier schon einiges profitiert. An Verständnis für die wissenschaftlichen Schätze der hiesigen Sammlung fehlt es ihnen nicht. Geniert haben sie uns noch nicht, und werden wir sie morgen Abend ungern scheiden sehen.

13
Paul Singer an Wilhelm Liebknecht, 4. Oktober 1886 (Auszug)[21]

Die großen Jungen sind gerade während der Ferien ein paar Tage hier, gestern haben wir mit ihnen eine Tour über Pillnitz nach dem Borsberg gemacht und einen schönen Tag verlebt.

14
Barbara Bahlmann an Natalie Liebknecht, 29. Mai 1887 (Auszug)[22]

In bälde haben wir wohl das Vergnügen, Ihre beiden Herrn Söhne hier zu begrüßen und uns von den Freuden ihrer Tour[23] erzählen zu lassen. Für Sie und die Ihrigen war das Wetter für Borsdorf bis jetzt nicht sehr günstig. Möge es sich zum besseren wenden !

---

17 Archiv „Stiftung der Parteien und Massenorganisationen der DDR“ im Bundesarchiv, Zentrales Parteiarchiv, NY 4001, Nr. 31, Bl.1.

18 Es handelt sich dabei um einen maschinenschriftlichen Brief, was damals eher die Ausnahme als die Regel darstellte, weil Schreibmaschinen in den achtziger Jahren des 19. Jahrhunderts noch nicht weit verbreitet waren.

19 Stiftung „Archiv der Parteien und Massenorganisationen der DDR“ im Bundesarchiv, Zentrales Parteiarchiv, NY 4034, Nr. 245, Bl. 26.

20 Im Orginal findet sich eine falsche Schreibweise (Porsberg).

21 Stiftung „Archiv der Parteien und Massenorganisationen der DDR“ im Bundesarchiv, Zentrales Parteiarchiv, NY 4034, Nr. 55, Bl. 24 R.

22 Stiftung „Archiv der Parteien und Massenorganisationen der DDR“ im Bundesarchiv, Zentrales Parteiarchiv, NY 4034, Nr. 245, Bl.3.

23 Es handelte sich dabei um einen Ausflug in das Riesengebirge. Siehe dazu den nachfolgenden Brief.

15
Karl Liebknecht an Alice und Bruno Geiser[24], 9. Juni 1887[25]

Liebe Alice, lieber Bruno,
Schon 2 Tage sind wir wieder in Leipzig und in unserer gewohnten Tätigkeit, ohne daß ich mich noch recht hätte hineinfinden können. Die Zeit bei Euch ist uns so unbegreiflich schnell verflogen und fast ein Jahr hatten wir uns im Geist auf diese Reise vorbereitet, kurz, ich kann mich noch nicht Darein versetzen, daß wir sie schon hinter uns haben. Wir haben in Breslau und im Riesengebirge so vieles und vollständig Neues und Interessantes gesehen u. erlebt, daß ich mir bis jetzt über den eigentlichen Wert der Reise in geistiger Beziehung noch nicht klar bin, wohl weiß ich, daß er größer ist, als daß ich ihn bis jetzt hätte fassen können. Wenn mir mein Kopf weniger wirr und betäubt sein wird, dann werden wir erkennen, wie viel weiter mein Gesichtskreis geworden ist. Die Riesengebirgstour hat mir so viel Neues erschlossen, schöner hätte ich sie mir nicht denken können. Das Wetter war so günstig wie nur irgendmöglich und Bruno, in Deiner Begleitung wurde uns alles mögliche möglich. Was mir am besten gefallen hat, kann <ich> noch nicht sagen, mir schwirrt noch mein Kopf, es war eben alles wunderschön. Wir bedanken uns herzlich besonders bei Euch. Ihr habt es an nichts fehlen lassen, und den Aufenthalt bei Euch so angenehm und nutzbringend als möglich zu machen. Nach dem Apfelsahnen wässert mir noch der Mund, u. verdammterweise haben wir das Rezept vergessen. Die Schweidnitzer Würste entbehrt mein Gaumen nur ungern. Die Elisabethturm – Glocken tönen mir noch in den Ohren. Das Geschrei der Kleinen höre ich immer noch. Manchmal umdürstet mich auch noch der Nebel der Schneekoppe. Ich bin eben noch ganz erfüllt, noch ganz in der Atmosphäre von der Reise. Bei Großmutter und Martha richtet noch viele Grüße aus u. dank für ihre Freundlichkeit und Herzlichkeit.

Es ist eben 12 Uhr, der Tag schließt ab, der Brief auch.

Lebt recht herzlich wohl.

Grüße und Küsse u. Dank allen:

Euch; Bruno, Alice, Arno, Erich, Hans, Curt, und die Großmama, Martha. Grüßt auch Ernestine. Euer Karl

Vergeßt ja nicht, Martha anzutreiben, nach Leipzig zu kommen.

16
Ignatz Bahlmann an Natalie Liebknecht, 8. August 1888 (Auszug)[26]

Ihre Herrn Söhne hatten mit dem Wetter richtiges Pech. Es ist schade, daß sie von dem Umschwung nicht mehr profitieren können. Hoffentlich haben sie in Breslau die verregneten Gebirgspartien vergessen. Sie waren dort gewiß gut aufgehoben.

---

24 Eine Auswahl von biographischen Arbeiten über Bruno Geiser findet sich im Essay „Karl Liebknecht als Nikolaitaner“, Anmerkung 180.

25 Stiftung „Archiv der Parteien und Massenorganisationen der DDR“ im Bundesarchiv, Zentrales Parteiarchiv, NY 4001, Nr. 35, Bl. 1 f. Der Brief hat noch zwei weitere von Theodor und Natalie Liebknecht geschriebene Teile.

26 Stiftung „Archiv der Parteien und Massenorganisationen der DDR“ im Bundesarchiv, Zentrale Parteisarchiv, NY 4034, Nr. 245, Bl.49.

17
Ignatz Auer und Karl Liebknecht an Natalie Liebknecht, 19. Juli 1889 [27]

Geehrte Frau Liebknecht !
Karl ist soeben, 2 1/4 Uhr, wohlbehalten hier angekommen & sitzt jetzt im „Sterngarten“ beim Mittagessen. Er wird vorläufig bei Braun[28] logieren, letzterer sitzt bei uns.

Herzlichste Grüße von uns allen
Ihr
<München>, d<en> 19./7. 89 I<gnatz> A<uer>
Glücklich, aber müde, Hunger gestillt, Münchener Bier eben geschluckt.
K<arl> Liebk<necht>

18
Ignatz Auer an Wilhelm Liebknecht, ohne Datum, wahrscheinlich vom Juli 1889 – (Auszug)[29]

Lieber Liebknecht !
Euer Karl ist heute früh 3/4 6 Uhr abgefahren & befindet er sich jetzt in Nürnberg unter Grillos[30] Obhut. Morgen will er dann nach Hause fahren. Er hat leider bei der Gebirgspartie unter dem Turnerfestwetter gelitten & ist dadurch speziell um die Zugspitze-Besteigung gekommen, welche er andernfalls mit Ernst[31] & dessem Frau wohl durchgeführt hätte. Sonst glaube ich, hat er sich ganz gut amüsiert, sowohl hier als wie auch auf seiner Bergtour.

Er ist ein prächtiger Bursche & hat er uns allen viele Freude gemacht. Nur darüber ist ein arger Streit ausgebrochen, wem Karl von Euch ähnlich sieht. Ich behaupte: Das Gesicht von der Mama, das Wesen aber ganz wie der Papa. – Meine Frau dagegen erklärt kategorisch: „Ganz der Alte !“ Wer hat nun recht ?

19
Ignatz Auer an Wilhelm Liebknecht, 31. August 1890 (Auszug)[32]

Dein Karl war am letzten Dienstag mit dem jungen Birk[33] zu Besuch bei mir. Karl war ganz voller Schwärmerei über die herrlichen Berge & seine Erlebnisse da droben. Er hat sich übrigens im letzten Jahre bedeutend entwickelt.

---

27 Internationaal Instituut voor Sociale Geschiedenis, Wilhelm Liebknecht-Nachlaß, Nr., 395, Bl. 3.

28 Es handelt sich aller Wahrscheinlichkeit nach um Johann Braun. Biographische Angaben über ihn finden sich in: Sozialdemokratische Reichstagsabgeordnete und Reichstagskandidaten 1898 – 1918. Biographisch – statistisches Handbuch. Bearb. v. Wilhelm Heinz Schröder (= Handbücher zur Geschichte des Parlamentarismus und der politischen Parteien. Im Auftrage der Kommission für Geschichte des Parlamentarismus und der politischen Parteien hrsg. v. Hans Booms und Rudolf Morsey, Bd. 2), Düsseldorf 1986, S. 87.

29 Internationaal Instituut voor Sociale Geschiedenis, Wilhelm Liebknecht-Nachlaß, Nr, 61, Bl. 107.

30 Hinter Grillo verbirgt sich wohl Karl Grillenberger. Zu seiner Biographie siehe: Geschichte der deutschen Arbeiterbewegung. Biographisches Lexikon, a.a.O., S. 165 f.

31 Es ließ sich nicht mehr ermitteln, wer damit gemeint war.

32 Internationaal Instituut voor Sociale Geschiedenis , Wilhelm Liebknecht-Nachlaß, Nr. 61, Bl. 65 R.

33 Es handelt sich dabei um einen Sohn von Georg Birk, sozialdemokratischer Reichstagsabgeordneter im Wahlkreis Oberbayern (vgl. dazu: Sozialdemokratische Reichstagsabgeordnete und Reichstagskandidaten 1898 – 1918. Biographisch-statistisches Handbuch. Bearb. v. Wilhelm Heinz Schröder, a.a.O., S. 82).

20
August Bebel an Natalie Liebknecht, 17. März 1890 (Auszug)[34]

Liebe Frau Liebknecht.
Zu dem gelungenen Examen Karls unsern herzlichen Glückwunsch. Es war zwar vorauszusehen, daß K<arl> sein Examen bestehen würde, gleichwohl ist es immer eine angenehme Sache, zu wissen, daß es wirklich in wünschenswerter Weise verlief.

21
Ignatz Bahlmann an Natalie Liebknecht, 21. März 1890 (Auszug)[35]

Empfangen Sie unsere herzlichen Glückwünsche zu dem glücklichen Verlauf des Abiturexamens von Ihrem Karl. Es unterlag ja wohl keinem Zweifel, daß Ihr Sohn das Examen glücklich bestehen würde, dennoch begrüßen wir es mit Freuden, daß die einem solchen Ereignis vorhergehenden Aufregungen nunmehr vorüber sind.

34 Internationaal Instituut voor Sociale Geschiedenis, Wilhelm Liebknecht-Nachlaß, Nr. 396, Bl. 12.

35 Archiv „Stiftung der Parteien und Massenorganisationen der DDR“ im Bundesarchiv, Zentrales Parteiarchiv, NY 4034, Nr. 245, Bl. 77.

Abbildungsverzeichnis

Quellennachweis für Abbildungen auf Umschlag

Vorderseite: Museum für Geschichte der Stadt Leipzig, F 140.
Rückseite: Stadtarchiv Leipzig, Bestand Nikolaischule, Nr. VI, Bl. 3.

Quellen- und Literaturverzeichnis

1. Nichtgedruckte Quellen

Rossijskij Centr Chranenija i Izucenija Dokumentov Novejsej Istorii, Moskva
Sign. f. 200, op. 1, op. 3 und op. 5.

Internationaal Instituut voor Sociale Geschiedenis, Amsterdam
Wilhelm-Liebknecht-Nachlaß, Nr. 61, Nr. 395 und Nr. 395.

Stiftung „Archiv der Parteien und Massenorganisationen der DDR" im Bundesarchiv
Zentrales Parteiarchiv, NY 4001, Nr. 1, Nr. 2, Nr. 19, Nr. 31, Nr. 32 und Nr. 35.

Zentrales Parteiarchiv, NY 4034, Nr. 55, Nr. 74, Nr. 245 und Nr. 246.

Sächsisches Hauptstaatsarchiv Dresden
Ministerium für Volksbildung, Nr. 10281/109, Nr. 10281/322 und Nr. 11572.

Brandenburgisches Landeshauptarchiv Potsdam
Rep. 30, Berlin C, Polizei-Präsidium, Nr. 8062–8064.

Sächsisches Staatsarchiv Leipzig
Nachlaß Alfred Neu, Nr. 24.

Polizei-Präsidium Leipzig PP - M.

Stadtarchiv Leipzig
Bestand Nikolaischule, Nr. 111, Nr. 136, Nr. 137, Nr. 233, Nr. 265 und Nr. 303.

Bestand Polizeiamt, Polizeimeldebücher, Nr. 187.

Bestand Schulamt, Kap. II, Findbuch und Nr. 25, Nr. 27, Nr. 32, Nr. 44, Nr. 62, Nr. 77 und Nr. 143.

Bestand Schulamt, Kap. III, Nr. 102, Bd. 1.

Universitätsarchiv Freiburg i. Br.
Immatrikulationsakten, A 66.

Exmatrikulationsakten, B 44/20.

Universitätsarchiv Leipzig
Quästurkartei

Rep. G.A., Sect. XV, Nr. 103 und 105.

Rep. II, Kap. XVI, Sect. II, Nr. 3, Bd. 10.

Rep. II, Kap. XVI, Sect. III F, Nr. 5, Bd. 1.

Rep. II, Kap, XVI, Sect. III H, Nr. 10.

Rep. II, Kap. XVI, Sect. III P, Nr. 5.

Studienzeugnis-Protokoll 1. 6. bis 31. 12. 1890, I/XVI/VII, C 51, Bd. 2.

Wundt-Nachlaß

Handschriftenabteilung der Universitätsbibliothek Leipzig
Protokolle des Akademisch-philosophischen Vereins, Nr. 01304.

Archiv der Friedhofsabteilungen der Stadt Leipzig
Schriftliche Auskünfte.

Evangelisch-lutherische „St. Thomas"-Kirchgemeinde Leipzig
Taufregister, Jg. 1870 und 1871.

Evangelisch-lutherisches Pfarramt Cunewalde
Schriftliche Auskunft.

Evangelisch-reformierte Gemeinde in Leipzig
Sterbebuch.

Evangelisch-lutherisches Pfarramt Ebersgrün/Vogtland
Schriftliche Auskunft.

Biographische Datenbank des Instituts für Zeitgeschichte, München
Schriftliche Auskunft.

Kulturgeschichtliches Museum Wurzen
Erinnerungen von Walther Troitzsch an Karl Liebknecht.

Privatarchiv Heinz Wohlgemuth, Kleinmachnow.

2. Gedruckte Quellen

August Bebels Briefwechsel mit Friedrich Engels. Hrsg. v. Werner Blumenberg (= Quellen und Untersuchungen zur Geschichte der deutschen und österreichischen Arbeiterbewegung, Bd. 6), London – The Hague – Paris 1965.

Bebel, August: Ausgewählte Reden und Schriften, Bd. 2, Halbbd. 1, Berlin 1978.

Bebel, August: Aus meinem Leben. Die wissenschaftliche Neuausgabe wurde vorbereitet v. Ursula Herrmann unter Mitarbeit v. Wilfried Heinze und Ruth Rüdiger, Berlin 1988.

Berger, Victor: Aus den Erinnerungen eines alten Nikolaitaners. Asgard. In: Nikolaitaner-Blätter, 1. Jg., H. 1, Febr. 1938.

Brentano, Lujo: Kundgebungen zu seinem 70. Geburtstag (18. Dezember 1914). Überreicht von der Münchener Volkswirtschaftlichen Gesellschaft, Leipzig 1915.

Brentano, Lujo: Mein Leben im Kampf um die soziale Entwicklung Deutschlands, Jena 1931.

Lehr- und Prüfungsordnung für die Gymnasien, abgeändert u. mittels Bekanntmachung vom 8. Juli 1882 neu veröffentlicht, nebst Verordnung vom 8. Juli 1882, Änderungen und Nachträge zur Verordnung vom 29. Januar 1877 betr., und dem Regulativ für die Prüfungen der Candidaten des höheren Schulamts mit den dazu erlassenen Abänderungen und Nachträgen. Hrsg. u. mit einem Sachregister versehen v. R. Götz, Leipzig 1882.

Codex des im Königreich Sachsen geltenden Kirchen- und Schul-Rechts mit Einschluß des Eherechts und des Rechtes der frommen und milden Stiftungen. Supplementband zur zweiten Auflage. Im Auftrage des Königlichen Ministeriums des Cultus und öffentlichen Unterrichts bearb. v. Paul von Seydewitz, Leipzig 1879.

Dittmann, Wilhelm: Erinnerungen. Bearb. und eingeleitet v. Jürgen Rojahn (= Quellen und Studien zur Sozialgeschichte. Hrsg. vom Internationalen Institut für Sozialgeschichte, Amsterdam, Bd. 14/1), Frankfurt am Main/New York 1995.

Jahresbericht des Nicolaigymnasiums in Leipzig als Einladung zu den öffentlichen Klassenprüfungen am 30. und 31. März 1887 im Namen des Lehrerkollegiums hrsg. v. Karl Mayhoff, Leipzig 1887.

Jahresbericht des Nicolaigymnasiums in Leipzig als Einladung zu den öffentlichen Klassenprüfungen am 20. und 21. März 1888 im Namen des Lehrerkollegiums hrsg.

v. Karl Mayhaoff, Leipzig 1888.

Jahresbericht des Nicolaigymnasiums in Leipzig als Einladung zu den öffentlichen Klassenprüfungen am 10. und 11. April 1889 im Namen des Lehrerkollegiums hrsg. v. Karl Mayhoff, Leipzig 1889.

Jahresbericht des Nicolaigymnasiums in Leipzig als Einladung zu den öffentlichen Klassenprüfungen am 26. und 27. März 1890 im Namen des Lehrerkollegiums hrsg. v. Karl Mayhoff, Leipzig 1890.

Jahresbericht des Nicolaigymnasiums in Leipzig als Einladungsschrift zur feierlichen Entlassung der Abiturienten Sonnabend den 14. März und Donnerstag den 19. März im Namen des Lehrerkollegiums hrsg. v. Otto Kaemmel, Leipzig 1891

Jahresbericht des Nicolaigymnasiums in Leipzig als Einladungsschrift zur feierlichen Entlassung der Abiturienten Sonnabend den 26. März sowie zu den öffentlichen Klassenprüfungen Mittwoch den 6. und Donnerstag den 7. April im Namen des Lehrerkollegiums hrsg. v. Otto Kaemmel, Leipzig 1892.

Jahresbericht des Nicolaigymnasiums in Leipzig als Einladungsschrift zur feierlichen Entlassung der Abiturienten Freitag den 17. März sowie zu den öffentlichen Klassenprüfungen Mittwoch den 22. und Donnerstag den 23. März im Namen des Lehrerkollegiums hrsg. v. Otto Kaemmel, Leipzig 1893.

Jahresbericht des Nicolaigymnasiums in Leipzig als Einladungsschrift zur feierlichen Entlassung der Abiturienten Freitag den 20. März sowie zu den öffentlichen Klassenprüfungen Mittwoch den 25. März im Namen des Lehrerkollegiums hrsg. v. Otto Kaemmel, Leipzig 1896.

Jahresbericht des Nicolaigymnasiums in Leipzig als Einladungsschrift zur feierlichen Entlassung der Abiturienten Freitag den 17. März sowie zu den öffentlichen Klassenprüfungen Mittwoch den 22. März im Namen des Lehrerkollegiums hrsg. v. Otto Kaemmel, Leipzig 1899.

Jahresbericht des Nicolaigymnasiums als Einladungsschrift zur feierlichen Entlassung der Abiturienten Donnerstag den 22. März sowie zu den öffentlichen Klassenprüfungen Mittwoch den4. April im Namen des Lehrerkollegiums hrsg. v. Otto Kaemmel, Leipzig 1900.

Jahresbericht des Nicolaigymnasiums in Leipzig als Einladungsschrift zur feierlichen Entlassung der Abiturienten Sonnabend den 16. März sowie zu den öffentlichen Klassenprüfungen Mittwoch den 27. März im Namen des Lehrerkollegiums hrsg. v. Otto Kaemmel, Leipzig 1901.

Jahresbericht des Nicolaigymnasiums in Leipzig als Einladungsschrift zur feierlichen Entlassung der Abiturienten Freitag den 14. März sowie zu den öffentlichen Klassenprüfungen Mittwoch den19. März im Namen des Lehrerkollegiums hrsg. v. Otto Kaemmel, Leipzig 1902.

Jahresbericht des Nikolaigymnasiums in Leipzig als Einladungsschrift zur feierlichen Entlassung der Abiturienten Montag den 23. März sowie zu den öffentlichen Klassenprüfungen Mittwoch den 1. April im Namen des Lehrerkollegiums hrsg. v. Otto Kaemmel, Leipzig 1903.

Jahresbericht des städtischen Gymnasiums zu St. Nicolai – Nikolaischule – in Leipzig als Einladungsschrift zur feierlichen Entlassung der Abiturienten Sonnabend den 19. März sowie zu den öffentlichen Klassenprüfungen Mittwoch den 23. März im Namen des Lehrerkollegiums hrsg. v. Otto Kaemmel, Leipzig 1904.

Jahresbericht des städtischen Gymnasiums zu St. Nicolai – Nikolaischule – in Leipzig als Einladungsschrift zur feierlichen Entlassung der Abiturienten Donnerstag den 23. März sowie zu den öffentlichen Klassenprüfungen Sonnabend den 8. April im Namen des Lehrerkollegiums hrsg. v. Otto Kaemmel, Leipzig 1905.

Jahresbericht des städtischen Gymnasiums zu St. Nicolai – Nikolaischule – in Leipzig als Einladungsschrift zur feierlichen Entlassung der Abiturienten Donnerstag den 22. März sowie zu den öffentlichen Klassenprüfungen Mittwoch den 4. April im Namen des Lehrerkollegiums hrsg. v. Otto Kaemmel, Leipzig 1906

Jahresbericht des städtischen Gymnasiums zu St. Nicolai – Nikolaischule – in Leipzig als Einladungsschrift zur feierlichen Entlassung der Abiturienten Freitag den 15. März sowie zu den öffentlichen Klassenprüfungen Mittwoch den 20. März im Namen des Lehrerkollegiums hrsg. v. Otto Kaemmel, Leipzig 1907.

Jahresbericht des städtischen Gymnasiums zu St. Nicolai – Nikolaischule – in Leipzig als Einladungsschrift zur feierlichen Entlassung der Abiturienten Freitag den 11. März sowie zu den öffentlichen Klassenprüfungen Mittwoch den 16. März im Namen des Lehrerkollegiums hrsg. v. Richard Meister, Leipzig 1910.

Jahresbericht des städtischen Gymnasiums zu St. Nicolai – Nikolaischule – in Leipzig, Als Einladungsschrift zur feierlichen Entlassung der Abiturienten Mittwoch den 22. März sowie zu den öffentlichen Klassenprüfungen Mittwoch den 5. April im Namen des Lehrerkollegiums hrsg. v. Oskar Dähnhardt, Leipzig 1911.

Jahresbericht des städtischen Gymnasiums zu St. Nicolai – Nikolaischule – in Leipzig. Als Einladungsschrift zur feierlichen Entlassung der Abiturienten Dienstag den 12. März sowie zu den öffentlichen Klassenprüfungen Mittwoch den 27. März im Namen des Lehrerkollegiums hrsg. v. Oskar Dähnhardt, Leipzig 1912.

Jahresbericht des städtischen Gymnasiums zu St. Nicolai – Nikolaischule – in Leipzig. Als Einladungsschrift zur feierlichen Entlassung der Abiturienten Dienstag den 4. März sowie zu den öffentlichen Klassenprüfungen Mittwoch den 12. März im Namen des Lehrerkollegiums hrsg. v. Oskar Dähnhardt, Leipzig 1913.

Jahresbericht des städtischen Gymnasiums zu St. Nicolai – Nikolaischule – in Leipzig als Einladungsschrift zur feierlichen Entlassung der Abiturienten Sonnabend den 7. März sowie zu den öffentlichen Klassenprüfungen Mittwoch den 1. April im Namen des Lehrerkollegiums hrsg. v. Oskar Dähnhardt, Leipzig 1914.

Jahresbericht der Nikolaischule zu Leipzig. Seit Ostern 1914 Städtisches Reformgymnasium. Im Namen des Lehrerkollegiums hrsg. v. Georg Berlit, Leipzig 1915.

Lenin, W.I.: Werke, Bd. 9, Berlin 1966.

Lenin, W.I.: Werke, Bd. 14, Berlin 1975.

Liebknecht, Karl: Vorbehaltszahlung und Eventualaufrechnung nach heute geltendem und künftigem Reichsrecht, Berlin 1899.

Liebknecht, Karl: Compensationsvollzug und Compensationsvorbringen nach gemeinem Rechte, Paderborn 1897.

Liebknecht, Karl: Studien über die Bewegungsgesetze der gesellschaftlichen Entwicklung, München 1922.

Liebknecht, Karl: Briefe aus dem Felde, aus der Untersuchungshaft und aus dem Zuchthaus. Hrsg. v. Franz Pfemert, Berlin 1920.

Liebknecht, Karl: Gesammelte Reden und Schriften, Bd. 1, Berlin 1958.

Liebknecht, Karl: Gesammelte Reden und Schriften, Bd. 3, Berlin 1960.

Liebknecht, Karl: Gesammelte Reden und Schriften, Bd. 9, Berlin 1971.

Liebknecht, Karl: Gedanken über Kunst. Schriften-Reden-Briefe. Hrsg. und mit einer Einführung und Kommentaren versehen von Marlen Michailowitsch Korallow, Dresden 1988.

Liebknecht, Karl: Lebt wohl, Ihr lieben Kerlchen! Briefe an seine Kinder. Hrsg. v. Annelies Laschitza und Elke Keller, Berlin 1992.

Liebknecht, Wilhelm: Briefwechsel mit Karl Marx und Friedrich Engels. Hrsg. und bearb. v. Georg Eckert (= Quellen und Untersuchungen zur Geschichte der deutschen und österreichischen Arbeiterbewegung, Bd. 5), The Hague 1963.

Wilhelm Liebknechts Briefwechsel mit deutschen Sozialdemokraten, Bd. I: 1862–1878. Hrsg. und bearbeitet von Georg Eckert, Assen 1973.

Luxemburg, Rosa: Gesammelte Briefe, Bd. 1, 1. Aufl., Berlin 1980, und 2. Aufl., Berlin 1984.

Luxemburg, Rosa: Gesammelte Briefe, Bd. 2, 1. Aufl., Berlin 1980, und 2. Aufl., Berlin 1984.

Luxemburg, Rosa: Gesammelte Briefe, Bd. 3, 1. Aufl., Berlin 1980, und 2. Aufl., Berlin 1984.

Luxemburg, Rosa: Gesammelte Briefe, Bd. 4, 1. Aufl., Berlin 1984, und 2. Aufl., Berlin 1987.

Luxemburg, Rosa: Gesammelte Briefe, Bd. 5, 1. Aufl., Berlin 1985, und 2. Aufl., Berlin 1987.

Luxemburg, Rosa: Gesammelte Briefe, Bd. 6, Berlin 1993.

Marx, Karl/Friedrich Engels: Werke, Bd. 22, Berlin 1982.

Marx, Karl/Friedrich Engels: Werke, Bd. 38, Berlin 1988.

Mehring, Franz: Gesammelte Schriften, Bd. 15, Berlin 1977.

Mitteilungen des Nikolaitaner-Vereins. E. V. Leipzig, Nr. 3: Fortsetzung des Mitgliederverzeichnisses (bis Nr. 373). Hrsg. v. Vorstand, o.O. (Leipzig) o.J.

Mitteilungen des Nikolaitaner-Vereins e.V. Leipzig, Jahresbericht 1922/23. Hrsg. v. Vorstand.

Mitteilungen des Nikolaitaner-Vereins E. V. Leipzig, Mitglieder-Verzeichnis nach dem Bestande von Ende 1926, zugleich zweite verb. Aufl. der Mitteilungen Nr. 1, Leipzig 1926.

Nikolaitaner-Verein. E.V. Mitteilungen, Nr. 18, Bericht über das 14. Vereinsjahr 1932. Erstattet vom Vorstand.

Nikolaitaner-Verein Leipzig e. V., Mitteilungen Nr. 17, Vereinsjahr 1931.

Personal-Verzeichnis der Universität Leipzig für das Sommer-Semester 1864, Nr. LVX, Leipzig o.J.

Personal-Verzeichnis der Universität Leipzig für das Winter-Semester 1864/65, Nr. LXVI, Leipzig o.J.

Personal-Verzeichnis der Universität Leipzig für das Winter-Semester 1866/67, Nr.

LXX, Leipzig o.J.

Personal-Verzeichnis der Universität Leipzig für das Sommer-Semester 1867, Nr. LXXI, Leipzig o.J.

Personal-Verzeichnis der Universität Leipzig für das Winter-Semester 1867/68, Nr. LXXII, Leipzig o.J.

Personal-Verzeichnis der Universität Leipzig für das Sommer-Semester 1868, Nr. L XXIII, Leipzig o.J.

Personal-Verzeichnis der Universität Leipzig für das Sommer-Semester 1889, Nr. CXV, Leipzig o.J.

Personal-Verzeichnis der Universität Leipzig für das Winter-Semester 1889/90, Nr. CXVI, Leipzig o.J.

Preuß, Hans: Miniaturen aus meinem Leben, Gütersloh 1938.

Programm des Nicolaigymnasiums in Leipzig durch welches zu den öffentlichen Klassenprüfungen am 31. März, 1. und 2. April 1881 ergebenst einladet Theodor Vogel, Leipzig 1881.

Programm des Nikolaigymnasiums zu Leipzig durch welches zu den öffentlichen Klassenprüfungen am 23. und 24. März 1882 ergebenst einladet Theodor Vogel, Leipzig 1882.

Programm des Nicolaigymnasiums in Leipzig durch welches zu den öffentlichen Klassenprüfungen am 7., 8. und 9. März 1883 ergebenst einladet Theodor Vogel, Leipzig 1883.

Programm des Nicolaigymnasiums in Leipzig durch welches zu den öffentlichen Klassenprüfungen am 27., 28. und 29. März 1884 ergebenst einladet Theodor Vogel, Leipzig 1884.

Programm des Nicolaigymnasiums in Leipzig als Einladung zu den öffentlichen Schulfeierlichkeiten am 18., 19., 20. und 21. März 1885 im Namen des Lehrerkollegiums hrsg. v. Karl Mayhoff, Leipzig 1885.

Programm des Nicolaigymnasiums in Leipzig als Einladung zu den öffentlichen Klassenprüfungen am 14. und 15. April 1886 im Namen des Lehrerkollegiums hrsg. v. Karl Mayhoff, Leipzig 1886.

Protokoll über die Verhandlungen des Allgemeinen Deutschen socialdemokratischen Arbeiterkongresses zu Eisenach am 7., 8. und 9. August 1869. Stenographisch niedergeschrieben von H. Roller in Berlin, Leipzig 1869.

Protokoll über die Verhandlungen des Nationalsozialen Vereins (2. Delegiertentag) zu Erfurt vom 26. – 29. September 1897, Berlin 1897.

Schüler-Verzeichnis des Nicolai-Gymnasiums in Leipzig, Mai 1881.

Schüler-Verzeichnis des Nicolai-Gymnasiums in Leipzig, Mai 1882.

Schüler-Verzeichnis des Nicolai-Gymnasiums in Leipzig, Ende April 1883.

Schülerverzeichnis des Nicolai-Gymnasiums in Leipzig, Mai 1884.

Schülerverzeichnis des Nicolai-Gymnasiums in Leipzig, Mai 1885.

Schülerverzeichnis des Nicolai-Gymnasiums in Leipzig, Mai 1886.

Schülerverzeichnis des Nicolai-Gymnasiums in Leipzig, April 1887.

Schülerverzeichnis des Nicolai-Gymnasiums in Leipzig, April 1888.

Schülerverzeichnis des Nicolai-Gymnasiums in Leipzig, Mai 1889.

Springer, Anton: Aus meinem Leben, Berlin 1892.

Thomasschule. Städtisches Gymnasium zu Leipzig. Bericht über das Schuljahr 1912/13, womit zu den öffentlichen Prüfungen am 12. März 1913 im Namen des Lehrerkollegiums ergebenst einladet Emil Jungmann, Leipzig 1913.

Thomasschule. Städtisches Gymnasium zu Leipzig. Bericht über das Schuljahr 1914/15. Erstattet von Emil Jungmann, Leipzig 1915.

Thomasschule. Städtisches Gymnasium zu Leipzig. Bericht über das Schuljahr 1915/1916. Erstattet von Emil Jungmann, Leipzig 1916.

Verzeichnis der Mitglieder des Nikolaitaner-Vereins, e.V., Leipzig. Stand von Weihnachten 1919, o.O. (Leipzig) o.J.

Verzeichnis der im Sommerhalbjahre 1890 auf der Universität Leipzig zu haltenden Vorlesungen, o.O. (Leipzig) o.J. (1890).

Verzeichnis der derzeitigen Vorsteher, Gemeindehäupter und Diakonen der evangelisch-reformierten Kirche zu Leipzig, <Leipzig> 1914.

Verzeichnis der derzeitigen Vorsteher, Gemeindehäupter und Diakonen der evangelisch-reformierten Kirche zu Leipzig, <Leipzig> 1917.

Windscheid, Bernhard: Gesammelte Reden und Abhandlungen, Leipzig 1904.

2.1. Zeitgenössische Hand- und Jahrbücher, Kalender und Lexika

Carstanjen, Fr.: Richard Heinrich Ludwig Avenarius. In: Biographisches Jahrbuch und Deutscher Nekrolog. Hrsg. v. Anton Bettelheim, 1. Bd., Berlin 1896.

Fehr, Hans: Rudolph Sohm. In: Deutsches Biographisches Jahrbuch. Hrsg. v. Verbande der Deutschen Akademien, Überleitungsband II: 1917 – 1920, Berlin und Leipzig 1928.

Heinze, M<ax>: Richard Avenrius. In: Allgemeine Deutsche Biographie. Auf Veranlassung Seiner Majestät des Königs von Bayern hrsg. durch die historische Commission bei der Königlichen Akademie der Wissenschaften, 46. Bd., Berlin 1902.

Just, Albrecht: Kameralwissenschaften. In: Allgemeine Encyklopädie der Wissenschaften und Künste in alphabetischer Reihenfolge v. genannten Schiftstellern bearb. und hrsg. v. J. S. Ersch und J. G. Gruber. Zweite Section. H – N. Hrsg. v. August Leskien, 32. Teil, Leipzig 1882.

Kürschners Deutscher Literatur-Kalender auf das Jahr 1922, 40. Jg. Hrsg. v. G. Lüdtke und E. Neuner, Berlin–Leipzig 1922.

Kürschners Deutscher Literatur-Kalender auf das Jahr 1937/38, 48. Jg. Hrsg. v. G. Lüdtke. Redaktionelle Leitung: Wolfgang Baumgart, Berlin–Leipzig 1937.

Landsberg, Ernst: Bernhard Windscheid. In: Allgemeine Deutsche Biographie. Auf Veranlassung Seiner Majestät des Königs von Bayern hrsg. durch die historische Commission bei der Königlichen Akademie der Wissenschaften, 43. Bd., Berlin 1898.

Paulys Real-Encyklopädie der klassischen Altertumswissenschaft. Neue Bearbeitung. Unter Mitwirkung zahlreicher Fachgenossen hrsg. v. Georg Wissowa, 2. Halbbd., Stuttgart 1894.

Wundt, Eleonore: Wilhelm Wundt. In: Deutsches Biographisches Jahrbuch. Hrsg. v. Verbande der Deutschen Akademien, Überleitungsband II: 1917 – 1920, Berlin 1928.

2.2. Zeitungen und Zeitschriften

Azet. Abendzeitung, Jan. 1969.

Forum, 3. Jg. (1949), Nr. 7.

Deutsche Juristen-Zeitung, XIV Jg. (1909), Nr. 15/16 (= Festnummer zum 500jährigen Jubiläum der Universität Leipzig).

Nikolaitaner-Blätter, 1. Jg. (1938) – 6. Jg. (1943).

Der Sonntag, 4. Jg. (1949), Nr. 50.

Dresdener Tageblatt, 7. Juli 1914.

Leipziger Tageblatt und Anzeiger, Jan. 1888.

Leipziger Volkszeitung, Juni 1949, Sept. 1960, Nov. 1961 und Nov. 1969.

Volksstimme, Frankfurt/Main, 14. Aug. 1900.

Vorwärts, Sept. 1891.

Zeitschrift für Geschichtswissenschaft, Jg. 1989.

Neue Leipziger Zeitung, Mai 1922

3. Literatur

Adamy, Kurt: Sie hat sich um die große Sache des Proletariats verdient gemacht. Natalie Liebknecht. In: Beiträge zur Geschichte der Arbeiterbewegung, Jg. 1974, H. 4.

Bartel, Walter: Karl Liebknecht gegen Krupp, Berlin 1951.

Bartel, Walter: Karl Liebknecht – Der große Kämpfer gegen Krieg und Militarismus. In: Einheit, 1953, H. 1.

Bartel, Walter: Karl Liebknecht. Sein Leben in Bildern. Bildteil von Karl Wiegel, Leipzig 1961.

August Bebel. Eine Biographie. Autorenkollektiv unter Leitung v. Ursula Herrmann und Volker Emmrich, Berlin 1989.

Benjamin, Hilde: Karl Liebknecht, Sozialist und Anwalt der kämpfenden Arbeiterklasse. In: Forum der Kriminalistik, 7. Jg. (1971), H. 7 und 8.

Benjamin, Hilde: Karl Liebknecht zum Wesen und zu Erscheinungen der Klassenjustiz (= Aktuelle Beiträge der Staats- und Rechtswissenschaft, H. 145, Potsdam-Babelsberg 1976).

Benjamin, Hilde/Rita Pempe: Karl Liebknecht, Sozialist, Jurist und Rechtsanwalt. In: Der Schöffe, 18. Jg. (1971), H. 10.

Berndt, Helga: Biographische Skizzen von Leipziger Arbeiterfunktionären. Eine Dokumentation zum 100. Jahrestag des Sozialistengesetzes (1878 – 1890), Berlin 1978.

Bischoff, Ernst Friedr<ich>: Das Lehrerkollegium des Nicolaigymnasiums in Leipzig 1816 – 1896/97. Biographisch-bibliographische Beiträge zur Schulgeschichte (= Wissenschaftliche Beilage zum Jahresbericht des Nicolaigymnasiums in Leipzig), Leipzig 1897.

Brandt, Karl: Geschichte der deutschen Volkswirtschaftslehre, Bd. 1: Von der Scholastik bis zur klassischen Nationalökonomie, Freiburg i. Br. 1992.

Döring, Detlef: „Protokollbücher" geben Aufschluß über die Leipziger Studentenzeit Karl Liebknechts. In: UZ. Universitätszeitung der Karl-Marx-Universität, Jg. 1985, Nr. 3.

Ehrentafel der Thomasschule zu Leipzig. Die Lehrer und Abiturienten der Thomasschule zu Leipzig 1912 – 1932. Im Auftrage des Thomanerbundes zusammengestellt v. Gottlieb Tesmer und Walther Müller, Leipzig 1934.

Eisner, Kurt: Wilhelm Liebknecht. Sein Leben und Wirken. Unter Benutzung ungedruckter Briefe und Aufzeichnungen, Berlin 1900.

Euler, Friedrich Wilhelm: Karl Liebknecht. In: Genealogie, Bd. 9, H. 3, März 1969.

Festschrift zur Feier des 500jährigen Bestehens der Universität Leipzig. Hrsg. v. Rektor und Senat, 2. Bd., Leipzig 1909.

Festschrift Martin Drucker zum 65. Geburtstage – 6. Oktober 1934 – in Freundschaft und kollegialer Verehrung überreicht. Hrsg. v. Julius Magnus. Faksimiledruck des Privatdrucks von 1934 mit Vorwort von Fred Grubel, Aalen 1983.

Gaukel, Karen: Die Haltung der Studenten der Universität Leipzig zur Arbeiterbewegung in der Zeit des Sozialistengesetzes 1878 – 1890. Diplomarbeit an der Humboldt-Universität zu Berlin, Berlin 1985, Manuskript.

Gaukel, Karen: Der Student Walther May (1868 – 1926). Eine biographische Skizze. In: Leipziger Beiträge zur Universitätsgeschichte, H. 1, Leipzig 1987.

Geschichte der deutschen Arbeiterbewegung. Biographisches Lexikon, Berlin 1970.

Geschichte der Philosophie, Bd. 5, Berlin 1963.

Griebsch, Gernot: Wo einst die Nikolaischule stand. Ein neues Gebäude in der Goldschmidtstraße. In: Leipziger Osten, H. 4, April 1995.

Haustein, Siegfried: A l f r e d N e u . Ein Leben für Recht und Gerechtigkeit. Eine biographische Skizze, o.O. (Leipzig) o.J., Manuskript. In: Sächsisches Staatsarchiv Leipzig.

Helm, <Friedrich> E<hregott>: Geschichte des städtischen Volksschulwesens in Leipzig. Festschrift zum 100jährigen Jubiläum der Ratsfreischule, Leipzig 1892.

Helm, Reinhold: Das Schul- und Erziehungswesen in Leipzig (= Festschrift zur 30. Allgemeinen Deutschen Lehrerversammlung in Leipzig vom 22. – 25. Mai 1893), Leipzig 1893.

Hocquel-Schneider, Sabine:Geschichte der Schola Nicolaitana. In: Alte Nikolaischule Leipzig. Hrsg. v. d. Kulturstiftung Leipzig, Leipzig 1994.

Hoffmann, Max: Zahme Xenien zum 7. Juni 1883. In: Nikolaitaner-Blätter, 6. Jg., H. 1 – 2 (= 16. – 17. Folge), Juni 1943.

Hohlfeld, Johannes: Geschichte der evangelisch-reformierten Gemeinde zu Leipzig 1700 bis 1950, Leipzig 1950, Manuskript. In: Bibliothek der Leipziger Gemeinde der evangelisch-reformierten Kirche.

Jahn, Johannes: Er wirkte an unserer Universität. Professor Dr. Anton Springer. Der erste Vertreter der Kunstgeschichte an der Universität Leipzig. In: Universitätszeitung, Jg. 1959, Nr. 43/44.

John, Matthias: Karl Liebknecht – ein bedeutender Student der Leipziger Universität. In: Leipzig. Aus Vergangenheit und Gegenwart. Beiträge zur Stadtgeschichte 1, Leipzig 1981.

John, Matthias: Karl Liebknecht als Student an der Leipziger Universität. In: Beiträge zur Geschichte der Arbeiterbewegung, Jg. 1981, H. 4.

John, Matthias: Karl Liebknecht. Student der Rechte und Cameralwissenschaften. In: Berühmte Leipziger Studenten, Leipzig 1984.

Katsch, Günter/Gerhild Schwendler: Karl Liebknecht als Student der Leipziger Universität. In: UZ. Universitätszeitung der Karl-Marx-Universität, Jg. 1979, Nr. 2.

Ekkehard Kaufmann unter philologischer Mitarbeit v. Ruth Schmidt-Wiegand. Mitbegründet Handwörterbuch zur deutschen Rechtsgeschichte (HRG). Hrsg. v. Adalbert Erler und v. Wolfgang Stammler, 21. Lieferung, Berlin 1982.

Von der Klassenbewegung zur Volkspartei. Wegmarken der bayrischen Sozialdemokratie 1892 – 1992. Im Auftrag der Georg-von-Vollmar-Akademie hrsg. v. Hartmut Mehringer (= Schriftenreihe der Georg-von-Vollmar-Akademie, Bd. 5), München-London-New York-Paris 1992.

Kolbe, Günter: Demokratische Opposition in religiösem Gewande und antikirchliche Bewegung im Königreich Sachsen. Zur Geschichte der deutschkatholischen und freien Gemeinden sowie freireligiösen Vereinigungen von den 40er Jahren des 19. Jahrhunderts bis um 1900 unter besonderer Berücksichtigung ihres Verhältnisses zur kleinbürgerlichen und Arbeiterbewegung. Inauguraldissertation, Bd. 1 und 2, Leipzig 1964.

Krause, Werner: Brentano, Lujo. In: Ökonomenlexikon. Hrsg. v. Werner Krause, Karl-Heinz Graupner und Rolf Sieber, Berlin 1989.

Lange, Paul: Leipzigs größtem Sohne. Karl Liebknecht als Menschen. In: Leipziger Volkszeitung, 13. 8. 1946.

Laschitza, Annelies: Zur Biographie als Genre in der Geschichtswissenschaft der DDR über die Geschichte der Partei und der Arbeiterbewegung, In: Beiträge zur Geschichte der Arbeiterbewegung, Jg. 1979, H. 4.

Laschitza, Annelies unter Mitwirkung von Elke Keller: Karl Liebknecht. Eine Biographie in Dokumenten, 1. Aufl., Berlin 1982, und 2. Aufl., Berlin 1980.

Laschitza, Annelies/Günter Radczun: Rosa Luxemburg. Ihr Wirken in der deutschen Arbeiterbewegung, 1. Aufl., Berlin 1971, und 2. korrigierte Aufl., Berlin 1980.

Lexikon zur Parteiengeschichte. Die bürgerlichen und kleinbürgerlichen Parteien und Verbände in Deutschland (1789 – 1945) in vier Bänden. Hrsg. v. Dieter Fricke, Werner Fritsch, Herbert Gottwald, Siegfried Schmidt und Manfred Weißbecker, Bd. 3, Leipzig 1985.

Lindemann, Hugo: Über Begriff und Bedeutung der Kommunalwissenschaft. Antrittsvorlesung an der Technischen Hochschule zu Stuttgart. Nebst Führer durch die kommunalpolitische Literatur (= Sozialdemokratische Gemeindepolitik. Kommunalpolitische Abhandlungen. Hrsg. unter Leitg. v. Paul Hirsch, H. 18), Berlin 1916.

Löffler, Fritz: Bernhard Kretzschmar, Dresden 1985.

Magister und Scholaren. Professoren und Studenten. Geschichte deutscher Universitäten und Hochschulen im Überblick. Gesamtredaktion: Günter Steiger und Werner Fläschendräger, Leipzig–Jena–Berlin 1981

Müller, Theodor: 45 Führer aus den Anfängen und dem Heldenzeitalter der Breslauer Sozialdemokratie, Breslau 1925.

Philosophenlexikon. Personen und Begriffe der abendländischen Philosophie von der Antike bis zur Gegenwart. Hrsg. v. Anton Hügli und Paul Lübcke, Reinbek bei Hamburg 1991.

J. C. Poggendorf,s biographisch-literarisches Handwörterbuch für Mathematik, Astronomie, Physik, Chemie und verwandte Wissenschaftsgebiete. Hrsg. unter Mitwirkung der Preußischen Akademie der Wissenschaften in Berlin, der Gesellschaft der Wissenschaften zu Göttingen, der Heidelberger Akademie der Wissenschaften, der Bayrischen Akademie der Wissenschaften in München und der Akademie der Wissenschaften in Wien von der Sächsischen Akademie der Wissenschaften zu Leipzig. Redigiert v. P. Weinmeister, Bd. 5: 1904 – 1922, I. Abteilung: A – K, Leipzig – Berlin 1926; Bd. 6: 1923 – 1931, II. Teil: F – K, Berlin 1937, und Bd. VIII a, Teil 2: F – K. Berichtsjahre 1932 – 1953, Berlin 1958.

Prasse, E.: Die Um- und Neubauten der Universität Leipzig. In: Deutsche Bauzeitung, XXXII. Jg. (1898), Nr. 7 und 9.

Rüfner, Wolfgang: Die Entwicklung der Verwaltungsgerichtsbarkeit. In: Deutsche Verwaltungsgeschichte, Bd. 3: Das Deutsche Reich bis zum Ende der Monarchie, Stuttgart 1984.

Sozialdemokratische Reichstagsabgeordnete und Reichstagskandidaten 1898 – 1918. Biographisch-statistisches Handbuch. Bearb. v. Wilhelm Heinz Schröder (= Handbücher zur Geschichte des Parlamentarismus und der politischen Parteien. Im Auftrage der Kommission für Geschichte des Parlamentarismus und der politischen Parteien hrsg. v. Hans Booms und Rudolf Morsey, Bd. 2), Düsseldorf 1986.

Schubert, Werner: Windscheids Briefe an Planck und seine für Planck bestimmten Stellungnahmen zum Schuldenrechtssystem und zum Besitzsystem in der 1. BGB-Kommission. In: Zeitschrift der Savigny-stiftung für Rechtsgeschichte. Romanische Abteilung, 25. Bd., Weimar 1978.

Schumann, Harry: Karl Liebknecht. Ein unpolitisches Bild seiner Persönlichkeit, Dresden 1919, und neue bearb. Ausgabe, Dresden 1923.

Sohm, Rudolph: Gedenkworte an Richard Schmidt, Leipzig 1917.

Das Sozialistengesetz 1878 – 1890. Illustrierte Geschichte des Kampfes der Arbeiterklasse gegen das Ausnahmegesetz, Berlin 1980.

Swienty, Wilhelm: Karl Liebknecht (= Rote Reihe, H. 5), Berlin 1932.

Thomas, Karl: Nachruf auf Siegfried Garten. Gesprochen in der öffentlichen Sitzung beider Klassen am 1. Juli 1924. In: Bericht über die Verhandlungen der Sächsischen Akademie der Wissenschaften zu Leipzig. Mathematisch-physische Klasse, 76. Bd., H. 2, Leipzig 1924.

Tittel, K<arl>: Die Nikolaischule 1512 – 1912. Jubiläumsschrift zur Feier des 400jährigen Bestehens am 22., 23. und 24. Mai 1912, Leipzig 1912,

Trotnow, Helmut: Karl Liebkbnecht. Eine politische Biographie, Köln 1980.

Trotnow, Helmut: Karl Liebknecht und der „Deutsche Hilfsverein für die politischen Gefangenen und Verbannten Rußlands“. In: Internationale Wissenschaftliche Korrespondenz zur Geschichte der deutschen Arbeiterbewegung, 12. Jg. (1976), H. 3.

Unger, Manfred: Leipziger Anwalt in der ersten Hälfte des 20. Jahrhunderts und Präsident des deutschen Anwaltsvereins: Martin Drukker. In: Sächsische Heimatblätter, Jg. 1996, H. 3.

Leipziger Universitätsbauten. Die Neubauten der Karl-Marx-Universität seit 1945 und die Geschichte der Universitätsgebäude. Hrsg. v. Heinz Füßler, Leipzig 1964.

Verus, S. E. <das ist Voelkel, Titus>: Einführung in die Geschichte des freien Gedankens in hundert Lebensabrissen seiner Vorkämpfer, Frankfurt a. M. 1914.

Voigt, Hans/Oskar Scholze: Die Abiturienten der Nikolaischule zu Leipzig 1830 – 1911. Zur Feier des 400jährigen Bestehens der Schule zusammengestellt, Leipzig 1912.

Wegener, Arthur: Karl Liebknecht, Gedanken zum Strafrecht. In: Wissenschaftliche Zeitschrift der Martin-Luther-Universität Halle-Wittenberg, 21. Jg. (1972), H. 2.

Wiegel, Karl: Stätten des Kampfes und der Erinnerung. Zur Geschichte der Arbeiterbewegung und des antifaschistischen Widerstandskampfes im Bezirk Leipzig, Leipzig 1961.

Wohlgemuth, Heinz: Karl Liebknecht. Eine Biographie, 1. Aufl., Berlin 1973, und 2. durchgesehene Aufl., Berlin 1975.

Wohlgemuth, Heinz: Karl Liebknecht. Stationen seines Lebens, Berlin 1977.

Wundt, Wilhelm: Grundzüge der physiologischen Psychologie, Leipzig 1908 ff

Wustmann, Gustav: Urkundliche Beiträge zur frühesten Geschichte der Nicolaischule. In: Jahresbericht des Nicolaigymnasiums in Leipzig als Einladungsschrift zur feierlichen Entlassung der Abiturienten Freitag den 22. März sowie zu den öffentlichen Klassenprüfungen Mittwoch den 3. April im Namen des Lehrerkollegiums hrsg. v. Otto Kaemmel, Leipzig 1895.